Pilgerwege
im Mittelalter

Ottheinrich von der Pfalz pilgerte 1521 ins Heilige Land. Der Wandteppich dokumentiert seine Ankunft (Brüssel, um 1535).

Klaus Herbers
Norbert Ohler
Bernhard Schimmelpfennig
Bernhard Schneider
Peter Thorau

Pilgerwege im Mittelalter

Herausgegeben in Zusammenarbeit mit DAMALS – das Magazin für Geschichte und Kultur

THEISS

Die Deutsche Bibliothek verzeichnet diese Publikation
in der Deutschen Nationalbibliografie;
detaillierte bibliographische Daten sind im Internet über
http://www.dnb.ddb.de abrufbar.

Das Werk ist in allen seinen Teilen urheberrechtlich geschützt.
Jede Verwertung ist ohne Zustimmung des Verlags unzulässig.
Das gilt insbesondere für Vervielfältigungen, Übersetzungen,
Mikroverfilmungen und die Einspeicherung in und Verarbeitung
durch elektronische Systeme.

Lektorat: Redaktion DAMALS
Layout, Satz und Prepress: schreiberVIS, Seeheim

Umschlaggestaltung: Stefan Schmid, Stuttgart unter Verwendung
einer Abbildung der Wallfahrtskirche St. Michel in Le Puy
von CORBIS (Foto © A. Woolfitt)

© 2005 by Wissenschaftliche Buchgesellschaft, Darmstadt
Die Herausgabe des Werkes wurde durch die Vereinsmitglieder
der WBG ermöglicht.
Gedruckt auf säurefreiem und alterungsbeständigem Papier
Druck und Bindung: Druckerei Himmer, Augsburg
Printed in Germany

Lizenzausgabe für: Konrad Theiss Verlag GmbH, 2005

ISBN 3-8062-1982-6

Inhaltsverzeichnis

Vorwort
7

Norbert Ohler
Daß Gott mir barmherzig sei
Pilgern und Pilger im Mittelalter
9

Peter Thorau
Wo jedes Sandkorn heiliger Boden ist
Die großen Pilgerziele: Jerusalem
27

Bernhard Schimmelpfennig
Die Stadt der Apostelfürsten
Die großen Pilgerziele: Rom
57

Klaus Herbers
Apostelgrab im Westen Europas
Die großen Pilgerziele: Santiago de Compostela
75

Norbert Ohler
Einer wärmt den anderen
Pilgerwege und Herbergen
101

Bernhard Schneider
Kampf gegen den Aberglauben
Pilgern in der Neuzeit
119

Anhang
Karten
Die Pilgerwege
nach Santiago de Compostela
126

Karte des Vorderen Orients
127

Weiterführende Literatur
128

Bildnachweis
128

In Anlehnung an die „Canterbury Tales" Geoffrey Chaucers wird in der Buchmalerei oben der Benediktinermönch und Dichter John Lydgate als Canterbury-Pilger dargestellt; weitere Pilger repräsentieren unterschiedliche gesellschaftliche Gruppen (um 1455 – 1462).

Vorwort

„Der Weg ist das Ziel" – wer hätte diese bekannte Parole nicht schon gehört. So etwa von heutigen Pilgern auf dem Jakobsweg nach Santiago de Compostela. Sie wollen damit wohl ausdrücken, daß die wichtigste Erfahrung in der Durchführung, im Festhalten am einmal gefaßten Entschluß liege – trotz aller Mühen und der Notwendigkeit, sich täglich auf Neues einzustellen. Der in einer verballhornten Interpretation aus dem ostasiatischen Kulturkreis übernommene Satz stellt jedenfalls das Bemühen in den Vordergrund und nicht das Ankommen.

Beim mittelalterlichen Pilgern war dies anders. Damals stand das angestrebte Ziel im Zentrum der Hoffnung. Dies gilt für die drei in diesem Band vorgestellten Pilgerziele: Jerusalem beziehungsweise das Heilige Land, Rom, die heilige Stadt, und Santiago de Compostela, die Stadt des heiligen Jakobus am „Ende der Welt", wie für andere lokale oder überregionale Pilgerziele auch. Der Pilger, der sich den Strapazen des Weges unterzogen hatte, erhoffte Vergebung für seine Sünden oder Erlösung von Krankheit und Leid (für sich oder Familienangehörige). So war er, wie es noch heute in Pilgerpässen heißt, zum Wohle der Christenheit unterwegs.

Nebenbei bestätigte das mittelalterliche Pilgern eine andere Spruchweisheit: Reisen bildet. Die Pilger lernten fremde Kulturen und Lebenswelten, andere Geschäftspraktiken und Produktionstechniken sowie neue Produkte kennen. So fand eine Form des Kulturaustauschs von Osten nach Westen und von Süden nach Norden statt.

Wie andere Formen der Religiosität unterlag auch das Pilgern dem Wandel. Der vorliegende Band zeichnet folglich nicht nur Motive und Erleben von Pilgern auf ihrem Weg und am Zielort nach, sondern befaßt sich auch mit der Kritik, die immer wieder am übermäßigen Ablaßwesen aufkam. Vor allem seit der Reformation geriet das Pilgern sogar in einen gewissen Mißkredit, erst in jüngster Zeit läßt sich eine merkliche Renaissance feststellen.

Mit diesem Band eröffnen die Wissenschaftliche Buchgesellschaft und DAMALS, das Magazin für Geschichte und Kultur, eine neue Reihe. Jeweils im Herbst laden wir künftig unsere Leser ein, sich in einer gewissen Tiefe einem großen Thema der Weltgeschichte – aus allen Epochen und Kulturen – zu widmen. Mit der Hilfe ausgewiesener Wissenschaftler und durch anspruchsvoll zusammengestelltes Bildmaterial lassen sich so fremde Welten entdecken – und dabei läßt sich vielleicht sogar die eigene besser kennenlernen.

Marlene P. Hiller
(Chefredakteurin von DAMALS)

Der Kupferstich von 1466 zeigt das Gnadenbild der Abtei Maria Einsiedeln (Kanton Schwyz), eines Sammelpunkts für Santiago-Pilger aus Mitteleuropa: Die Muttergottes mit Kind wird vom heiligen Bischof Konrad von Konstanz und einem Engel flankiert; zu ihren Füßen knien zwei Pilger, weitere stehen rechts und links.

Daß Gott mir barmherzig sei

Norbert Ohler

Pilgern und Pilger im Mittelalter

Unter den Pilgern des Mittelalters stellten Männer zwar die Mehrheit, doch waren auch Frauen und sogar Kinder unterwegs, um durch die Hilfe Gottes und seiner Heiligen aus einer Notlage errettet zu werden oder für eine erfahrene Wohltat zu danken.

Pilger sind Menschen, die frommen Sinnes zu fernen Zielen streben, an denen sie Gott oder göttlichen Mächten nahe sein und Heil gewinnen wollen. Eine weite und lange Reise unterscheidet sie von Teilnehmern einer Prozession, die nur Stunden dauert. Über die Grenzen der Religionen hinweg konnten Pilger sich als Schicksalsgefährten verstehen, erst recht in Jerusalem, das Juden, Christen und Muslimen heilig war und ist. Im Folgenden sollen indessen nur christliche Pilger betrachtet werden. Da mittelalterliche Quellen zwischen Pilgern und Wallfahrern nicht unterscheiden, werden beide Bezeichnungen gleichwertig gebraucht.

Als Mittelalter sei das Jahrtausend von 500 bis 1500 verstanden. Für unser Thema bedeutet nur das zweite Eckjahr einen Einschnitt, denn seit den 1520er Jahren versiegten Pilgerfahrten in jenen Gebieten, in denen sich die Lehren der Reformatoren durchgesetzt hatten. In katholisch gebliebenen Städten und Ländern gehören Wallfahrten dagegen zu den „Elementen langer Dauer" (so der französische Historiker Fernand Braudel), die Antike und Mittelalter mit der Neuzeit verbinden und bis in die Gegenwart wirken.

Pilgerscharen – ein Abbild der Gesellschaft

Ein einziges Wort bündelte die hohen Anforderungen, die an die Pilger gestellt wurden: Sie sollten „geeignet" sein, das heißt fromm, von robuster Konstitution, gut ausgerüstet und ausreichend mit Zahlungsmitteln versehen. Wollten sie nicht bestohlen, betrogen oder als vermeintliche Verbrecher am nächsten Baum aufgeknüpft werden, mußten sie verschwiegen sein und ein gerüttelt Maß an Menschenkenntnis mitbringen. Im Gespräch mit Fremden mußten sie nach wenigen Sätzen wissen, wen sie tunlichst zu meiden hatten. Im Interesse ihrer Sicherheit reisten Pilger vorzugsweise in kleinen Gruppen. Was Alter, Herkunft, Sprache und Stand angeht, kann man sich die Scharen der Pilger nicht bunt genug vorstellen: Gesunde und Kranke, Kleriker und Laien, Mächtige und Arme, Fromme und Abenteurer, Büßer und Taugenichtse. Allein nach Santiago de Compostela zogen im Spätmittelalter jährlich bis zu 500 000 Pilger.

Zwar bildeten erwachsene gesunde Männer die Mehrzahl, doch waren unter den Pilgern, wie Schrift- und Bildquellen zeigen, auch viele Frauen und Mädchen. Auf den Schultern der Frauen lag die Hauptlast der Erziehung von Kindern. In Notlagen – dieses hatte sich verbrüht, jenes war unversehens in einen Weiher gefallen – gelobten Frauen häufiger als Männer eine Wallfahrt. Auch wenn von geretteten Männern die Rede ist, waren es oft Frauen gewesen, die in der Angelegenheit einen Heiligen angerufen hatten. Da ihr Gebet mancherorts als besonders wirkmächtig galt, unternahmen sie häufig eine Bittfahrt und begleiteten das behinderte Kind oder den kranken Ehemann an eine heilige Stätte.

Über dem Mont Saint-Michel kämpft der heilige Michael mit dem Drachen (aus der Werkstatt der Brüder von Limburg, 1411–1416).

Selbst in den Hausordnungen von Spitälern und Armenherbergen auf den Pilgerwegen ist mitunter von Müttern mit kleinen Kindern die Rede. Dabei mag es sich um Frauen gehandelt haben, bei denen sich erst Wochen nach dem Aufbruch eine Schwangerschaft herausgestellt hatte und die ihr Kind dann auf der Pilgerfahrt zur Welt brachten. In Mirakeln – Aufzeichnungen von als wunderbar geltenden Ereignissen – heißt es dann, diese Frau sei auf hoher See, jene auf dem Weg durch das Watt zum Mont Saint-Michel (Normandie) von Geburtsnöten überrascht und dank der Hilfe der Gottesmutter oder des heiligen Michael gerettet worden.

Kinder wurden aus mehreren Gründen mit auf eine Wallfahrt genommen. Sie konnten nicht unbeaufsichtigt daheim bleiben; persönlich sollten sie am Ziel für eine erfahrene Wohltat danken oder um eine ersehnte Gnade bitten. Gelegentlich ergriffen Kinder Initiativen, die den Zeitgenossen unbegreiflich blieben. 1455 kam es zu einer zweijährigen Kinderwallfahrt zum Mont Saint-Michel. „An ihr beteiligten sich kleine Kinder von acht, neun, zehn und zwölf Jahren ... Kinder, die aus einer Stadt oder aus einem Dorf waren, hielten zusammen." Ein Jammer sei es gewesen zu sehen, wie sie „gegen den Willen ihrer Eltern wegzogen, ganz ohne Zehrgeld, doch fanden sie gesund wieder heim", denn unterwegs habe man ihnen ausreichend zu essen und zu trinken gereicht. „Als sie zum Mont Saint-Michel kamen, opferten sie die Fahnen dem heiligen Michael."

Elenden blieb oft nur eine Hoffnung: Gott möge ihnen helfen, so wie Jesus Blinde, Taube, Stumme und Lahme geheilt hatte. Ein Pilgerführer aus den 1140er Jahren preist den heiligen Martin: „Aussätzigen, Schlafwandlern, Epileptikern und Gebrechlichen hat er die ersehnte Gesundheit wiedergeschenkt; an seinem Schrein in Tours wird allen demütig Flehenden völlige Linderung zuteil."

Soll man Übereinstimmungen zwischen Evangelien und Mirakeln als Topoi abtun, als Gemeinplätze, mit denen man auch außerhalb des Christentums außerordentliche Gestalten charakterisiert hat? Immerhin könnte die Erinnerung an das Wirken Jesu die Hoffnung auf Heilung gestärkt haben; und vielen war schon geholfen, wenn sie an heiliger

Stätte Kraft schöpften, um mit ihren Gebrechen leben zu können.

Bis an die Zähne bewaffnete Krieger werden in den Quellen ebenfalls Pilger genannt. Mit Feuer und Schwert kämpften sie gegen Muslime, Heiden und Christen. Hier kann nicht erörtert werden, wie das ursprünglich friedfertige Pilgerwesen zu Kreuzzügen pervertiert worden ist (siehe dazu auch das Schwerpunktthema in DAMALS 4–2004). Immerhin hat es gleitende Übergänge gegeben. Pilger durften Angriffe auf Leib und Leben abwehren. Was war zu tun, wenn man von „Ungläubigen" im Heiligen Land bedrängt wurde? Man hätte zu Hause bleiben oder zu einem Ort pilgern können, an dem man Andersgläubigen nicht in die Quere kam, denn Jesus hatte nicht Wallfahrten geboten, wohl aber, Unrecht geduldig zu ertragen. Gegner bewaffneter Wallfahrten haben das wieder und wieder vorgebracht. Trotzdem ist es 1095 zu einer Bewegung gekommen, die das Abendland jahrhundertelang in Atem gehalten und Abertausende in Bewegung gesetzt hat, unter ihnen Fromme und Idealisten, Habenichtse und Verbrecher.

Motive – so bunt wie die Pilgerscharen

Der Christ ist – anders als der Muslim – nicht zu einer Wallfahrt verpflichtet. Mehr noch: Im Lauf der Kirchengeschichte haben rechtgläubige Christen schwerwiegende Argumente gegen das Pilgern vorgetragen. Um so dringender ist zu fragen: Was trieb Menschen aller Altersstufen, Schichten und Berufe auf die Straße? Viele Pilger hatten mehr als einen Grund für ihre Reise: Sie wollten Gott loben, ihn ehren, und zwar anders, als das im Familien- und Berufsalltag möglich war. Dazu kam der Wunsch, Jesus nachzufolgen, der ja schon als Kind regelmäßig mit seinen Eltern nach Jerusalem gepilgert war (Lukas 2, 41ff.). Pilger wollten radikal Ernst machen mit dem Evangelium. In der Nachfolge Jesu gaben irische Mönche seit dem 6. Jahrhundert die Geborgenheit ihrer Klöster auf und nahmen die Ungesichertheit der Fremde auf sich. In den unwirtlichen Weiten des Kontinents wollten sie das Ideal asketischer Heimatlosigkeit leben und den Glauben ausbreiten. Nicht gar so streng wollten viele Pilger tage-, wenn nicht jahrelang Gott im Gebet und im geduldigen Ertragen unsäglicher Strapazen näherkommen.

Kranke und Verkrüppelte wollten einen Heiligen an dessen Heiligtum bitten, sich bei Gott dafür einzusetzen, daß sie gesund und ihre Glieder wieder funktionstüchtig würden. Mancher traute sich nicht, sein Anliegen unmittelbar Gott vorzutragen. Er suchte und fand Helfer in den Heiligen: Frauen und Männer, die als Verwandte und Jünger das Leben Jesu geteilt, die als Märtyrer für ihn ihr Blut vergossen, als Bekenner von seinem Wirken Zeugnis gegeben, als Engel den Menschen Botschaften Gottes übermittelt hatten. Märtyrer und Bekenner waren sündige Menschen gewesen, wie die Pilger, die sich insofern in ihnen wiedererkennen konnten. Doch hatten sie die entscheidenden Bewährungsproben schon bestanden; als Gottes Freunde lebten sie in der Nähe Jesu. Deshalb waren sie geeignet, zwischen dem sündigen Erdenbürger und Gott zu ver-

Das Glasfenster der Kathedrale Saint-Gatien von Tours zeigt den heiligen Martin, der seinen Mantel mit einem Bettler teilt (13. Jahrhundert).

mitteln, auch beim Letzten Gericht. So ist der schon erwähnte Pilgerführer überzeugt, daß die auf den Alyscamps (die *Elysii campi* waren ein altehrwürdiger Friedhof bei dem südfranzösischen Arles) bestatteten Märtyrer und Bekenner am Tag der Auferstehung jenen, die dort fromm zu Gott gebetet und seine Heiligen verehrt haben, „helfen werden, das Heil zu gewinnen".

Hinter diesem Glauben standen Erfahrungen aus dem weltlichen Bereich. Wer bei einem Mächtigen etwas erreichen wollte, suchte einen Fürsprecher. Das lateinische *intercessor* (wörtlich: Dazwischentreter) meint sowohl den Heiligen, der zwischen Gott und Mensch vermitteln soll, als auch den Menschen aus der Umgebung eines „Großen", der eine Bitte weiterleitet, die von Angesicht zu Angesicht vorzutragen der kleine Mann sich scheut.

Aus Berichten, die in die Heiligsprechungsakten der Landgräfin Elisabeth von Thüringen (1207–1231) eingegangen sind, spricht die Gewißheit, daß die Landgräfin den Menschen auch nach ihrem Tod helfen konnte: Mehrere, die nach Marburg gepilgert sind, machen ihr unbekümmert Vorwürfe oder drohen ihr gar für den Fall, daß sie nicht gleich erhört würden. So fleht eine Mutter elf Wochen lang vergeblich am Grab der Elisabeth um Gesundheit für ihren Sohn. Als sie sieht, wie viele geheilt werden, erklärt sie: „Allem, was dort geschieht, werde ich keinerlei Glauben schenken, da *mir während so langer Zeit in meinem Sohn keine Gnade widerfahren ist.*" In den folgenden Tagen setzt die Heilung ein. Die Heilige hat die Mutter ihr Hadern nicht entgelten lassen, sondern geholfen.

Woher wußte man, an wen man sich wenden sollte? Manche erhielten im Traum den entscheidenden Rat; andere stützten sich auf Erfahrungen von Verwandten, auf Berichte von Freunden; wieder andere irrten hilfesuchend von einem Ort zum anderen. Manchmal half ein Heiliger, der in der Ferne verehrt wurde, wenn jener, an dessen Grab man gerade betete, taub zu sein schien. Man fand sich damit ab, daß ein Gebet da erhört wurde und dort nicht.

In gewissen Nöten hatten sich bestimmte Heilige bewährt. So baten Eheleute, die sich nach einem Kind sehnten, die heilige Verena, Gott ihr Anliegen vorzutragen. Hatte sich der Wunsch erfüllt, pilgerten die Eltern nach Zurzach am Hochrhein, um der Heiligen an ihrem Grab mit einer angemessenen Gabe zu danken. Gelegentlich sollen Heilige sich sogar für Nutz- und Haustiere eingesetzt haben.

Auf ein strenges Bußrecht gestützt, verhängte die irische Kirche im frühen Mittelalter nicht selten eine mehrjährige, wenn nicht lebenslange Wallfahrt. Erst später wurde diese Buße zeitlich begrenzt. In den 1183 bis 1185 aufgezeichneten Mirakeln Erzbischof Annos von Köln (um 1010–1075) wird der Fall einer vornehmen Frau geschildert, der in der Beichte eine mehrtägige Bußwallfahrt auferlegt worden ist. Obwohl die Dame einen ernsthaft erkrankten Säugling hat, will oder muß sie die Buße unver-

Der 1236–1249 geschaffene Marburger Schrein zeigt den Tod der als Heilige verehrten Landgräfin Elisabeth von Thüringen. Unten bitten Kranke, Pilger und Bettler an ihrem Grab um Hilfe.

Thann im Elsaß war für Pilger sowohl Ziel als auch Zwischenstation. Oben das Figurenportal des Theobaldsmünsters aus dem 14./15. Jahrhundert.

züglich verrichten. Sie vertraut ihr Töchterchen einer Amme und deren Mann an, dann bricht sie auf. Bald darauf stirbt das Kind. In ihrer Not rufen die Pflegeeltern Anno um Hilfe an – und das Kind lebt! Als nach einigen Tagen die Mutter von dem Vorfall hört, erfüllt sie, was die Pflegeeltern gelobt haben. Mit Dienerinnen und befreundeten Damen zieht sie zum Kloster Siegburg, betet dort am Grab Annos, löst damit das Gelübde ein und erzählt den Umstehenden, welches Wunder der Erzbischof an ihrem Kind gewirkt habe.

Man kannte auch Strafwallfahrten. So verfügte das zweite Laterankonzil 1139, „Brandstifter" und deren Helfer sollten ein Jahr lang in Jerusalem oder in Spanien im Dienst Gottes büßen – wohl bei der Bekämpfung der Muslime. Unter „Brandstiftern" verstand das Konzil Mächtige, die sich gegen das Fehdeverbot versündigt, Christen umgebracht und ganze Landstriche verwüstet hatten. Später (in der Schweiz und in den Niederlanden bis in die Neuzeit) wurden auch einfache Übeltäter zu einer Wallfahrt begnadigt. Eigentlich hatte ein Totschläger sein Leben verwirkt, doch konnte er zu einer Wallfahrt begnadigt werden – etwa nach Jerusalem, Rom und Santiago. In jüngerer Zeit hat man in Belgien die Wallfahrt wieder entdeckt, um straffällig gewordene Jugendliche zu resozialisieren.

Buß- und Strafwallfahrten liefen auf eine zeitweilige Verbannung hinaus. Nicht selten waren die Verurteilten an Ketten, Fußeisen oder einer Brandmarkung zu erkennen. Mancher Büßer kehrte geläutert heim; andere fingen unterwegs ein neues Leben an oder wurden erneut straffällig. Das Verfahren war allerdings nicht unproblematisch; denn Bußpilger sollten kein Geld mitnehmen, sich vielmehr zu ihrem Ziel durchbetteln. Dies führte dazu, daß sich mancher Vagabunden anschloß und die Wege unsicher machte. Nicht wenige kamen in der Fremde ums Leben. Wer aber zurückkehrte, konnte auf Vergebung hoffen: Da am Heimatort nicht erneut Blut geflossen und der Täter längere Zeit aus dem Verkehr gezogen war, fand die gestörte Gemeinschaft leichter wieder Frieden.

Ketzern wurde gelegentlich auferlegt, mit einer Pilgerfahrt öffentlich ihren Widerruf zu bekunden. Doch nutzte mancher die Pilgerschaft, um Glaubensgenossen zu treffen oder die Häresie weiter auszubreiten. Auch bei angeblich Behexten galt eine Pilgerfahrt als Heilmittel. Einfältige Gemüter konnten in arge Verlegenheit geraten, wenn man meinte, sie gehörten zu den Bußpilgern.

Viele Pilgerfahrten gingen auf ein Gelöbnis zurück. Wie es dazu kommen konnte, schildert Kolumbus im Bordbuch der Reise, die ihn 1492 die Neue Welt hatte entdecken lassen. Auf der Rückfahrt gerieten die Schiffe in einen Orkan. Angesichts des

Die Abtei von Vézelay wurde im 11. Jahrhundert ein wichtiger Wallfahrtsort.

sicheren Untergangs blieb nur noch ein Mittel: Kolumbus „befahl, einen Pilger auszulosen, der zur heiligen Maria von Guadalupe wallfahren und eine fünf Pfund schwere Wachskerze darbringen sollte, und alle sollten geloben, daß jener, den das Los treffe, die Pilgerschaft antreten werde". Das Los fiel auf Kolumbus, und von da an betrachtete er sich als Pilger und in der Pflicht, das Gelöbnis zu erfüllen. Ein weiteres Los traf einen Matrosen; der Admiral versprach, ihm die Reisekosten zu vergüten. Das dritte Los traf wieder Kolumbus. Schließlich gelobten alle, sobald sie Land erreicht hätten, nur mit einem Hemd bekleidet zu einer der Muttergottes geweihten Kirche zu ziehen, um dort zu beten.

In auswegloser Lage wußte man, was zu tun war. Man suchte Gott und Heilige für sich zu gewinnen. Doch selbst dann sollte und wollte man sich nicht übernehmen. Es galt wohl als unmöglich, daß die ganze Mannschaft zu einem fernen Wallfahrtsort zog; andererseits durfte man das ersehnte Wunder nicht geringachten. Stellvertretend für alle sollten drei das Gelöbnis erfüllen; und sie wurden nicht willkürlich bestimmt, sondern Gott entschied, vor dem Offiziere und Mannschaften gleich waren. Eine beliebige vertrauenswürdige Person konnte das Gottesurteil herbeiführen. In diesem Fall ergriff der Ranghöchste die Initiative. Die Entsendung von Stellvertretern entband die übrigen Geretteten aber nicht davon, persönlich ihre Dankbarkeit zu bekunden. Auch deshalb stifteten alle gemeinsam die gelobte Kerze, und allen war es zuzumuten, nach glücklicher Landung in der nächsten Marienkapelle zu beten. Von realistischem Sinn zeugt, daß Kolumbus mehrere Pilger auslosen ließ, denn es war unwahrscheinlich, daß alle unterwegs starben, das Gelöbnis mißachteten oder unwürdig waren. Auf die Kosten einer Pilgerfahrt verweist die Zusage des Admirals dem Matrosen gegenüber. Schließlich darf man in der Anrufung der Muttergottes ein Zeichen zunehmender Marienverehrung sehen. In früheren Jahrhunderten hätte man sich vielleicht an den heiligen Nikolaus gewandt; Nikolauskirchen erinnern daran, daß er auch Schutzpatron der Seefahrer war.

Zu allen Zeiten der Kirchengeschichte hat es das stellvertretende Gebet gegeben, etwa der Eltern für ihr Kind. Im Spätmittelalter entsandte man Frauen und Männer, die als fromm und zuverlässig bekannt waren, zu heiligen Stätten; dort sollten sie anstelle eines Kranken, Gebrechlichen oder Verstorbenen beten. Mancher wollte mit der Entsendung eines Pilgers ein früheres Gelöbnis einlösen. So verpflichtete der Lübecker Bürger Clawes (Nicolaus) Stenrot im Jahr 1406 seine Testamentsvollstrecker, je einen Pilger nach Thann im Elsaß und nach Wilsnack in Brandenburg zu entsenden, „to Salicheit und to Troste myner Sele" (zur Seligkeit und zum Trost meiner Seele). 1413 setzte Johannes Hilge, ebenfalls aus Lübeck, 100 Mark aus, mit denen ein Pilger nach Santiago, ein weiterer nach Jerusalem entsandt werden sollte. Letzterer sollte am Heiligen Grab und an weiteren von Jesus geheiligten, genau bezeichneten Stätten je einen Dukaten opfern, „up dat mi God barmhertich sy". Der Glaube, Heil zu finden, hat viele Menschen zu einer Wallfahrt veranlaßt. Der Historiker muß eine solche Überzeugung ernst nehmen, obwohl sie sich dem prüfenden Zugriff entzieht.

Auch bei Wallfahrten gab es „Push and Pull"-Effekte. Fortgetrieben sahen sich viele von drohendem Unheil: Man hört, die Pest sei in der Nachbarstadt ausgebrochen; was liegt da näher, als die vor geraumer Zeit gelobte Wallfahrt anzutreten? Daß auf solche Weise die Seuche weiter ausgebreitet werden konnte, lag außerhalb des damaligen Wissenshorizonts. Als Antrieb für eine Pilgerfahrt wirkte auch die Aussicht auf Gewinn oder Hilfe. Nachgeborene adlige Söhne erhofften sich von der Beteiligung an einem Kreuzzug sozialen Aufstieg im Heiligen Land. Ständig überlastete Frauen dürfte es verlockt haben, eine Zeitlang dem Schlamassel des Alltags, den Sorgen um Familie, Haushalt oder behinderte Angehörige entfliehen und endlich einmal zu sich selbst kommen zu können. Widerstand der Umgebung ließ sich durch einen Traum überwinden, ist doch wiederholt in Wundererzählungen davon die Rede, der oder die Heilige habe die Wallfahrt geboten.

Im 6. Jahrhundert haben Mönche in ihren Pilgerstäben Eier des Seidenspinners aus China geschmuggelt, auf diese Weise ein staatliches Monopol gebrochen und die Herstellung kostbarer Seidenstoffe in Byzanz, dann im ganzen Mittelmeerraum ermöglicht. Wo fängt an, was wir Wirtschaftsspionage nennen? Die Darstellung eines Wallfahrers vor der Werkstatt eines Papiermachers läßt vermuten, daß Handwerker unterwegs auf Techniken ausländischer Kollegen geachtet haben. Einem Pilger könnte ein Zuschuß angeboten worden sein, damit er an einem bestimmten Ort auf eine interessante Weiterentwicklung von Mühlrad und Blasebalg achte oder eine kräftige Stute für die Zucht mitbringe. Spekulation? Die Ausfuhr von Pferden wurde wiederholt verboten, gibt doch niemand gern die Überlegenheit preis, die er bei einem wichtigen Rüstungsgut hat.

Weitere Motive seien skizziert. Kreuzfahrer wollten das Heilige Land von der Herrschaft der „Ungläubigen" befreien, ein Bischof sich drückenden Pflichten dem König gegenüber entziehen, ein Kaufmann fremde Märkte beobachten. Ein gewisser Arnald Fitzhedmar pilgerte mit seiner Familie aus Deutschland nach Canterbury zum Grab des heiligen Thomas Becket – und blieb in England; später wurde er in den Rat der Stadt London aufgenommen. Abertausende wollten in einem Heiligen Jahr in Rom einen vollkommenen Ablaß gewinnen, den Nachlaß aller Sünden. Erst im ausgehenden Mittelalter trat das eigentlich religiöse Anliegen nicht selten zurück, und Pilgerreisen konnten in Vergnügungsfahrten übergehen. Dieser gönnte sich eine Kavalierstour, jener die Freuden einer längeren Badekur in nobler Gesellschaft; ein dritter notierte den Satz „goede frauwe laist mich bij uch slaeffen" in mehreren Sprachen.

Christoph Kolumbus pilgerte zur Gottesmutter von Guadalupe (Spanien; oben das Kloster).

Das Ziel der Mühen

Seit dem Hochmittelalter galten die Reisen nach Jerusalem, Rom und Santiago als die drei großen Wallfahrten. Vor allem der erste und der letzte Ort lagen an der Peripherie der Christenheit; für alle mußten Pilger aus Nord-, Mittel- und Westeuropa weite Strecken durch fremde Länder zurücklegen.

Auf dem Weg nach Emmaus begegnen die Jünger Christus. Er ist hier beim Abendmahl dargestellt und als Pilger gekleidet, auf dem Mantel ist ein Pilgerstab aufgenäht, und der Hut trägt drei Pilgerzeichen: die Jakobsmuschel, das Zeichen der Wallfahrt nach Wilsnack (Brandenburg) und ein Spiegelzeichen (Altartafel Kölner Augustinerinnen, um 1460).

In Jerusalem strebten Pilger zum leeren Grab Jesu als Zeichen für den Auferstehungsglauben, in Rom und Santiago zu den Gräbern der Apostel Petrus, Paulus und Jakobus, die als Vertraute Jesu und Pfeiler der Kirche verehrt wurden und werden. Dazu kamen viele weitere heilige Stätten: Im Heiligen Land waren es die Plätze und Orte, die Jesus durch sein Wirken, Leiden und Sterben geheiligt hatte, außer Jerusalem vor allem Bethlehem, Nazareth und der Jordan. Am Sinai hatte Gott sich einst den Menschen zu erkennen gegeben.

Kaum zu überblicken sind Wallfahrtsorte überregionaler und regionaler Bedeutung, an denen Männer, Frauen und Kinder Heil erfahren hatten. Da ruhte eine Märtyrerin, dort ein Bekenner, da war ein Engel (das heißt ein Bote Gottes), dort war Maria, die Mutter Jesu, Menschen erschienen. Bei den Franken stand der heilige Martin, Soldat und Bischof, in hohem Ansehen. Zu seinem Grab nach Tours zogen Könige und einfache Leute. Auch andere Völker hatten zeitweise ein inniges Verhältnis zu *ihrem* Heiligen: die Iren zu Patrick, die Deutschen zu Bonifatius, die Engländer zu Thomas Becket, die Norweger zu Olaf, die Ungarn zu Stephan, die Böhmen zu Wenzel, die Schweizer zu Bruder Klaus, der 1480/81 die noch junge Eidgenossenschaft vor einem Bruderkrieg bewahrt hatte. „Nationalheilige" ehrte man vor allem an ihrem Grab; der Kult förderte ein Bewußtsein der Zusammengehörigkeit, das lokale und soziale Gruppen einte.

Im deutschen Sprachraum kam Aachen überregionale Bedeutung zu, ferner Einsiedeln, wo Christus der Legende nach im Jahr 948 unter Assistenz von Engeln eine Kapelle geweiht hatte. Verehrt wurden in Köln die Heiligen Drei Könige, in Thann (Elsaß) der heilige Theobald, in Trier der Apostel Matthias, in Wilsnack (Brandenburg) das Heilige Blut. Auch aus fernen Orten pilgerten Menschen nach Siegburg zum Grab Annos sowie nach Marburg zum Grab Elisabeths. Heilige konnten auch eine Art Genossenschaft bilden; so jedenfalls läßt sich die Verehrung deuten, die 14 Heilige seit 1445/48 in Franken fanden. In der Regel zählen dazu Achatius, Aegidius, Barbara, Blasius, Christophorus, Cyriacus,

Dionysius, Erasmus, Eustachius, Georg, Katharina, Margareta, Pantaleon und Vitus; an die Stelle des einen oder der anderen dieser Nothelfer konnten die Heiligen Florian oder Leonhard treten. Es ist kein Zufall, daß unter den 14 nur drei Frauen sind; Frauen hatten bis ins 20. Jahrhundert geringere Chancen als Männer, zur Ehre der Altäre erhoben zu werden.

Pilgerorte und -wege bildeten ein dichtes Netz. Für Wallfahrer hatte das den Vorteil, daß sie sich anderen Pilgern anschließen, Gefahren ausweichen, für den Hin- und Rückweg unterschiedliche Wege wählen und auf diese Weise weitere Heilige ehren konnten. Wer nach Santiago pilgerte, besuchte auf dem Hinweg die Muttergottes in Le Puy sowie die heilige Fides in Conques, auf dem Rückweg den heiligen Martin in Tours.

Die Vielfalt der Orte, zu denen Menschen von einem Ort aus gepilgert sind, sei an einem Beispiel verdeutlicht. Testamentarisch verfügten Lübecker Bürger im Spätmittelalter (mindestens) 704 Stellvertreter-Wallfahrten nach (mindestens) 42 Orten (in Klammern die Häufigkeit dieser Fahrten): Jerusalem (25), Rom (76), Santiago de Compostela (46); auch die folgenden Ziele hatten ein europaweites Einzugsgebiet: Aachen (128), Canterbury (1), Einsiedeln (72), Saint-Josse (Picardie/Frankreich; 18), Köln (5), Rocamadour (Südwestfrankreich; 3), Thann (111), Trier (12), Trondheim (Norwegen; 4), Walsingham (England; 1), Wilsnack (124). Bei weiteren Zielen denken wir heute kaum an Wallfahrtsorte: Güstrow (5), Hamburg (1), Sankt Hulpe (bei Göttingen; 6), Königslutter (5), Osnabrück (2), Ratzeburg (1); in größerer Ferne: Beverley und Bridlington (beide in England; je 1), Finisterre (unweit von Santiago de Compostela; 1) usw.

Die geographische Verteilung der Pilgerziele wirft Fragen auf, die sich kaum schlüssig beantworten lassen: Warum zogen im Spätmittelalter so viele Lübecker nach Thann und eher wenige nach Köln? Immerhin gab es in Lübeck zeitweise eine Dreikönigsbruderschaft, welche die Wallfahrt nach Köln förderte. Warum war Aachen beliebter als Trier? Da konnte man doch am Grab eines Apostels beten und den Heiligen Rock verehren. Und was bewog so viele Ungarn, nach Aachen zu pilgern?

Wer einen Heiligen – und sei er noch so unbekannt – anrief und Hilfe erfuhr, war geneigt, diesem die Wohltat zuzuschreiben. Zur Dankbarkeit gehörte, daß man die Großtat des Heiligen bekanntmachte. Man erzählte also anderen davon, die zu gegebener Stunde dem Vorbild nacheiferten und denselben Heiligen anriefen, wieder mit Erfolg – und schon bald waren Menschen zu einem bestimmten Ort unterwegs.

Blütezeiten des Pilgerns und einzelner Wallfahrtsorte

Im Lauf der Kirchengeschichte wechselten Begeisterung für diese Form der Frömmigkeit und Desinteresse, wenn nicht Ablehnung. Eine Hoch-Zeit des Pilgerns setzte im 11. Jahrhundert ein; der Schwung ließ im Spätmittelalter nach, noch vor der Reformation.

Jerusalem und Rom haben durch die Jahrhunderte recht kontinuierlich Pilger angezogen. Zumal im Frühmittelalter ist mancher in fortgeschrittenem Alter ins Heilige Land gewallt, um in Jerusalem zu sterben und dort die Wiederkunft Christi zu erwarten, oder nach Rom, um den heiligen Petrus als Himmelspförtner zu gewinnen. Ziel der dritten großen Wallfahrt wurde Santiago

Le Puy in Zentralfrankreich war eine Station auf einem der Hauptpilgerwege nach Santiago de Compostela.

Im Jahr 441 soll der heilige Patrick, der Schutzpatron Irlands, auf den Berg Croagh Patrick gestiegen sein und 40 Tage gefastet haben. Der Legende nach vertrieb er alle Schlangen aus Irland, indem er eine Glocke den Berg hinabwarf. Zur jährlichen Pilgerschaft am letzten Sonntag im Juli besteigen viele Pilger den Berg barfuß.

de Compostela, wo man 842 das Grab des Apostels Jakobus des Älteren entdeckt hatte.

Relativ ungestört konnten Pilger im 12. und 13. Jahrhundert das Heilige Land aufsuchen, herrschten in dieser Zeit doch Christen über die Stätten des Glaubens. Den Kreuzfahrern schlossen sich gern unbewaffnete Pilger an. Sie nutzten die Infrastruktur, welche die Krieger geschaffen hatten: Herbergen, Fähren, Schiffspassagen und Wege. Vor 1099 (dem Jahr, in dem Jerusalem durch die Kreuzfahrer erobert wurde) und seit der Mitte des 13. Jahrhunderts (spätestens seit 1291, als Akkon, der letzte Stützpunkt der Kreuzfahrer, fiel) mußten Pilger mit Belästigungen durch örtliche Banden rechnen, auch mit Behinderungen durch die muslimischen Machthaber. Hinzu kam, daß man auf dem Mittelmeer Elementargewalten sowie christliche und muslimische Seeräuber fürchtete.

Nutznießer der Unsicherheit wurden Wallfahrtsorte in Europa. Denn zahllose Pilger waren weiterhin entschlossen, ferne Ziele aufzusuchen. Die Päpste suchten den Strom nach Rom zu lenken. Papst Bonifaz VIII. (1294–1303) rief das Jahr 1300 zum ersten Heiligen Jahr aus, in dem den Pilgern besonders viele Gnaden verheißen waren. Weitere Heilige Jahre folgten alle 50, später alle 25 Jahre und aus besonderen Anlässen. Der kürzere Abstand erlaubte vielen Christen, wenigstens einmal in ihrem Leben ein Heiliges Jahr in Rom zu erleben. Jubeljahre, wie Pilger sie liebten, feierte man auch in Aachen, Canterbury, Einsiedeln, Le Puy, Santiago und Trier.

Im Lauf des Mittelalters wuchs die Zahl der Wallfahrtsstätten. Auf Kosten von Märtyrern und Bekennern nahm die Verehrung der Muttergottes zu. Bald gab es viele Orte, an denen Maria erschienen war, wo eine Reliquie oder ein Gnadenbild von ihr in hohem Ansehen stand. Genannt seien Altötting, Chartres, Kevelaer, Loreto, Mariazell, Montserrat, Rocamadour, Tschenstochau und Walsingham.

Nach Zeiten des Aufschwungs und der Blüte konnten Wallfahrten an Beliebtheit verlieren, etwa die nach Vézelay (Burgund), wo man die heilige Maria Magdalena verehrte. Als im späten 13. Jahrhundert immer mehr Menschen die Echtheit der in Vézelay ruhenden Reliquien bezweifelten, kamen nur noch wenige Pilger; ein Aufruf Papst Pius' II., dem wirtschaftlich daniederliegenden Ort wieder Mittel für Unterhaltung und Instandsetzung der Kirche zukommen zu lassen, half nicht weiter. Auch Wilsnack (Brandenburg) war zeitweise europaweit bekannt. Mitte des 15. Jahrhunderts fragte man aber immer vernehmlicher, ob dort wirklich geweihte Hostien mit wunderbarem Blut verehrt würden: „vele gherlerde lude … twyvelden hiirane" (viele gelehrte Leute … zweifelten hieran). Nach Einführung der Reformation versiegte diese Wallfahrt ganz.

Vom Aufbruch bis zur ersehnten Ankunft

Die Wörter *Pilger*, französisch *pèlerin*, englisch *pilgrim* sind dem Lateinischen entlehnt: Der *peregrinus* lebt außerhalb des Gebiets, in dem er sich des Bürgerrechts erfreut. Täglich erfuhr der Pilger das in fremden Gewohnheiten, anderem Recht und unbekannter Sprache. Realisten wußten, daß sie unterwegs mehr noch als daheim von Hunger, Durst, Hitze, Kälte, Müdigkeit, Krankheit und Tod bedrängt würden. Man tat daher gut daran, sein Haus so zu ordnen, als verlasse man es für immer – machte sein Testament, bezahlte seine Schulden, bat Mitmenschen um Verzeihung für Unrecht und leistete Wiedergutmachung.

Hatte der Pilger sich einmal mehr der Zustimmung des Ehepartners vergewissert, erbat er nach Beichte und Kommunion den Segen der Kirche. Die Gebete während der Messe waren eigens auf Reisende abgestimmt. Wie ein roter Faden zieht sich durch die Lesungen aus dem Alten und dem Neuen Testament die Bitte um das Erbarmen Gottes. Im Segen über Stab und Tasche bat der Priester, die Pilger „aus allen Gefahren zu befreien und aus den Verschlingungen der Sünden und Sünder zu lösen". Gott möge denen, die auf ihn vertrauten, der wahre Weg sein, ihnen den Weg ebnen, „damit sie inmitten der Wirren dieser Welt durch deinen Schirm geschützt werden". Wie viele Gefahren unterwegs drohten, wie leicht Menschen der Sünde verfallen konnten, welche Sündenlast sie schon mitnahmen: All das kam in den Texten der Messe und des Segens zur Sprache.

Neben der von langer Hand geplanten, sorgfältig vorbereiteten gab es die spontane Pilgerfahrt, doch wohl eher selten zu fernen Zielen. Am ehesten brach man Hals über Kopf auf, wenn nach Anrufung eines Heiligen ein Wunder geschehen war, für das man unverzüglich an passender Stätte danken wollte.

Die Pilger wollten, wenn möglich, den härtesten Unbilden des Klimas ausweichen und traten ihren Marsch deshalb im Frühjahr an. In großen Wallfahrtsorten hatte man sich darauf eingestellt. In Aachen versammelten sich alle sieben Jahre um den 17. Juli Angehörige vieler Nationen zum 14tägigen Fest der Heiltumsweisung.

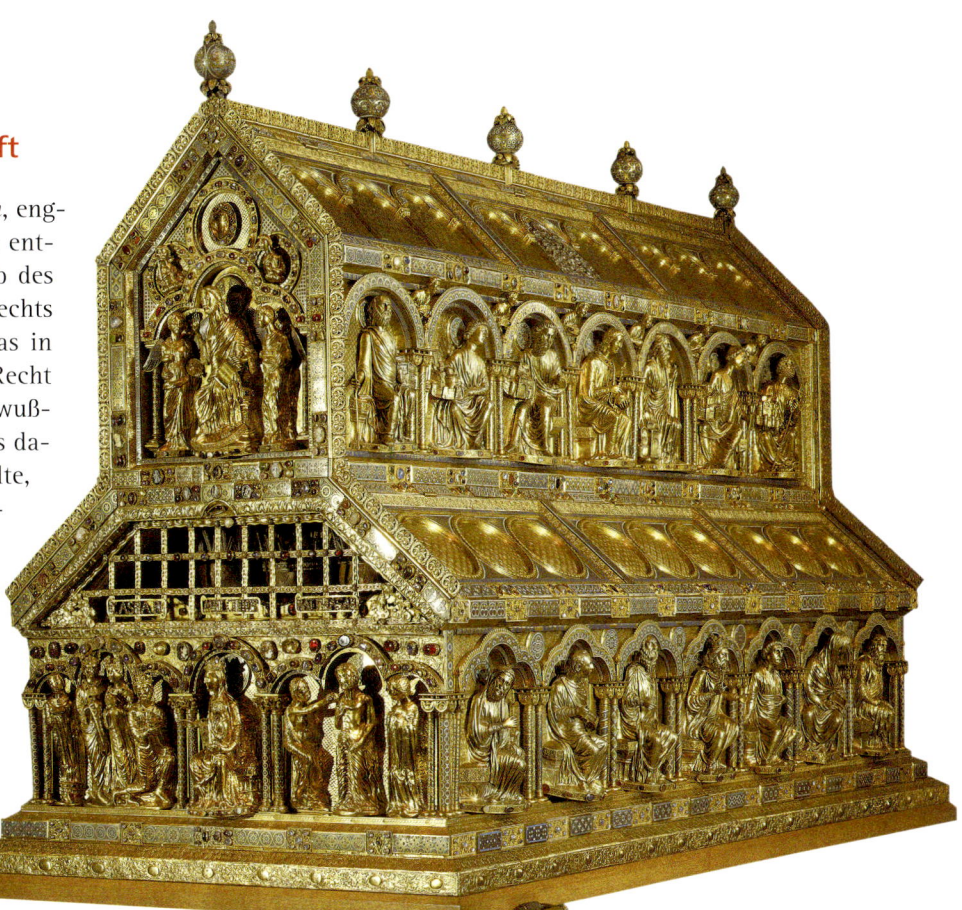

Ein großes Wallfahrtsziel war der Dreikönigsschrein im Kölner Dom (Werkstatt Nikolaus' von Verdun, 12. Jh.).

In Vézelay feierte man das Fest der Maria Magdalena am 22. Juli, in Einsiedeln das der Engelweihe am 14. September, am Monte Gargano und am Mont Saint-Michel das des heiligen Michael am 29. September. Marienwallfahrten kam zugute, daß das Hauptfest – Mariä Himmelfahrt – am 15. August gefeiert wurde, in einer zum Reisen denkbar günstigen Jahreszeit. In Compostela hatte man das Fest des heiligen Jakobus vom 30. Dezember auf den 25. Juli verlegt. Wer dann über See anreiste, vermied die gefürchteten Frühjahrs- und Herbststürme in der Biskaya; wer zu Land aus Mitteleuropa kam, fand auf dem Hin- und Rückweg schneefreie Pyrenäenpässe vor. Allerdings mußte er wochenlang die Sommerhitze im wald- und wasserarmen Spanien ertragen. Man mied dann die heiße Tageszeit, wanderte durch die sternklare Nacht und sparte gar Kosten für die Übernachtung. Mancher wird lieber unter einem Baum kampiert haben als in einer verlausten Herberge. Mit wilden Beeren und nahrhaf-

Heilung von Krankheit – der eigenen oder der enger Angehöriger – war ein wichtiges Motiv für eine Pilgerfahrt zum Grab eines Heiligen. Das Gemälde oben zeigt Kranke am Grab des heiligen Antonius von Padua; geschaffen hat es Mariano di Antonio (di Francesco Nutolo) im Jahr 1445.

ten Nüssen ließ sich eine Zeitlang der Hunger stillen. Da ohnehin mehr Menschen unterwegs waren, konnte man Hirten und Bauern nach dem Weg und etwaigen Gefahren fragen. In der warmen Jahreszeit hatten Behinderte eher Aussicht, auf einem Gefährt mitgenommen zu werden. Blinde mußten geführt, Gelähmte getragen oder gefahren werden – sofern sie sich nicht mühsam kriechend zum Ziel schleppten; bei milder Witterung war das eine Qual, bei Nässe und Kälte vollends unerträglich.

Unterwegs mußten die Pilger mit jedem Schritt das Gewicht des Körpers und des Gepäcks von einem Bein auf das andere verlagern, 30 000-, 40 000-, 50 000mal am Tag. Es wird verständlich, weshalb das englische Wort *travel* (reisen) auf das französische *travailler* zurückgeht: sich mühen. Mit gutem Grund heißt die Pilgerfahrt des Stellvertreters in Testamenten „Arbeit". Kreislaufstärkende Getränke gab es nicht, sieht man von Wein ab. Von Ungeziefer zerstochen, unausgeschlafen, durchnäßt, mit Übelkeit und schlechter Laune kämpfend, hat sich mancher Schritt um Schritt zum Ziel vorgearbeitet.

Auch Außenseiter strebten zu Wallfahrtsfesten: Von Seßhaften gefürchtet und verachtet, waren Gaukler, Spielleute, Zigeuner geneigt, sich für erlittenes Unrecht an Wehrlosen schadlos zu halten. Waren Pilger den körperlichen und seelischen Belastungen nicht gewachsen, konnte gesellschaftlich geduldetes Wandern kaum merklich in geächtetes Umherstreifen übergehen.

Als reichten die üblichen Strapazen noch nicht, die Weg, Jahreszeit, Mitreisende bedeuteten, unterzogen manche sich freiwillig weiterer Mühsal. In Wolle gekleidet, barfuß und mit einem „Opfer" war eine Frau von Lübeck nach Thann gepilgert, um den heiligen Theobald für ihr Kind anzuflehen, das mit einer verwachsenen Hand zur Welt gekommen war. Ein Mann hatte die Fahrt „nackendig one alle kleider" unternommen. Damit war er schutzlos Sonne und Insekten ausgeliefert. Andere Pilger trugen Kleidung, die auf der Haut scheuerte und juckte, zumal bei Hitze. Wieder andere stützten einen Gebrechlichen oder fasteten, gingen mit ausgebreiteten Armen oder mit Erbsen in den Schuhen. Da hatte jemand ein Kreuz geschultert, dort trug einer Ketten, von denen er befreit worden war. Um der Bauhütte Transportkosten zu ersparen, schafften Pilger Baustoffe zur Kirche ihres Heiligen – womit sie auch für ihr eigenes Andenken sorgten, denn auch die Materialien würden den Heiligen an die Wallfahrer erinnern, selbst wenn diese schon längst heimgekehrt oder verstorben waren.

Vernachlässigung des Körpers – freiwillig oder als auferlegte Buße – bedeutete eine weitere Erschwernis. Wer sich weder wusch noch badete, Bart- und Haupthaare ungeschoren, Finger- und Fußnägel ungesäubert ließ, verbreitete penetranten Gestank, gedeutet vielleicht als Ruch der Heiligkeit. Manchen erleichterte das, Verlockungen des anderen Geschlechts zu widerstehen. Währenddessen mochten Pilgerinnen und Pilger ihren bisherigen

Das Bild zeigt Votivgaben aus Wachs (Sebaldus-Altar in Schwäbisch Gmünd, frühes 16. Jahrhundert).

Lebensweg überdenken, die Beichte vorbereiten, die Umkehr beginnen.

Reisen bildet, doch kann es auch Vorurteile gegen andere Menschen wecken oder verstärken, die sich nach Hautfarbe und Sprache, Recht und Gewohnheit von dem unterscheiden, was einem vertraut ist. So hatte Bischof Otto von Freising, einer der großen Geschichtstheologen, 1147 auf dem Zweiten Kreuzzug Ungarn kennengelernt. Später schilderte er das Land als „anmutig wegen der ihm von Natur verliehenen Lieblichkeit und reich infolge der Fruchtbarkeit seiner Äcker"; ganz anders zeichnet er die Menschen, die diesen Garten Eden bewohnen: ein Barbarenvolk, in Sitten und Sprache bäurisch und ungeschliffen, mit häßlichem Gesicht und tiefliegenden Augen. Man müsse das Schicksal tadeln oder sich vielmehr über die göttliche Duldsamkeit wundern, daß sie dieses schöne Land „menschlichen Scheusalen, denn Menschen kann man sie kaum nennen", ausgeliefert habe.

Am ersehnten Ziel: Erleichterung und Jubel, Dank und Bitte

Je näher der Pilger dem Heiligtum kam, desto zuverlässiger wurden Angaben zur Entfernung: Noch vier, noch drei, noch zwei Tage; spätestens von da an säumten seit dem Spätmittelalter Kruzifixe, Kapellen und Bildstöcke den Weg. Am letzten Tag sah man endlich vom „Freudenberg" aus das Ziel. Wer aus der Gruppe als erster einen solchen *mons gaudii* (bzw. *monte del gozo*, *montjoie*) bestiegen hatte, galt als König dieser Schar. Familiennamen wie König, King, Leroy könnten auf solche Erlebnisse zurückgehen.

Nun mußten die Pilger an die Pflege des Körpers denken; die Überzeugung von einer auch sittlich reinigenden Kraft des Wassers dürfte Gemeinbesitz der Menschheit sein. Daraufhin eilte man zur Basilika, in der einzelne und Gruppen die erste Nacht wachend und betend verbrachten – so ließen sich wieder Übernachtungskosten sparen. Eine Flut von Eindrücken stürmte auf den ein, der zum Grab des Heiligen drängte. An der Wand hingen Krücken derer, die ohne Stütze hatten heimgehen können. In Edelsteinen des Reliquienschreins spiegelten sich mystisch flackernde Lichter. Man sah Blinde und Verwachsene; mancher war kaum noch als Mensch zu erkennen. In den Elisabeth-Mirakeln ist einmal von einem „Scheusal" (*monstrum*) die Rede. Man hörte von wunderbaren Heilungen. Abstoßend wirkten offene, schwärende Wunden; Ekel erregte der Gestank von Urin und Kot, Eiter und Blut.

Die vielen Menschen und Lichter hatten den Sauerstoff bald aufgebraucht, erst recht, wenn der Heilige in einer niedrigen Krypta ruhte. Es war damit zu rechnen, daß jemand ohnmächtig oder gar zu Tode gedrückt wurde. So sind im Jahr 1318 am Mont Saint-Michel 13 Pilger in der Menge erstickt (weitere 18 ertranken in der Bucht, und etwa zwölf kamen in Wanderdünen um).

Unentbehrlich war ein gut eingespielter Ordnungsdienst, der in dem Gewusel von Kindern und Erwachsenen, Gesunden und Kranken ein Mindestmaß an Disziplin gewährleistete. In erster Linie sollte niemand zu Schaden kommen. Schutz vor Diebstahl war für die wertvollen Reliquien und den kostbaren Schrein unerläßlich, aber auch die Pilger mußten beschützt werden. Wächter hatten noch mehr zu tun: Sie bezeugten Spontanheilungen, tadelten Pilger, die ohne Gebet ihre Gaben niederlegen wollten, nötigten eine Frau, ihre Bitten mit Tränen zu unterstreichen, packten zu, wenn ein Gelähmter vom Wagen zum Grab getragen werden mußte. Bei geringem Betrieb beschäftigten sie sich mit kranken Kindern.

Wer ein besonderes Anliegen hatte, suchte dem Heiligen so nah wie möglich zu kommen. In Seh- und Hörweite des Schreins wollte und sollte man beten. Oft waren es sicher nur Stoßgebete, wie sie vielfach überliefert sind: „Heilige Elisabeth, sieh meine Mühe und heile mich!" War man nach Anrufung eines Heiligen großer Gefahr entronnen, lobte man den Heiligen vor Zeugen und mit lauter Stimme einmal mehr, in Bari mit Worten wie: „Heiliger Nikolaus! Sei gepriesen, daß ich nicht ertrunken bin!" Mirakel und Testamente deuten an, wie ein von Lübeck nach Santiago entsandter Pilger gebetet haben könnte: „Heiliger Jakobus, sei dem Clawes Wittenborch, an dessen Statt ich hierhingepilgert bin, ein mächtiger Schützer. Hilf ihm, wenn er des Trostes bedarf. Erinnere Gott beim Jüngsten Gericht an das, was er Gutes getan hat ... Und laß mich heil heimkehren."

Der Pilger legte seine Gabe an einer vom Ordnungsdienst bestimmten und bewachten Stelle nieder, möglichst in Sichtweite des Heiligen. Viele Gaben waren aus Bienenwachs geformt, einem kostbaren, leicht zu modellierenden und lange Zeit haltbaren Material. Da es fast geruchlos verbrennt, war es in Kirchen immer willkommen. Am Grab Annos wurden Anfang der 1180er Jahre Wachsbilder niedergelegt, die Menschen, menschliche Organe und Körperteile, aber auch Gegenstände darstellten: Kinder als Dank für Hilfe in Geburtsnöten, ein Kopf zum Dank für die Befreiung von Kopfschmerzen, eine Zunge als Dank für Heilung von Stummheit... Mit der Nachbildung eines Hauses dankte man für Schutz in einer Feuersbrunst, mit einem Schiff für Rettung aus Seenot.

Oft waren es im 12. und 13. Jahrhundert die Mütter, die Bilder von Händen, Beinen, Füßen, Herz oder Augen formten. Spezialisten für die Herstellung von Votivgaben gab es zu dieser Zeit wohl noch nicht. Wichtiger als die Masse war offensichtlich die Gestalt, denn unmodelliertes Wachs galt weniger als ein Bild. So wurde eine Mutter dafür gelobt, daß sie eine Kerze nach der Größe ihres Kindes versprochen hatte, dann aber ein schönes Wachsbild brachte. Auch die Länge der Gabe konnte auf den Spender verweisen, etwa wenn eine Kerze so groß war wie der Gerettete, ein Wachsdocht so lang wie der Bauchumfang eines von der Wassersucht Genesenen. Seit dem Spätmittelalter wurden häufiger Votivgaben aus Edelmetall geopfert, etwa ein Herz aus Silber, ein Bild des Spenders aus Gold. Dazu kamen zu allen Zeiten gemünztes und ungemünztes Edelmetall, gelegentlich auch Haustiere (vom Huhn bis zum Pferd), Kleidungsstücke, Lebensmittel und anderes mehr.

Es wäre zu kurz gegriffen, wollte man Votivgaben nur nach ihrem Geldwert messen. Die Spender blieben gegenwärtig in der am Altar brennenden Kerze oder der nun überflüssigen Krücke in der Nähe des Heiligen – Tag und Nacht. Der Heilige sah sich ständig an den Freigebigen und dessen Anliegen erinnert. Wer die Gabe selber geformt hatte, blieb in doppelter Weise am Grab präsent, mit dem Material *und* dem Werk der eigenen Hände. Die Votivgabe schuf also Erinnerung, die Zeit überdauernde *memoria*, nicht anders als die Nennung des Namens während der Messe, im Gebet für die Lebenden bzw. Verstorbenen.

Aus den Wachsbildern wurden zu gegebener Zeit Kerzen geformt, Votivgaben aus Edelmetall dem Schatz des Heiligen einverleibt und an einem gesicherten Ort aufbewahrt. Bei Bedarf hat man sie ausgemünzt und so in den Kreislauf der Wirtschaft eingespeist, etwa zur Finanzierung des Neubaus nach einem Brand. Votivgaben wurden oft zweckentfremdet oder geraubt – von Dieben, äußeren Feinden (Normannen, Ungarn, Sarazenen), aber auch von der eigenen christlichen Obrigkeit.

Die personifiziert dargestellte „Gnade Gottes" führt den Pilger zu den Waffen. Die Buchmalerei illustriert die altfranzösische Dichtung „Le Songe de Cordelier du Chemin de Paradis" (15. Jahrhundert).

Hatte man an sich oder Angehörigen ein Wunder erfahren, dankte man Gott „mit Herzen, Mund und Händen", wie ein Lied es ausdrückt. Man gab das Mirakel zu Protokoll und trug dadurch zum Ruhm des Heiligen bei. Mit Mund-zu-Mund-Propaganda könnte sich erklären, daß im Spätmittelalter viele Menschen aus Nord- und Ostdeutschland zum heiligen Theobald nach Thann gewallt sind.

Bei widriger Witterung war den Pilgern eine Übernachtung im Freien nicht zuzumuten. In solchen Fällen sorgte man wohl auch in der Kirche für Strohlager; allerdings wuchs damit die Brandgefahr. Die Quellen äußern sich nicht zu sanitären Einrichtungen, die es gegeben haben muß. In Santiago gab es seit dem 15., vielleicht schon seit dem 14. Jahrhundert einen gewaltigen Weihrauchkessel. Der Brauch, diesen *botafumeiro* an hohen Feiertagen durch das Querschiff der Basilika zu schwenken, könnte aus Zeiten stammen, in denen der Geruch ungepflegter, übernächtigter Menschen und der Gestank von Kranken mit ekelhaften Ausscheidungen übertüncht werden sollten – so gut es eben ging.

Hatte man gebetet und gewacht, seine Gabe geopfert und das Wunder erzählt, seine Sünden gebeichtet und die Lossprechung erhalten, durfte man sich der heiteren Atmosphäre hingeben, die Pilgerorte an hohen Festen noch heute auszeichnet. Man schaute sich im Ort um und erwarb ein Erinnerungszeichen: am Berg Golgatha etwas Erde oder einen Stein, die Jesus mit seinem Blut geheiligt hatte, oder einen Palmzweig, Wasser aus dem Jordan, in dem Johannes den Erlöser getauft hatte, oder aus einem Brunnen in Nazareth, aus dem der Legende nach Maria geschöpft hatte.

In Santiago erwarb man die Muschel, die der Pilgerführer erstmals als das Abzeichen erwähnt, an dem man den Pilger erkannte, der fast bis ans Ende der Erde gewallt war – nach Finisterre, dem letzten Zipfel festen Landes am Atlantik, zwei Tagesreisen westlich von Santiago. Später wurde die Muschel zu einem allgemeinen Wallfahrtszeichen. Seit dem Spätmittelalter wurden Pilgerzeichen oft aus Metall gegossen, in Jerusalem das Kreuz, in Rom die gekreuzten Schlüssel sowie Bilder der Apostelfürsten Petrus und Paulus. Das Zeichen diente als Beweis, daß man den jeweiligen Wallfahrtsort aufgesucht hatte; es sollte Gefahren bannen, das Sozialprestige steigern und den Schutz bekräftigen, dessen der Pilger sich nach kirchlichem und weltlichem Recht erfreute. Zunächst an der Tasche oder am Mantel angebracht, wurde das Pilgerzeichen später weithin sichtbar an der Hutkrempe befestigt. Von daher rührt die heute abfällig gebrauchte Redewendung: „Das kannst du dir an den Hut stecken!"

Hatte der Pilger sich mit dem versorgt, was er für den Heimweg brauchte, vor allem wohl Schuhsohlen, nahm er Abschied von dem Heiligen, dem seine Reise gegolten hatte. Er empfahl sich aber auch anderen Heiligen, denen in der Wallfahrtskirche Altäre geweiht waren; in Santiago waren das die Heiligen Andreas, Fides, Johannes, Maria Magdalena, Martin, Michael und Nikolaus. Die Strapazen des Rückwegs waren leichter zu ertragen, wenn man sich von der Euphorie über die geglückte Wallfahrt tragen ließ. Doch gewiß mußten auch trainierte, abgehärtete Frauen und Männer ihren erschöpften Gliedern auf dem langen Marsch jeden Schritt, die Überwindung jedes Berges und jeder Trockenzone abringen.

Am Ende einer langen Pilgerfahrt wurden „Große" und „Kleine" geehrt. Kehrte ein Handwerker heim, meldete ein Reiter die baldige Ankunft; Mitglieder der Gilde, die sich an der Finanzierung der Fahrt beteiligt hatten, zogen vor die Stadt und gaben fröhliches Geleit bis in die Kirche. Der Pilger legte Stab und Sack auf den Altar, erleichtert darüber, daß er das Gelübde erfüllt oder einen erstrebten Ablaß gewonnen hatte. Anschließend durfte er sich den Freuden des Wiedersehens überlassen, konnte von Höhen und Tiefen der Reise erzählen und ließ sich vielleicht in eine Bruderschaft des Heiligen aufnehmen, den er geehrt hatte. Interessierten gab er Hinweise und Unentschlossenen ein Beispiel. Je nach Gelübde und Brauch wiederholte man die Fahrt; heranwachsende Kinder gingen mit und wuchsen in eine Familientradition hinein. Nach einer testamentarisch verfügten Wallfahrt überzeugten sich die Nachlaßverwalter davon, daß der Stellvertreter den Auftrag *vullenkomelike* (vollkommen) ausgeführt hatte.

Im Lauf des folgenden Lebensabschnitts zeigte sich, ob die Fahrt den Beginn einer Umkehr markiert hatte. Selbst wenn der

Ein wichtiges Pilgermotiv war der Dank für die Hilfe bei Unfällen und die Rettung von Kindern. Auf dem Fresko aus der Kirche San Francesco in Assisi erweckt der heilige Franziskus einen aus dem Fenster gefallenen Jungen von den Toten (Werkstatt Giottos di Bondone, um 1320).

Ankunft von Pilgern vor einer Kirche (Detail eines Freskos in der Kirche Saint-Pierre in Martailly-les-Brancion, Département Saône-et-Loire, von 1325/30).

Pilger wieder in den alten Trott und die früheren Laster zurückfiel, hob er Stab, Mantel, Tasche und Pilgerzeichen sorgfältig auf. Er trug sie an hohen Festtagen; im Sterben rief er Gott und den in der Ferne aufgesuchten Heiligen um Hilfe an. Wer sich mit der charakteristischen Muschel bestatten ließ, vertraute darauf, daß der heilige Jakobus sich seiner auf der letzten Reise und beim Jüngsten Gericht erinnern werde.

Ausblick

Millionen von Pilgern waren im Mittelalter unterwegs; manche suchten mehrmals im Jahr einen nahen, andere wiederholt in ihrem Leben einen fernen Wallfahrtsort auf. Solche Reisen lassen sich auch als Zeichen der Freizügigkeit verstehen. Selbst Angehörige der Unterschicht verfügten über eine Mobilität, wie sie auch im 20. Jahrhundert alles andere als selbstverständlich war.

Vom Hochmittelalter an verstärkte sich, wie Quellen zum Wallfahrtswesen zeigen, der Trend zur Individualisierung. So begegnen Notleidende auch dann mit ihrem Namen, wenn sie dem einfachen Volk angehörten. Je nach persönlicher Vorliebe entwickelte man zu diesem oder jener Heiligen ein inniges Verhältnis. Ganz unterschiedliche Bekundungen der Eigenwilligkeit waren gesellschaftlich anerkannt: Pilgerfahrt und soziales Engagement, Bau von Brücken und Hospizen, Förderung klösterlicher Gemeinschaften und Unterstützung der Armen.

Pilger gehörten zu den Gruppen, die, aus vielen Völkern und Sprachen stammend, die abendländische Christenheit zusammenhielten. Fahrten an die Peripherie der lateinischen Christenheit – man denke an Jerusalem, Bari, Santiago und Tschenstochau – haben Bindungen Süditaliens, Spaniens und Polens an das übrige Europa gefestigt. Pilger nach Canterbury sowie aus den skandinavischen Ländern förderten die Integration der Britischen Inseln und Nordeuropas in die gesamteuropäische Kultur. In einer Zeit, da zentrifugale Kräfte die Einheit des Reichs lockerten, sorgten Wallfahrer für ein Gegengewicht: Wer von Stettin nach Thann zog, entwickelte ein Wir-Gefühl, das die Menschen in Nordost- und Südwestdeutschland miteinander verband.

Im Spätmittelalter ist eine zweifache Schwerpunktverlagerung zu beobachten: Auf die Gesamtzahl der Pilger bezogen, sind mehr zu näheren, weniger zu fernen Zielen gezogen. Das Bildungsstreben, bei Pilgern im Hochmittelalter von untergeordneter Bedeutung, verstärkte sich seit dem Spätmittelalter immer mehr; auf Bildungsreisen und Kavalierstouren spielte der Besuch heiliger Stätten keine oder nur eine geringe Rolle, je nach der Konfession des Reisenden.

Auch dank der Reisefreudigkeit von Pilgern und Missionaren, Künstlern, Kriegern und Gebildeten hat das Abendland Gemeinsamkeiten ausgebildet, welche die Länder zwischen Island und Sizilien, Dublin und Krakau bis heute prägen. Es lassen sich sogar Ansätze zu einem gemeineuropäischen Bewußtsein erkennen. Dies konnte zur arroganten Abschottung gegen „die anderen" führen, seit dem Spätmittelalter vor allem gegen „die Türken". Doch oft konnte sich der Pilger unterwegs auch ein wenig wie zu Hause fühlen. In der lateinischen Messe hörte er vertraute Gebete; in Kirchen, Bildstöcken und Kapellen begegnete er der bekannten Sprache der Bilder.

Im Lauf des Mittelalters wurde Europa mit einem Netz von Wegen überzogen, die auch Pilgern dienten; die Rue Saint-Jacques in Paris hat ihren Namen bis heute behalten. Wallfahrer haben Klöster und Städte gefördert; unterwegs und während ihres Aufenthalts haben sie Dienstleistungen nachgefragt, so daß sich ein eigenes Beherbergungsgewerbe entwickeln, Schiffer, Fähr- und Fuhrleute sich und ihre Familie mit ihrer Arbeit ernähren konnten. Ein gewisser Wohlstand bildete die Voraussetzung für die vielfältige Hilfe, die Pilger unterwegs erfuhren.

Der Strom der Pilger hat einen Ort wie Vézelay in Burgund aufblühen lassen. Eigens für Pilger wurden Brücken und Spitäler gegründet, die später auch anderen Reisenden zugute kamen. In Nordspanien begünstigte das Kommen und Bleiben von Pilgern die Wiederbesiedlung von Landstrichen, die während der Kriege zwischen Muslimen und Christen entvölkert worden waren. Dank der Gaben von Nord- und Ostdeutschen konnte das Münster des heiligen Theobald in Thann – die nach dem Straßburger Münster größte und schönste gotische Kirche des Elsaß – noch vor Beginn der Reformation fertiggestellt werden. Das Geld reichte sogar für einen reichen Fenster- und Figurenschmuck.

Aufgeschlossen für Bereiche der materiellen Kultur, sind manche Wallfahrer mit offenen Augen durch fremde Länder gezogen. Die Steigerung landwirtschaftlicher Erträge seit dem Hochmittelalter wird auch damit zusammenhängen, daß Pilger Getreidekörner aus auffallend reichen Ähren eingesteckt und in ihrer Heimat ausgesät haben. Wie Handwerker und Gelehrte haben Pilger Anregungen, die sie unterwegs erhielten, gesiebt und verglichen, aufeinander bezogen und auf ihre Anwendbarkeit hin durchdacht. Nach ihrer Heimkehr erzählten sie von dem, was sie unterwegs Neues gesehen hatten, veranlaßten Handwerker, ähnliche Werke herzustellen oder sich in der Fremde kundig zu machen – etwa hinsichtlich der Nutzung von Wasser- und Windenergie, der Herstellung von Papier und Druckerzeugnissen. Gutenberg hat mit der Herstellung von Pilgerzeichen Erfahrungen gesammelt, die in die Entwicklung beweglicher Lettern eingegangen sind.

Kirchliche und weltliche Obrigkeiten haben die Wallfahrtsfreude wiederholt gebremst. Untersagt wurden Wallfahrten in den für die Reformation gewonnenen Gebieten. Das hat Protestanten nicht gehindert, Bildungsreisen zu Orten zu unternehmen, zu denen ihre Vorfahren gepilgert waren, Wallfahrten nostalgisch zu verklären und – in jüngster Zeit – selber wieder auf Pilgerfahrt zu gehen.

Pilger erfuhren unterwegs und am Ziel, daß andernorts vieles weiter entwickelt, erfreulicher, schöner war als in ihrer Heimat. Daraus konnte sich ein Wissen um eigene Grenzen ergeben, das bei Auseinandersetzungen mit fremden Kulturen vorteilhaft war – sofern es sich mit Selbstbewußtsein paarte. Und daran hat es den Europäern nicht gefehlt, wie auch der Umgangston einfacher Menschen mit ihren Heiligen gezeigt hat.

Was Wallfahrer nachgefragt, was Handwerker und Künstler geschaffen haben, erlaubt Europa heute, sich seines Erbes und damit auch seiner Identität bewußt zu werden. Der *Camino Francés*, der mehr als 700 Kilometer lange, von ehrwürdigen Denkmälern gesäumte Pilgerweg durch Nordspanien nach Santiago, wurde im Jahre 1987 vom Europarat zur ersten europäischen Kulturstraße erhoben und 1993 als Weltkulturerbe unter den Schutz der UNESCO gestellt.

Nicht anders als im Mittelalter bilden Pilger heute einen ernstzunehmenden Wirtschaftsfaktor. Das gilt für Lourdes und Fatima, für Rom und Santiago. „Alternative" Touristen teilen die Mühen einer langen Radfahrt mit Jungen und Alten, die Hunderte von Kilometern zu Fuß zurücklegen wollen – wie die Apostel. Pilger haben dazu beigetragen, daß sich im Abendland Gemeinsamkeiten ausbildeten, die langfristig stärker waren als Gräben zwischen den Konfessionen, stärker als Grenzen der Nationalstaaten, stärker schließlich als der Eiserne Vorhang, dessen Fall wir erleben durften.

Prof. Dr. Norbert Ohler, geb. 1935, lehrte Geschichte an der Universität Freiburg im Breisgau.

Wo jedes Sandkorn heiliger Boden ist

Peter Thorau

Die großen Pilgerziele: Jerusalem

Jerusalem ist das klassische Pilgerziel schlechthin: Dort konnten Pilger auf den Spuren Jesu wandeln, als Schauplatz seiner Leiden und Auferstehung überstrahlte die Anziehungskraft der Stadt alle anderen Wallfahrtszentren bei weitem. Doch die Haltung der Kirchenväter war zunächst zwiespältig: Die Menschen sollten das himmlische, nicht das irdische Jerusalem suchen.

„Reisebeschreibung von Bordeaux nach Jerusalem und von Herakleia über Aulona und die Stadt Rom bis nach Mailand, nämlich: Von der Stadt Bordeaux, wo der Fluß Garonne ist, den der Ozean über ungefähr 100 gallische Meilen ansteigen und zurückgehen läßt, bis zur Pferdewechselstation Stomatas sieben gallische Meilen, von dort bis zur Pferdewechselstation Sirione neun gallische Meilen, bis zur Stadt Vasatas neun Meilen, bis zur Pferdewechselstation ‚Drei Bäume' fünf Meilen, bis zur Pferdewechselstation Oscineio acht Meilen, bis zur Pferdewechselstation Scittio acht Meilen, bis zur Stadt Elusa acht Meilen, bis zur Pferdewechselstation Vanesia zwölf Meilen, bis zur Stadt Auscius acht Meilen, bis zur Pferdewechselstation Ad Sextum [= Zum sechsten Meilenstein] acht Meilen, bis zur Pferdewechselstation Hungunuerro sieben Meilen, bis zur Pferdewechselstation Bucconis sieben Meilen, bis zur Pferdewechselstation ‚Zum Jupiter' sieben Meilen, bis zur Stadt Tholosa sieben Meilen, bis zur Pferdewechselstation Ad Nonum [= Zum neunten Meilenstein] neun Meilen, bis zur Pferdewechselstation Ad Vicesimum [= Zum 20. Meilenstein] elf Meilen, bis zur Übernachtungsstation Elusione neun Meilen ... Das macht von Bordeaux bis Arles 372 gallische Meilen, 30 Pferdewechselstationen, elf Übernachtungsstationen."

Solche dürren Aufzählungen von Wegstationen und Entfernungsangaben machen den größten Teil des ältesten Pilgerberichts aus, der auf uns gekommen ist. Der namenlose Reisende, der sich im Jahr 333 nach Jerusalem aufmachte, wird wegen seines Ausgangsorts gewöhnlich „der Pilger von Bordeaux" genannt. Für seine über 1000 Kilometer lange Reise wählte er, anders als die Mehrheit der vielen anderen Pilger, die ihm in den kommenden Jahrhunderten bis heute folgen sollten, den beschwerlichen Landweg über Konstantinopel. Dabei konnte er auf das hervorragend ausgebaute Straßennetz des Römischen Reiches und auf das System der römischen Post mit ihren zahlreichen Pferdewechselstationen und Herbergen zurückgreifen.

Auch wenn er, im Heiligen Land angekommen, nur wenig ausführlicher wird, meist ohne spürbare Gefühlsregung kaum mehr als den Namen der besuchten Stätten und die entsprechende Bibelstelle anführt, so sind seine Aufzeichnungen doch von großem Wert für den modernen Historiker, weil sie einen Einblick in die Anfänge des Pilgerwesens erlauben. Denn das Wallfahrtswesen steckte zur Zeit unseres Pilgers aus Bordeaux sozusagen noch in den Kinderschuhen. Lediglich vier große Kirchen erwähnt er auf seiner Rundreise: die Grabeskirche in Jerusalem, die Geburtskirche in Bethlehem, die Kirche am Ölberg und diejenige am Abrahamsheiligtum in Mamre. Alle vier Basiliken hatte Kaiser Konstantin (306–337) errichten lassen, unter dessen Herrschaft sich Palästina langsam in ein christlich geprägtes Land zu verwandeln begann. Einen nicht unwesentlichen Anteil an dieser Entwicklung hatte seine Mutter, die Kaiserin Helena (um 249–329).

Beeindruckt von dem Sieg, den Konstantin 312 an der Milvischen Brücke über Kaiser Maxentius errungen hatte – unter dem Feldzeichen des Kreuzes, wie ihm in einer Vision geweissagt worden war –, soll Helena nach Jerusalem gereist sein, um dort das augenscheinlich so wirkmächtige Kreuz Christi zu suchen. Die christliche Legende schildert das weitere Geschehen in leuchtenden Farben: Mit glühendem Eifer begab sich die Kaiserin ans Werk. Den Ort der Kreuzigung aber und das dort in der Erde verborgene Kreuzesholz wollten die Juden ihr nicht preisgeben, weil es in einer Prophezeiung hieß, das Gesetz der Juden werde zunichte und die Christen übernähmen die Herrschaft, wenn das Kreuz in ihre Hände gerate. Helena jedoch soll einen der Juden, der bezeichnenderweise Judas hieß, gezwungen haben, ihr die Kreuzigungsstätte zu zeigen, indem sie ihn für eine Woche ohne Nahrung in einen trockenen Brunnen werfen ließ. Daraufhin führte er die Kaiserin nach Golgatha, wo der römische Kaiser Hadrian (117–138) einen Venustempel hatte errichten lassen, um den Ort für Christen zu entweihen. Dort betete nun der Jude, und alsbald bewegte sich die Erde, und wohlriechender Rauch stieg auf; durch diese Zeichen wurde Judas zu Christus bekehrt. Helena aber ließ den Tempel abreißen; beim Graben in der Erde fand man drei Kreuze. Welches davon das Kreuz Christi war, erwies sich schnell durch dessen Wundertätigkeit: Der Leichnam eines Jünglings, der vorübergetragen wurde und über den man nacheinander die drei Hölzer legte, wurde bei der Berührung durch das rechte Kreuz wieder zum Leben erweckt. Nach anderer Version der Legende genas eine todkranke vornehme Dame Jerusalems von ihrer Krankheit; laut Ambrosius wurde das Kreuz Jesu dagegen an der Inschrift erkannt, die Pilatus daran hatte anbringen lassen. Durch das Gebet des bekehrten Judas wurden auch noch die Kreuzesnägel gefunden. Helena brachte sie zusammen mit einem Teil des Kreuzes ihrem Sohn Konstantin mit, der Rest verblieb im Heiligen Land.

Als wahrer Kern dieser legendarisch ausgeschmückten Überlieferung, wie man sie beispielsweise in der „Legenda aurea" des Jacobus de Voragine aus dem 13. Jahrhundert findet, die sich aber schon im Verlauf des 4. Jahrhunderts in dieser Form gebildet hatte, bleibt festzuhalten: Kaiserin Helena, am Hof ihres christenfreundlichen Sohnes Konstantin zum Christentum bekehrt, begab sich im Jahr 326 ins Heilige Land und ließ in Jerusalem die mit einem Venustempel überbaute Kreuzigungsstätte freilegen. Sie fand dort auch tatsächlich ein Kreuz (oder dessen Überreste), das seither von den Christen als das „wahre Kreuz" Christi verehrt wurde. Der Bau der Grabeskirche durch Kaiser Konstantin ging wohl auf ihre Initiative zurück.

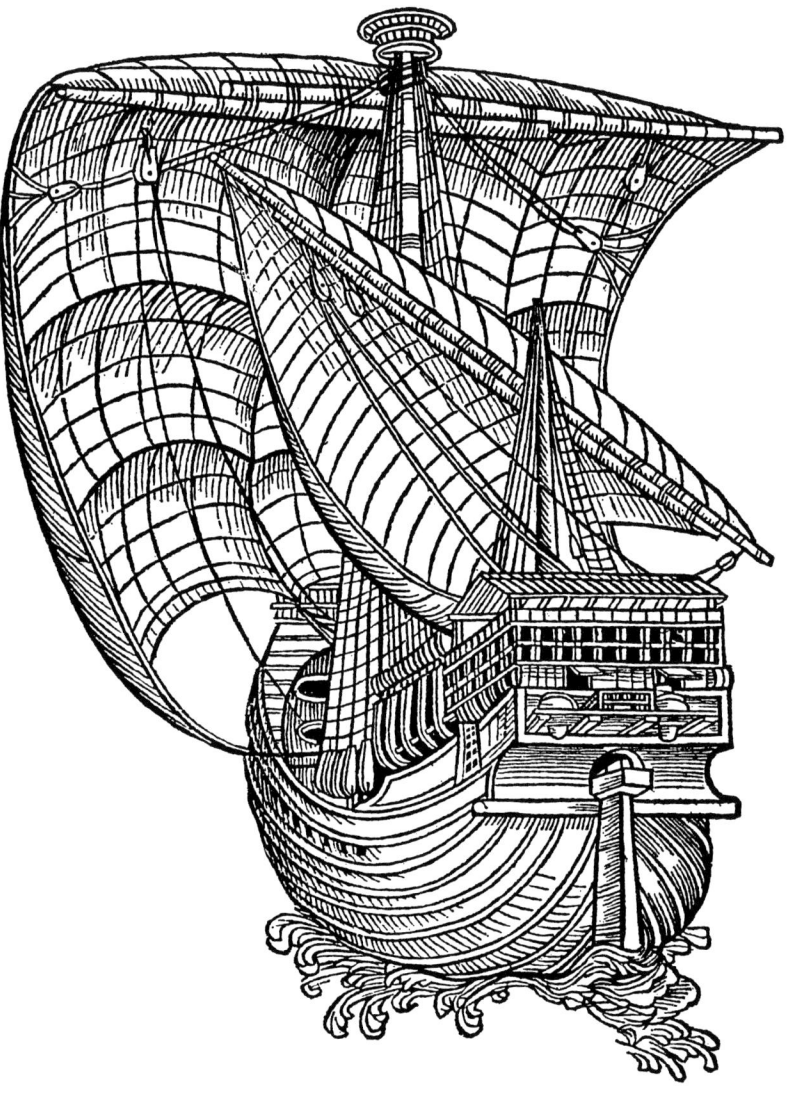

Pilgerschiff des 15. Jahrhunderts. Holzschnitt von Erhard Renwick in der ersten deutschen Ausgabe der „Peregrinatio" Bernhards von Breydenbach 1486.

Zwiespältige Haltung der Kirchenväter

Schon vor Helena hatten einzelne Christen, vor allem Bischöfe und Priester aus Ägypten und Kleinasien, Palästina besucht. Bei ihnen kann man aber noch nicht von Pilgern im eigentlichen Sinn sprechen. Vereinzelte Hinweise auf diese Reisenden liefert uns vor allem die Kirchengeschichte des Bischofs Eusebius von Caesarea. Er erwähnt beispielsweise den kleinasiatischen Bischof Melito von Sardes, der sich um 200 nach Jerusalem begab, weil er dort genaue Informationen darüber einholen wollte, welche Schriften zum alttestamentlichen Kanon gehörten und wie deren richtige Reihenfolge sei. Bischof Alexander von Kappadokien, der wenig später nach Palästina reiste, tat dies immerhin schon „um des Gebetes und der Stätten der [biblischen] Geschichte willen". Aber erst der Fund des Kreuzes durch Kaiserin Helena brachte die Pilgerbewegung ins Heilige Land richtig in Gang. Ihrem Vorbild sollten in der Zukunft viele fromme Christen folgen, auch wenn schon der Kirchenvater Augustinus aus theologischen wie moralischen Gründen Wallfahrten mißbilligte.

Eher zwiespältig war die Haltung des heiligen Hieronymus, der sich aus Rom ins Heilige Land zurückzog, wo er sich 386 endgültig in Bethlehem niederließ und seine Übersetzung der Bibel ins Lateinische anfertigte. Einerseits faßte er einen Bericht über die Reise der römischen Matrone Paula und ihrer Tochter Eustochium durch Palästina und Unterägypten ab, welche die beiden in seiner Begleitung machten, bevor sie in Bethlehem ein Kloster gründeten, um dort ihren Lebensabend zu verbringen. Die Frömmigkeit und Gottesliebe der beiden Damen und ihre Verehrung für die heiligen Stätten lobt Hieronymus aufs höchste. Andererseits warnt er beispielsweise um 395 in einem Brief an Paulinus von Nola vor den Gefahren einer Wallfahrt und stellt den geistlichen Wert einer solchen Reise gänzlich in Frage: Schließlich würden die Gläubigen „nicht nach der Verschiedenheit des Wohnortes, sondern nach dem Verdienste des Glaubens gewogen". „Sowohl von Jerusalem wie von Britannien aus" stehe der Himmel gleichermaßen offen; man müsse das Reich Gottes in sich selbst suchen. Und gar für einen Mönch, welcher der Welt entsagt habe, sei es eine völlige Torheit, sein Kloster zu verlassen, um dann in Jerusalem mit dem weltlichen Treiben einer Stadt konfrontiert zu werden, das er doch durch seinen Klostereintritt meiden wollte.

Solcherlei Kritik an der Pilgerbewegung findet sich immer wieder in den Äußerungen von Theologen. Der Kirchenvater Gregor von Nyssa (um 330–395) etwa klingt in seinem zweiten Brief ganz ähnlich: Seine christlichen Brüder sollten „ihren Leib verlassen und zum Herrn pilgern, und nicht von Kappadokien nach Palästina". Und noch der Zisterzienserabt Bernhard von Clairvaux (1090–1153), der vehement und beredt für den Zweiten Kreuzzug die Werbetrommel rührte, äußerte sich Mitte des 12. Jahrhunderts zumindest im Hinblick auf seine Ordensbrüder sehr ablehnend zum Wallfahrtswesen. Pilgerreisen von Mönchen betrachtete er bestenfalls als sinnlos. Einen unterwegs aufgegriffenen Zisterzienser schalt er, leichtsinnig zu sein, schickte ihn in sein Kloster zurück und ließ ihn vom Abt streng bestrafen. Die Aufgabe eines Mönches sei es nicht, das irdische, sondern das himmlische Jerusalem zu suchen; dieses Ziel erreiche man nicht, indem man mit seinen Füßen marschiere, sondern indem man in seinen geistigen Fähigkeiten Fortschritte mache, schrieb er seinen Mitbrüdern ins Stammbuch. Zisterziensern, die sich gar auf den Kreuzzug begeben wollten, drohte er – in Übereinstimmung mit der Ordensleitung – die Exkommunikation an: Ein Mönch solle das Kreuz nicht auf dem Gewand, sondern in seinem Herzen tragen.

Doch all diese Mahnungen vermochten wenig gegen den breiten Strom der Volksfrömmigkeit. Uralte magische Vorstellungen von der besonderen Wirkmächtigkeit bestimmter Plätze, wie man sie im Überlieferungsgut der gesamten Menschheitsgeschichte immer wieder findet, brachen sich im christlichen Gewand erneut Bahn. Stätten, an denen Heilige lebten, wirkten, starben oder begraben wurden, aber auch deren Leichnam sowie Gegenständen, die mit ihnen in Kontakt kamen, schrieb und schreibt man außergewöhnliche Kräfte zu, die vor Ort wirksam werden und sich Besuchern auch mitteilen können. An den heiligen Stätten kann demnach Heil erfahren werden, das quasi mitgenommen wird und über den Besuch hinauswirkt. Daneben trat der Wunsch vieler Gläubiger, Christus und den Heiligen räumlich nahe zu sein, indem man die Orte ihres irdischen Lebens mit eigenen Augen sah. Dahinter stehen besondere Verehrung und Frömmigkeit als Motive. Dazu kam die Idee des Ablasses zeitlicher Sündenstrafen, den die Kirche für den Besuch bestimmter heiliger Stätten und dort abzuleistende Gebete und Frömmigkeitsübungen in Aussicht stellte. Im Verlauf des Mittelalters kam es zudem immer mehr in Gebrauch, als Bußleistung für Sünden eine Wallfahrt zu verlangen; je nach Schwere konnte diese in benachbarte Wallfahrtsorte oder zu entfernten Pilgerzielen führen.

Begehrte Herrenreliquien

Im Lauf der Jahrhunderte wurde ganz Europa mit vielen größeren und kleineren Wallfahrtsstätten von unterschiedlicher Bedeutung überzogen. Zu den drei wichtigsten Pilgerzentren der Christenheit entwikkelten sich das Heilige Land, das Grab des Apostels Jakobus in Spanien und Rom. Jerusalem und das Heilige Land behielten jedoch immer ihre überragende Bedeutung. Die Tatsache, daß es dieses Land war, in dem Christus sein irdisches Leben verbracht hatte, „wo seine Füße standen", machte aus jedem Ort „heiligen Boden"; jede Krume Erde, jedes Sandkorn, jeder Tropfen Wasser wurde quasi zur Kontaktreliquie, geheiligt durch seine Berührung und Gegenwart. Jerusalem selbst, wo man in der Grabeskirche den „Nabel der Welt" lokalisierte, mußte als Schauplatz von Leiden und Auferstehung Christi, als Zentrum der mittelalterlichen Welt, alle anderen Wallfahrtsorte an Anziehungskraft weit überstrahlen.

Das durch den Besuch von Pilgerstätten erfahrene Heil sollte jedoch kein einmaliges Ereignis bleiben; man wollte die Heilserfahrung fortdauern lassen und wiederholen können. Dies war nach Meinung der Volksfrömmigkeit, die von vielen Theologen unterstützt wurde, durch die Mitnahme von Reliquien möglich, die in der Heimat der Pilger weiter ihre Wirkung entfalten würden. Den Körper von Heiligen betrachtete man zunächst als unteilbar und unverletzlich; seit dem Hochmittelalter kannte man solcherlei Skrupel allerdings nicht mehr, sondern entfernte etwa Finger, Arme, Beine, Zähne oder – bei durch Enthauptung zu Tode gekommenen Märtyrern – den Kopf von der ursprünglichen Begräbnisstätte. Meist handelte es sich in diesen Fällen um Geschenke an bedeutende Klöster, Domkirchen oder Adlige, denen man damit eine besondere Ehre erweisen wollte. Weniger Probleme bereiteten von Anfang an die sogenannten Berührungs- oder Kontaktreliquien. Dabei handelte es sich um Gegenstände, mit denen der Heilige während seines Lebens hantiert hatte, etwa Kleidung, Schmuck oder Gebrauchsgegenstände, aber auch um Materialien, die nach seinem Tod mit dem Leichnam oder gar nur mit seinem Sarg in Berührung kamen.

Aus dem Heiligen Land waren die „Herrenreliquien" besonders begehrt, also solche, die in direkter Beziehung zu Christus standen. Größte Verehrung genoß das von Kaiserin Helena aufgefundene „wahre Kreuz". Bei ihrer Eroberung Jerusalems 614 erbeuteten es die persischen Sassaniden; erst 628 konnte Kaiser Herakleios es zurückerobern. Von nun an beging die Kirche neben dem Fest der „Kreuzerhöhung" (14. September; Fund des Kreuzes durch Helena) feierlich den Tag der Wiedergewinnung des Kreuzes (3. Mai; Fest der Kreuzerfindung). Erstaunlicherweise hören wir aber in den folgenden Jahrhunderten nichts mehr von dieser so bedeutenden Reliquie in Jerusalem. Erst einen Monat nach der Eroberung Jerusalems durch die Kreuzfahrer am 15. Juli 1099 berichten die Quellen davon, daß das Heilige Kreuz von den Rittern wiedergefunden worden sei. Es wurde nun zur wichtigsten Reliquie des jungen Königreichs Jerusalem. Der König von Jerusalem verschenkte als Zeichen

Mittelalterliche Graffiti: Pilgerzeichen in der Geburtskirche in Bethlehem.

Die Grabeskirche in Jerusalem.

besonderer Wertschätzung an europäische Könige, hochrangige Adlige und Geistliche – in Kreuzesform angeordnet und in wertvolle Reliquiare (Staurotheken) gefaßt – kleine Partikel des Heiligen Kreuzes, die man im Westen hoch verehrte. In der Schlacht von Hattin 1187 ging das Heilige Kreuz, das man in wichtigen Schlachten mitführte, an die Muslime verloren und wurde seitdem nicht mehr aufgefunden; nur der von Helena nach Konstantinopel geschickte Teil blieb erhalten und diente künftig als Herkunftsquelle für Kreuzesreliquien im Westen.

Wie dieser Teil in der Hagia Sophia aufbewahrt und verehrt wurde, schildert anschaulich der Pilgerbericht des gallischen Bischofs Arkulf. Um 680 war Arkulf, der das Heilige Land, Alexandria, Damaskus, Konstantinopel, Sizilien und Rom besucht hatte, auf der Heimreise – anscheinend durch die Straße von Gibraltar und über den Atlantik – durch widrige Winde in das iroschottische Kloster Iona auf den Inneren Hebriden verschlagen worden. Dem dortigen Abt Adomnanus erzählte er von seinen Reisen; dieser zeichnete den Bericht anschließend auf, angereichert mit Lesefrüchten aus spätantiker und frühchristlicher Literatur, die sich in seiner Klosterbibliothek befand. Arkulfs Beschreibungen sind noch für heutige Leser sehr wertvoll, denn er war ein aufmerksamer und nicht unkritischer Beobachter und liefert oft detaillierte Schilderungen, die sonst so nicht zu finden sind. Aus Konstantinopel berichtet er, „daß es dort nicht zwei, sondern drei kurze Holzstücke des Kreuzes gibt, nämlich das Querholz und zwei durch einen langen Einschnitt voneinander getrennte gleiche Teile". Diese würden das ganze Jahr über in einer hölzernen Kapsel in einem Schrein aufbewahrt und nur von Gründonnerstag bis Karsamstag auf einem goldenen Altar ausgestellt. Dort werde die Kapsel geöffnet und an Gründonnerstag vom Kaiser und seinen Militärs, am Karfreitag von den Königinnen, vornehmen Damen und allen Frauen der Stadt und am Karsamstag vom Bischof und dem gesamten Klerus verehrt. An allen drei Tagen träten die Personen jeweils nach ihrem Rang vom Höchsten bis zum Niedersten mit gesenktem Haupt nacheinander heran und küßten den Kreuzesbalken. Nach diesen Zeremonien aber werde die Kapsel, aus der ein wunderbarer Wohlgeruch entströme – für den mittelalterlichen Menschen ein untrügliches Indiz für die Echtheit von Reliquien –, wieder verschlossen und in ihren Schrein zurückgebracht.

Daneben genoß das Blut Christi große Verehrung. Heilig-Blut-Reliquien wurden gewonnen, indem man Erde, die angeblich mit dem Blut Christi getränkt war, in Reliquiare füllte. Dazu kam eine zweite Form, seit sich Legenden von Kruzifixen und

Hostien verbreiteten, die bluteten, nachdem sie angeblich von Juden oder Heiden gequält, mit Messern oder Lanzen durchstochen worden waren, um die Passion Christi zu parodieren. Das von frommen Christen aufgefangene Blut galt ebenfalls als Heilig-Blut-Reliquie und wurde als wundertätig verehrt.

Für einfache Pilger waren Berührungsreliquien interessanter, die ohne Schwierigkeiten in größerer Menge herstellbar und daher auch für sie erschwinglich waren – etwa Wasser aus dem Jordan (man schöpfte es an der Stelle, wo Jesus von Johannes getauft worden war) oder heiliges Öl. Wie dieses gewonnen wurde, schildert um 570 der sogenannte Pilger von Piacenza: Er berichtet, daß man in der Grabeskirche das Kreuz Christi aus seiner Kammer in den Hauptraum der Basilika trug, damit die Pilger es anbeten konnten. Gleichzeitig habe man Öl in „halben Flaschen" dargebracht, damit es durch die Berührung mit dem Kreuz gesegnet würde. „Sobald das Holz des Kreuzes" – seinen Angaben nach Nußbaumholz – „den Rand einer Halbflasche berührt, wallt das Öl rasch auf, und wenn sie nicht schnell geschlossen wird, fließt es ganz heraus." Eine andere Möglichkeit bestand darin, das Öl über die Sarkophage von Heiligen oder andere heilige Stätten zu gießen und dann wieder aufzufangen. In manche dieser Marmorsarkophage wurden sogar an der Oberseite größere Löcher geschnitten, so daß man Öl hindurchfließen lassen konnte, das – nachdem es in direkten Kontakt mit der Reliquie ge-

Eine spätere Beschriftung auf der Rückseite bringt die Karte mit der Wallfahrt des Nürnberger Kaufmanns Sebald Rieter nach Jerusalem in Verbindung, die im Jahr 1479 stattfand. Sie zeigt die wichtigsten Straßen und Gebäude der Heiligen Stadt, so die Grabeskirche, den Felsendom, die al-Aksa-Moschee oder den Davidsturm, darüber hinaus Szenen und Orte der Passion Christi (etwa den Einzug Christi am Palmsonntag, Christus in Gethsemane, die Kreuztragung oder das Haus des Pilatus) und stellt einige Pilger in der Heiligen Stadt dar.

kommen war – in einem kleinen Becken an der Unterseite des Sarkophags aufgefangen, in Ampullen abgefüllt und den Pilgern verkauft wurde. Auch sind noch heute kleine, mehr oder weniger prächtige Schatullen erhalten, oft mit orientalischen Mustern verziert oder mit arabischen Schriftzeichen versehen, die dafür gedacht waren, Erde aus dem Heiligen Land nach Hause mitzunehmen. Was wie moderner Souvenirhandel anmutet und letztlich seitens der Bewohner des Heiligen Landes auch geschäftstüchtig betrieben wurde, hatte für die frommen Pilger eine ganz andere Bedeutung: Nicht um Andenken ging es ihnen, sondern darum, verehrungswürdige und wirkkräftige Überreste mitzunehmen, die ihnen selbst und den Zuhausegebliebenen Heil vermitteln sollten.

Im Vordergrund des Interesses aber stand und steht natürlich für die Pilger aller Zeiten der Besuch der heiligen Stätten. Die Anzahl der Heiligtümer, die man besucht haben mußte, nahm im Lauf der Jahrhunderte immer mehr zu, doch läßt sich ein Kernbestand aus den überlieferten Pilgerberichten herauskristallisieren: Jerusalem selbst, Bethlehem, Jericho, die Stelle der Taufe Jesu am Jordan, die Orte seines Wirkens am See Genezareth, die Abrahams-Heiligtümer in Hebron und Mamre sowie seit dem 6. oder 7. Jahrhundert Nazareth. Schon unser namenloser Reisender aus Bordeaux besuchte neben Jerusalem das Tal Josaphat, den Ölberg, Bethanien mit dem Lazarus-Grab, Jericho, das Tote Meer, Bethlehem, Mamre und Hebron. Außerdem erwähnt er zahlreiche Gräber biblischer Gestalten aus dem Alten Testament, so zum Beispiel das Grab des Propheten Jesaja, des Königs Hiskia, Rachels, Ezechiels, Asaphs, Hiobs, Davids und Salomos, daneben vor allem eine ganze Reihe von am Wegesrand liegenden Orten, an denen alttestamentliche Ereignisse stattgefunden hatten.

Die besondere Vertrautheit mit dem und das auffällige Interesse am Alten Testament in dem insgesamt wortkargen Text haben die Forschung vermuten lassen, daß es sich bei dem Pilger aus Bordeaux um einen getauften Juden handelte. In Jerusalem sah er den Teich Bethesda, den Tempel Salomos und dessen Palast, man zeigte ihm den Eckstein, „den die Bauleute verworfen haben", sowie einen durchbohrten Stein, den angeblich die Juden jährlich unter Wehklagen besuchten und salbten und den man eventuell als eine Vorstufe der heutigen Klagemauer interpretieren könnte; ferner den Teich Siloah, das Haus des Hohenpriesters Kaiphas mit der Geißelungssäule, die Reste des Prätoriums des Pilatus sowie den Hügel Golgatha und die Höhle mit dem Grab Jesu, wo gerade auf Befehl des Kaisers Konstantin eine Basilika errichtet worden war.

Die Pilgerflasche orientiert sich an der Form lederner Feldflaschen, die mittelalterliche Reisende benutzten (flach auf der einen, gewölbt auf der anderen Seite), wurde aber wohl in Palästina als Souvenir an Pilger verkauft. Er konnte darin zum Beispiel heilige Erde oder Wasser aus dem Jordan mit sich führen. Die farbenkräftige Glasur und die Vergoldung übertünchten die relativ schlechte Qualität des Glases.

Die ersten Pilgerführer

In den folgenden Jahrzehnten und Jahrhunderten erfreute sich die Jerusalemwallfahrt zunehmender Beliebtheit. Unter der recht stabilen Herrschaft der byzantinischen Kaiser entfaltete sich eine rege christliche Bautätigkeit in der Stadt und im gesamten Heiligen Land. In und um Jerusalem, vor allem

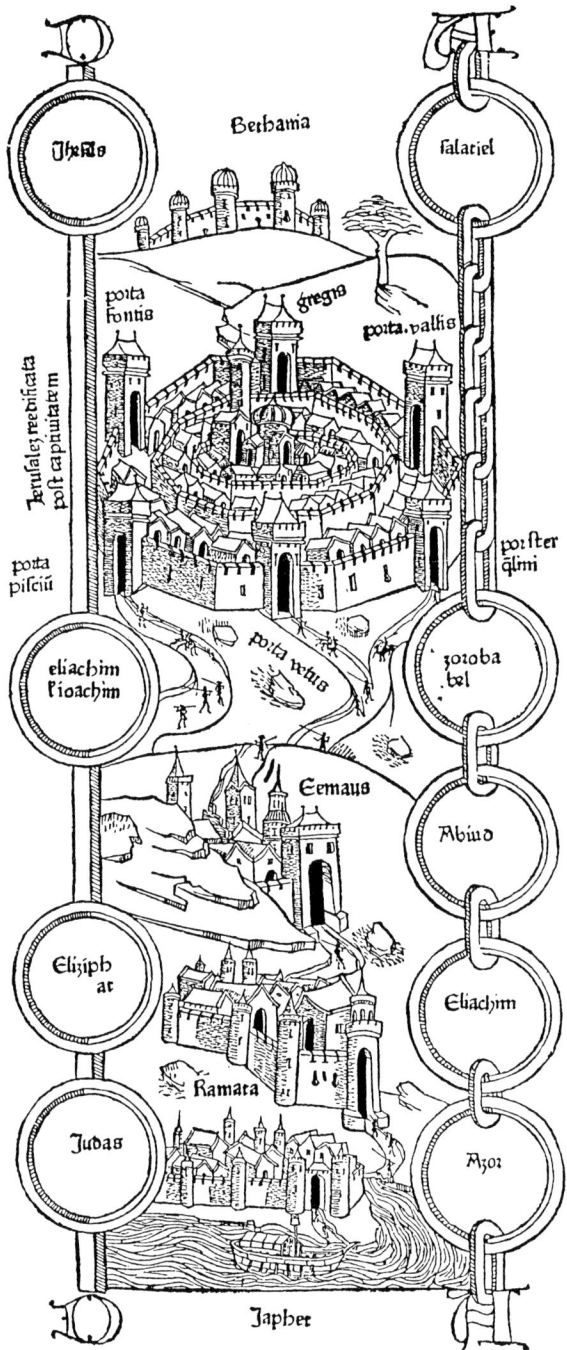

Die Skizze verfolgt den Weg der Pilger von Jaffa, wo die Schiffe ankamen, nach Jerusalem (Lübeck, 1475).

zentralen Heiligtümer und die dort aufbewahrten Reliquien zusammenstellten. Meist in recht einfachem oder schlechtem Latein gehalten, umfaßten sie nur wenige Seiten und waren wohl dafür gedacht, im Reisegepäck des Lesens kundiger Wallfahrer ihren Platz zu finden. Das älteste erhaltene Exemplar dieser Gattung ist der „Breviarius de Hierosolyma", eine „Kurzbeschreibung von Jerusalem", die um 550 entstand. Über die Grabeskirche heißt es dort beispielsweise lakonisch: „Danach betritt man nach Westen die heilige Anastasis, wo das Grab des Herrn ist, wo davor der Stein ist, eine Art Hartkiesel. Darüber ist die Kirche in Rotundengestalt errichtet. Über dem Grab ist ein Baldachin aus Silber und Gold, und ringsum ist alles aus Gold. Vor dem Grabe ist der Altar, wo der heilige Zacharias getötet wurde, wo sein Blut vertrocknete. Danach zur Sakristei der Basilika des heiligen Konstantin, wo eine Kammer ist, wo das Rohr ist und der Schwamm und der Kelch, den der Herr segnete und seinen Jüngern gab und sprach: ‚Das ist mein Leib und mein Blut.' Danach gehst du zu der Basilika, wo Jesus die Taubenhändler fand und hinauswarf." Trotz aller Kürze verzeichnet der Text die in der Kirche aufbewahrten Reliquien, die jeder Pilger aufsuchen wollte – Herrengrab, einen Teil der Passionswerkzeuge sowie den Abendmahlskelch –, und gibt eine knappe Lagebeschreibung, so daß man sich vor Ort zur Not allein zurechtfinden konnte.

Insgesamt sind die meisten der frühen Pilgerschriften im Vergleich mit den Reiseberichten des späten Mittelalters relativ karg und konzentrieren sich stark auf die besuchten Wallfahrtsstätten. Dies mag zum Teil das Ergebnis einer gewissen *political* – oder besser: *religious* – *correctness* sein: Man erwartete von einem frommen Pilger, daß er sich nur für seine religiösen Ziele interessierte und nicht für weltlichen Tand und eine exotische Umgebung. Zum Teil nahmen die frühen Pilger die Umwelt in Palästina aber wohl auch gar nicht als so exotisch wahr: Schließlich bewegten sie sich während der ganzen Reise auf dem Boden des Römischen Reiches, und die kulturellen Unterschiede waren zumindest für Wallfahrer aus dem Mittelmeerraum wahrscheinlich nicht sehr gravierend.

an den Orten von Jesu Leiden und Auferstehung, aber auch an den übrigen Wirkungsstätten Christi und anderen biblischen Orten des Alten und Neuen Testaments wurden Kirchen und Altäre errichtet, so daß christliche Pilger überall einen Raum für Schriftlesung, Andacht, Gebet und Meßfeier vorfanden. Zur Unterbringung der Wallfahrer entstanden Klöster und Hospize.

Weite Verbreitung fanden kurzgefaßte Pilgerführer, die ähnlich einem modernen Baedeker die

So fällt der Bericht des anonymen Pilgers aus Piacenza, der um 570 reiste, gegenüber vergleichbaren Schriften relativ stark aus dem Rahmen. Denn er interessierte sich auch für Land und Leute, für religiöse Bräuche (der Christen an den heiligen Stätten, aber auch der damals noch heidnischen Araber,

Die mittelalterliche Karte zeigt die Heilige Stadt Jerusalem als Mittelpunkt der Welt. Über der Weltkarte thront Christus mit zwei Engeln (illuminiertes Manuskript, um 1250).

denen er auf dem Sinai begegnete), für die fremde Tierwelt, für ungewöhnliche Pflanzen und die Fruchtbarkeit des Bodens, für Gewerbe und Handel oder für die medizinische Wirksamkeit bestimmter Heilquellen, an denen er vorbeikam.

Weite Verbreitung durch das gesamte Mittelalter hindurch fand der „Liber de locis sanctis" (das „Buch von den heiligen Stätten") eines Mannes, der seinen Fuß nie selbst in den Orient gesetzt hatte: Der angelsächsische Mönch und berühmte Theologe Beda Venerabilis (673/74–735), der sein Kloster Jarrow kaum einmal verließ, benutzte für sein vielgelesenes und häufig verwendetes Werk den oben erwähnten Reisebericht des Bischofs Arkulf. Beda schreibt selbst, daß er soweit möglich glaubwürdigen Geschichten gefolgt sei, besonders denen des Bischofs Arkulf; davon habe er einiges weggelassen und es mit den Schriften der Alten verglichen. Bedas Pilgerführer umfaßt daher Beschreibungen der heiligen Stätten in Palästina, die gegenüber seiner Vorlage gestrafft sind, sowie knappe Abrisse über Damaskus, Alexandria und Konstantinopel, die Beda anscheinend nur am Rande interessierten. Sein Werk ist für die nachfolgenden Pilgergenerationen klassisch geworden; viele schrieben in ihren Reiseberichten ganze Passagen daraus ab – oft ohne explizit darauf hinzuweisen. Oder man verfuhr wie der Mönch Bernhard aus der Bretagne, der in der Mitte des 9. Jahrhunderts das Heilige Land besuchte: Mit dem Hinweis, daß sich ja bereits Beda Venerabilis ausführlich über die heiligen Stätten ausgelassen habe, ersparte er sich deren detailliertere Beschreibung.

Jerusalem im Zeichen des Halbmonds

Unterdessen hatte sich die politische Landkarte des Vorderen Orients entscheidend verändert. Im Herzen der arabischen Halbinsel war in Mekka und Medina ein Kaufmann namens Mohammed als Prophet aufgetreten, der zum Begründer einer neuen Religion, des Islam, werden sollte. Nach anfänglicher Ablehnung schlossen sich die arabischen Stämme relativ

Pilger auf dem Weg ins Heilige Land waren ein beliebtes Motiv der Buchmalerei. In der Darstellung oben (aus den Reisebeschreibungen Marco Polos, Atelier des Boucicaut-Meisters und Bedford-Werkstatt, um 1412) weist ein Ortskundiger den Wallfahrern den Weg.

schnell seiner Lehre an. Nach Mohammeds Tod im Jahr 632 begannen sie eine rasche Expansionsbewegung, die im Osten letztlich erst in Indien, im Westen in Spanien und im Norden vor den Toren von Byzanz zum Stehen kommen sollte.

Kaiser Herakleios hatte zwar die Sassaniden, die 614 Jerusalem und Palästina eingenommen und teilweise verwüstet hatten, 628/29 zurückschlagen und vertreiben können, die neue Bedrohung aus der Arabischen Wüste aber scheint der erfahrene Feldherr unterschätzt zu haben. Schon öfter waren räuberische Beduinen in die südöstlichen Provinzen von Byzanz eingefallen, doch hatten sie nie eine ernsthafte Gefahr für das Reich dargestellt. So reagierte der Kaiser zu spät auf die Niederlage seiner Truppen bei Adschnadain in Syrien 634 und die Kapitulation von Damaskus 635. Das von ihm daraufhin entsandte Heer konnte das Blatt nicht mehr wenden; im August 636 wurde es am syrischen Fluß Jarmuk vernichtend geschlagen. Bis 640 fiel das gesamte syrische Gebiet – zu dem man auch Palästina rechnete – in arabische Hand.

Und wieder veränderten Jerusalem und das Heilige Land ihr Gesicht. Viele Kirchen, die von den persischen Eroberern zerstört worden waren, wurden nicht oder nur in bescheidenerem Ausmaß wiederaufgebaut. Auch für die junge islamische Religion war Jerusalem eine heilige Stadt, denn der Tempelberg war das Ziel der sogenannten Nachtreise des Propheten Mohammed gewesen, von wo aus er, geführt vom Erzengel Gabriel, über eine Leiter in den Himmel gestiegen sein soll. So betrachteten die Muslime Jerusalem als die (von Mekka aus gesehen) „am weitesten entfernte Kultstätte" (*al-masdschid al-aksa*). Daher ließ der Kalif Abd al-Malik 692 auf dem Tempelberg den sogenannten Felsendom erbauen, das wichtigste islamische Heiligtum der Stadt; in seiner Nähe wurde im 8. Jahrhundert die al-Aksa-Moschee errichtet. Den Juden, die Kaiser Hadrian nach dem Bar-Kochba-Aufstand 135 aus Jerusalem verbannt hatte und die die Stadt auch unter byzantinischer Herrschaft nicht betreten durften, erlaubten die muslimischen Eroberer, sich im

Süden der Stadt wieder anzusiedeln. Islamische Kultur und Religion begannen, das Land zu prägen: Muslimische Araber ließen sich in Jerusalem und Palästina nieder; Teile der ehemals christlichen Bevölkerung konvertierten zu der neuen Religion; Moscheen wurden errichtet. Als der Kalif Muawija (661–680), der Begründer der Omaijaden-Dynastie, schließlich Damaskus zu seiner Residenz erhob, wurde Syrien von einer Randprovinz zum Kernland des arabischen Großreichs. Dank der neu aufgebauten Flotte gelang es den Arabern zudem, die byzantinische Hegemonie im östlichen Mittelmeer zu brechen und ihre eigene Vormachtstellung zu begründen.

Dennoch kam die christliche Pilgerbewegung nicht völlig zum Erliegen. Positiv wirkten sich um die Wende vom 8. zum 9. Jahrhundert die diplomatischen Kontakte aus, die Karl der Große mit dem abbasidischen Kalifen Harun ar-Raschid in Bagdad unterhielt – unter anderem, um die Wallfahrten zu fördern. Er erlangte die Erlaubnis, die Grabeskirche wiederherstellen zu lassen; außerdem wurde die Kirche Santa Maria Latina, zu der ein Pilgerhospiz gehörte, erbaut. Der muslimischen Bevölkerung waren die orientalischen Christen, die sie als Angehörige einer Buchreligion tolerierten, zudem ein vertrauter Anblick, und so begegneten sie auch deren Glaubensbrüdern aus dem Westen im großen und ganzen ohne Vorbehalte. Hinzu kam wohl, daß die Muslime durchaus in gewissem Umfang an den Pilgern verdienten, auch wenn diese – dem Armutsideal verpflichtet – wohl keine großen Reichtümer ins Land brachten.

Gleichwohl wurde das Reisen jetzt etwas beschwerlicher. Verantwortlich dafür war, daß die Muslime im Vorderen Orient ein eigenes Staatswesen mit einer effizienten Verwaltung errichtet hatten. Pilger aus dem Westen wurden dadurch schlichtweg Ausländer. Als solche konnten sie nicht mehr, wie in den Tagen des spätrömischen Reiches, ungehindert von Spanien, Gallien, Italien und den anderen Teilen Europas nach Palästina reisen, ohne eine Grenze zu überschreiten. Jetzt mußten sie die muslimischen Behörden zunächst um Einreisegenehmigungen bitten. Einen interessanten Beleg hierfür stellt die Reise des heiligen Willibald dar, der 787 als Bischof von Eichstätt in Bayern starb. Um 700 in der englischen Grafschaft Wessex geboren und dem iroschottischen Mönchsideal der asketischen Heimatlosigkeit verpflichtet, pilgerte er gemeinsam mit Vater und Bruder im Alter von etwa 20 Jahren nach Rom, wo er eine Zeitlang in einem Kloster lebte. Von dort aus unternahm er von 723 bis 727 mit zwei Weggefährten eine Wallfahrt ins Heilige Land. Kurz vor seinem Tod diktierte er einer Verwandten seine Lebensgeschichte. Auch wenn bei der Schilderung seiner Pilgerreise immer noch die besuchten biblischen Stätten im Mittelpunkt standen, hatte er gleichwohl die für ihn so fremde Welt mit offenen Augen wahrgenommen. Einmal berichtet er etwa von einem Löwen, der ihn erschreckte – ein wertvoller Hinweis darauf, daß diese Großkatzen im 8. Jahrhundert in Palästina und Syrien noch vorkamen. So nimmt es nicht wunder, daß Willibalds Beschreibung zu den bedeutsamsten frühmittelalterlichen Reiseberichten gezählt wird.

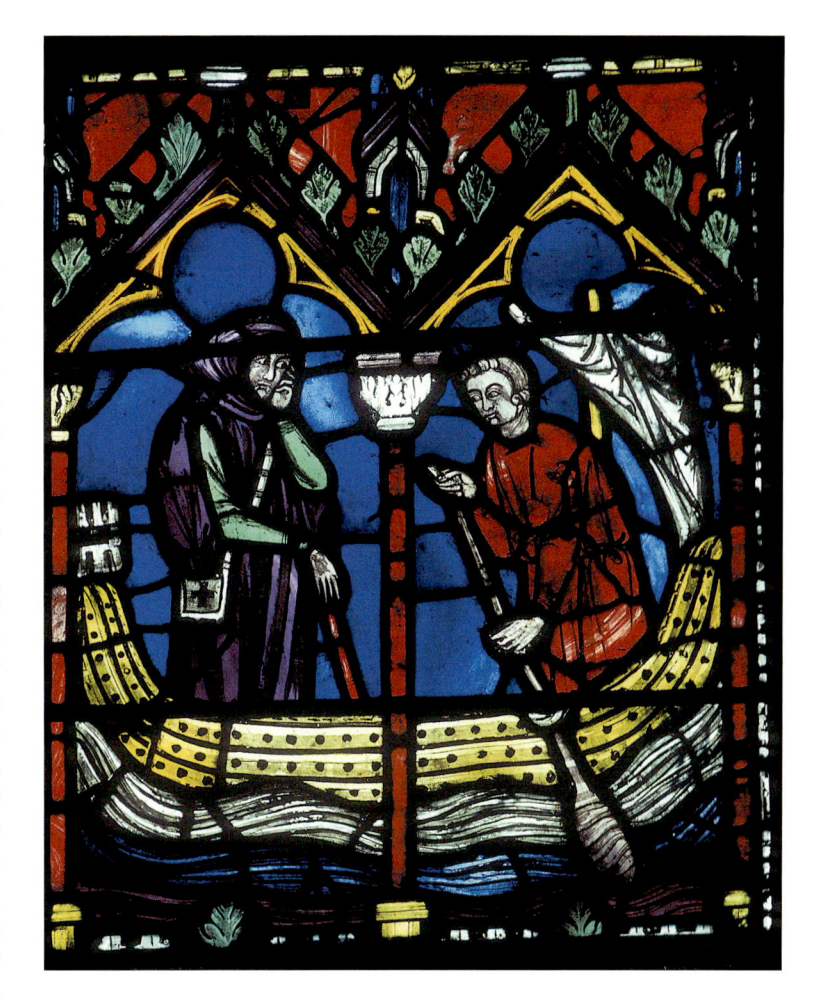

Von Rom reiste Willibald zunächst nach Süditalien, wo er ein Schiff bestieg, das ihn an die griechische Küste übersetzte. Von dort ging es auf dem Landweg weiter nach Kleinasien, wo er sich nach Zypern einschiffte und dann auf dem Seeweg wei-

Das Detail einer Glasmalerei aus der Kathedrale von Clermont-Ferrand (Zentralfrankreich) illustriert die Seereise des Fürsten von Marseille nach Jerusalem. Das Fenster aus dem 13. Jahrhundert setzt die Legende der heiligen Maria Magdalena ins Bild.

ter nach Tortosa an der syrischen Küste reiste. Damit betrat er den Boden des omaijadischen Reiches. Um sich im Land frei bewegen zu dürfen, mußte sich der Ankömmling aus dem Abendland zunächst nach Damaskus begeben, wo er vom Kalifen Hischam einen Passierschein erhielt. Jetzt konnte er ungehindert Jerusalem, Caesarea, Bethlehem, Nazareth und andere Städte besichtigen und an den Jordan reisen. Nach Ablauf eines Jahres aber mußte er sein Visum in Damaskus erneuern lassen, da es nur für diesen Zeitraum gültig war.

Fast wie bei einem modernen Touristen, der nicht ganz legal ein Souvenir aus dem Land schaffen möchte, mutet die Ausreise Willibalds an. Beim Zoll am Hafen hätte ihn sein Vorgehen den Kopf kosten können. Als frommer Pilger hatte er in Jerusalem etwas heiliges Öl erstanden. Wohlwissend, daß dessen Export nicht erlaubt war, hatte er es in ein kleines Röhrchen gefüllt und dieses in einem mit gewöhnlichem Öl gefüllten Flakon verborgen. Als die arabischen Zöllner in Tyrus, wo sich Willibald nach Konstantinopel einschiffen wollte, dieses Gefäß in seinem Gepäck fanden, wurden sie mißtrauisch. Da sie beim Öffnen des Flakons aber nur normales Olivenöl bemerkten und nicht das darin versteckte Röhrchen mit dem heiligen Öl, durfte er ungehindert ausreisen.

Einen weiteren interessanten Beleg für die Wichtigkeit gültiger Reisepapiere im früheren Mittelalter verdanken wir dem Bericht eines Mönchs aus der Bretagne namens Bernhard. Mit Erlaubnis von Papst Nikolaus I. (858–867), dessen geistlichem Segen und finanzieller Unterstützung wollte Bernhard nach Jerusalem pilgern. Dazu reiste auch er zunächst nach Süditalien, das sich seit 827 in der Hand der aus Nordafrika stammenden muslimischen Dynastie der Aglabiden befand, die das Land bis 1060 beherrschten. In Bari stellten ihm die muslimischen Behörden gleich zwei Passierscheine aus. Dies war erforderlich, weil das Kalifat der Abbasiden, die 750 die Omaijaden verdrängt hatten, seinerseits bereits merkliche Verfallserscheinungen zeigte. In Ägypten und Teilen Palästinas regierte der türkischstämmige Militärgouverneur Ahmad ibn Tulun zwar offiziell im Namen des abbasidischen Kalifen, de facto aber ebenso selbständig wie die Aglabiden auf Sizilien und in Süditalien. So erhielt Bernhard ein Visum, das für die von Ahmad ibn Tulun beherrschten Gebiete gültig war, und ein

Der Ölberg gehörte zu den wichtigsten Stationen, die Pilger bei ihrer Reise ins Heilige Land aufsuchten. Die historische Fotografie Jerusalems stammt aus der Zeit um 1900; in der Bildmitte liegt der Garten Gethsemane.

zweites im Namen des abbasidischen Kalifen für diejenigen Landstriche Syriens und Palästinas, die dessen direkter Kontrolle unterstanden.

Auch die Berichte der Pilger verändern in dieser Zeit ihren Charakter: Sie werden individueller und subjektiver, persönliche Erlebnisse treten in den Vordergrund, politische Verhältnisse, Land und Leute, Flora und Fauna, Kuriosa und Exotisches werden oft zum eigentlichen Kern der Erzählungen. Die heiligen Stätten treten dagegen eher zurück. Bei der Beschreibung von Örtlichkeiten, Heiligtümern, Ortschaften und Städten verlieren die Berichte vielmehr ihre Individualität; statt dessen schreibt man voneinander ab – teils stillschweigend, teils unter Verweis auf die Vorlage. Damit nahm man zwar, ganz nach mittelalterlicher Gewohnheit, die Autorität älterer Werke für die Glaubwürdigkeit der eigenen Darstellung in Anspruch, sicher ist in dieser Vorgehensweise aber auch ein Hinweis auf die Prioritäten zu sehen, die die Verfasser nun setzten: Was sie – und nur sie – selbst gesehen und erlebt hatten, war des Berichtens in besonderer Weise wert – die heiligen Stätten hingegen hatten andere Autoren wie etwa Beda Venerabilis längst besser geschildert.

Es mußte die Pilger und Reisenden aus dem Abendland aber auch staunen machen, was sie im fremden Orient zu sehen bekamen, vor allem diejenigen, die aus dem mittleren und nördlichen Europa stammten. In ihrer Heimat waren noch weite Teile des Landes von fast undurchdringlichen Urwäldern und Mooren bedeckt; sie überwogen die landwirtschaftliche Nutzfläche bei weitem. Die Ernteerträge waren dürftig; sie betrugen oft nur etwa das Dreifache der Aussaat und reichten angesichts der stetig wachsenden Bevölkerung bei weitem nicht aus. Zudem war die landwirtschaftliche Produktion in höchstem Maße witterungsabhängig; Hungersnöte kamen deshalb häufig vor. Hinzu kamen Epidemien und viele Krankheiten, denen die Menschen aufgrund der noch wenig entwickelten medizinischen und hygienischen Verhältnisse weitgehend schutzlos ausgeliefert waren und die deshalb immer wieder zahlreiche Opfer forderten. Die meist bäuerliche Bevölkerung wohnte in einfachen

Ein – wenn auch legendarisches – Pilgerziel war der Brunnen der Jungfrau Maria; auf dem Foto (um 1900) schöpfen hier Frauen aus Nazareth Wasser.

Die großen Pilgerziele: Jerusalem

Die Via Dolorosa, eine der 14 Leidensstationen Christi, war und ist ein „Muß" für Pilger (Foto um 1900).

Lehm- und Holzhäusern, das Inventar war ebenso wie fast alle für das tägliche Leben und die Landwirtschaft nötigen Gerätschaften selbstgefertigt, das allgemeine Lebensniveau niedrig. Auch auf den nur teilweise aus Stein errichteten Burgen des Adels, die damals in steigender Zahl das Land überzogen, war die Situation nicht grundlegend anders und weit entfernt von den idealisierenden Schilderungen der mittelalterlichen Epik. Allenfalls in den königlichen und bischöflichen Pfalzen sowie in großen Herrensitzen sah es etwas besser aus.

Ganz anders stellte sich die Situation im Orient dar: Allenthalben blühten dort die schönen Künste, sei es in Literatur, Dichtung oder Architektur. Prachtvolle Moscheen, Garten- und Palastanlagen wurden erbaut. Der allgemeinen Wohlfahrt und Bildung diente die Schaffung von Schulen, Hochschulen und umfangreichen Bibliotheken sowie von öffentlichen Bädern und Lehrhospitälern in den Städten. Die Wissenschaften, etwa Geschichte, Geographie und Mathematik oder Astronomie, Chemie und Medizin, aber auch Theologie, Philosophie und Rechtswissenschaften, blühten. Aufgrund eines vorzüglichen Kommunikationsnetzes blieben die jeweils gewonnenen Erkenntnisse nicht regional begrenzt, sondern verbreiteten sich über die gesamte islamische Ökumene. Wirtschaft und Handel boomten überregional; Banken und Kreditwesen förderten diese Entwicklung und ermöglichten unter anderem einen bargeldlosen Warenverkehr über große Entfernungen hinweg. Von höchster Qualität waren die Textil-, Glas- und Keramikproduktion sowie das metallverarbeitende Gewerbe. In der Landwirtschaft wurden trotz der auch im Orient damals noch einfachen Arbeitsgeräte der Bauern aufgrund jahrhundertealter Erfahrungen und Kenntnisse künstlicher Bewässerungssysteme sogar Überschüsse erzielt, die, wie etwa beim Zuckerrohr, exportiert werden konnten. Verbunden durch ein erstklassiges Wege- und Verkehrsnetz zu Wasser und zu Lande, stellte die islamische Welt einen riesigen geschlossenen Kulturraum dar.

Dennoch ging – nicht nur durch die oben geschilderten Erschwernisse bürokratischer Natur – der Pilgerverkehr ins Heilige Land seit dem 8. Jahrhundert zurück. Das Reisen, ja das Leben insgesamt war gefährlicher geworden. Dadurch, daß Byzanz seine Dominanz zur See verloren hatte, konnten muslimische Seeräuber relativ ungehindert das Mittelmeer unsicher machen. Und da auch das karolingische Reich nach dem Tod Karls des Großen eine Schwächeperiode erlebte, kam es im 9. und frühen 10. Jahrhundert immer wieder zu Überfällen nordafrikanischer Piraten an der Mittelmeerküste von Marseille bis hinauf nach Savona; sogar Rom griffen sie 846 an, 883 bzw. 897 zerstörten sie die altehrwürdigen Abteien Montecassino und Farfa. Europa und die Christenheit fühlten sich – nicht zu Unrecht – von den Muslimen bedroht; die überall lauernden Gefahren luden Pilger nicht gerade zur Reise in den Orient ein.

Erst als das wiedererstarkte Byzanz im 10. Jahrhundert erneut das östliche Mittelmeer beherrschte und, für Sicherheit und Ordnung sorgend, die friedliche Handelsschiffahrt und den weitgehend ungehinderten Waren- und Pilgertransport garantierte, begann die eigentliche große Zeit der mittelalterlichen Jerusalem-Wallfahrten. Da die seit 750 regierenden abbasidischen Kalifen ihre Residenz von Damaskus in das um 760 gegründete Bagdad verlegten, wurden Syrien und Palästina im Lauf der Zeit vom Zentrum zu Randprovinzen des arabisch-islamischen Großreichs. Der langsam einsetzende Machtverfall der Dynastie und die damit einhergehende Dezentralisierung schwächten das Reich. Gleichzeitig hatte sich Byzanz nach den Niederlagen des 7. Jahrhunderts konsolidiert und ergriff in der zweiten Hälfte des 10. Jahrhunderts militärisch wieder die Initiative. Nach Erfolgen im östlichen Anatolien und nördlichen Mesopotamien unter Kaiser Konstantin VII. Porphyrogennetos konnte der General und spätere Kaiser Nikephoros II. Phokas mit der wiederaufgebauten Flotte die Araber von Kreta und Zypern vertreiben. Die beiden Inseln hatten nicht nur große strategische Bedeutung als Flottenbasen, sondern bildeten auch wichtige Stützpunkte für den nun neu auflebenden Mittelmeerhandel.

Parallel zu diesen Entwicklungen war es auch im Westen gelungen, das arabische Piratenunwesen einzudämmen. Gleichzeitig waren einige italienische Kommunen wie etwa Amalfi, Genua, Pisa oder Venedig zu mächtigen Handelsstädten aufgestiegen; sie verfügten nicht nur über zahlreiche Handelsschiffe, sondern auch über Kriegsschiffe. Unter deren Schutz sowie demjenigen der byzantinischen Flotte konnten italienische und griechische Kaufleute sehr viel sicherer als früher ihren Geschäften nachgehen. Im Interesse eines florierenden Warenaustauschs sahen dies auch die arabischen Mittelmeeranrainer nicht ungern. Venedig knüpfte enge Handelsbeziehungen zu Ägypten, die alle politischen Stürme der folgenden Jahrhunderte – wie etwa die Kreuzzüge – relativ unbeschadet überdauerten und bis zum Beginn der Neuzeit Bestand hatten.

Von dem blühenden Handelsverkehr zwischen Ost und West profitierte auch das kräftig wiederauflebende Pilgerwesen, ja, es wäre ohne diese Kontakte wohl gar nicht in diesem Umfang möglich geworden. Denn nun stand endlich genügend Schiffsraum zur Verfügung, um die stetig wachsende Zahl von Wallfahrern auf dem relativ bequemen und schnellen, wenn auch recht teuren Seeweg in den Orient zu transportieren. Nachdem darüber hinaus Ungarns König Stephan der Heilige (997–1038) den christlichen Glauben angenommen hatte und gleichzeitig das Byzantinische Reich begann, den

Das sogenannte Jerusalemkreuz geht auf die Kreuzfahrerzeit zurück.

Das Foto des ehemaligen Hospitals der Johanniter in Jerusalem entstand 1870.

Balkan zu dominieren und dort für Ordnung in seinem Sinn zu sorgen, stand den Pilgern wie in der Spätantike auch der Landweg wieder offen. Ihn wählten vor allem ärmere Reisende, aber auch besonders fromme Wallfahrer, die den mühe- und daher verdienstvolleren Landweg bewußt auf sich nehmen wollten. Er war auch die bessere Option für Pilger, die in großen Gruppen unterwegs waren, so etwa für den Bischof Günther von Bamberg, der 1064/65 angeblich 7000 Menschen oder mehr ins Heilige Land führte. Diese enorm große Schar hatte sich auf den Weg gemacht, weil für das Jahr 1065 – wieder einmal – der Weltuntergang erwartet wurde, denn in diesem Jahr trat das seltene Ereignis ein, daß der Karfreitag, der Todestag Jesu, auf den 25. März, also das Datum seiner Empfängnis, fiel. Davon aber, Weltende und Wiederkunft Christi zum Jüngsten Gericht in Jerusalem zu erleben, erhofften sich die Menschen besonderen Nutzen für ihr Seelenheil; sie strömten in Massen ins Heilige Land.

Dort hatte inzwischen die Dynastie der Fatimiden (909–1171) aus Ägypten die politische Oberhoheit erlangt. Sie hatten in Kairo ein Konkurrenz-Kalifat zu den Abbasiden in Bagdad errichtet, denn im Unterschied zu diesen waren sie schiitischen Glaubens (sie leiteten die Legitimität ihres Anspruchs nach dynastischem Prinzip von Mohammeds Tochter Fatima ab und betrachteten sich als die wahren Erben des Propheten). Abgesehen von einem Intermezzo unter dem Kalifen al-Hakim (996–1021), der alle Nicht-Muslime diskriminierte und einen Teil der christlichen Kirchen in Ägypten und Syrien konfiszieren, plündern und zum Teil zerstören ließ, blieben die Christen unter den Fatimiden weitgehend unbehelligt. Allerdings fiel auch die Grabeskirche 1009 den christenfeindlichen Maßnahmen al-Hakims zum Opfer.

Weiter im Osten hatten seit dem Beginn des 11. Jahrhunderts die Seldschuken, türkische Reiternomaden aus den kasachischen Steppen, begonnen, nach Westen vorzudringen. 1055 nahmen sie kampflos Bagdad ein und übernahmen dort als Sultane die weltliche Herrschaft; der abbasidische Kalif diente ihnen fortan nur noch als Legitimationsspender. Da die Seldschuken dem sunnitischen Islam angehörten, betrachteten sie die schiitischen Kalifen in Kairo als verabscheuungswürdige Ketzer, die es im Interesse des rechten Glaubens zu bekämpfen galt. Für das Heilige Land hatte diese innere Zerstrittenheit der islamischen Welt insoweit Konsequenzen, als die syrisch-palästinische Region seither zum Zankapfel zwischen Fatimiden und Seldschuken wurde, deren Machtsphären sich hier berührten.

Die umkämpfte Heilige Stadt

Im Jahr 1071 fiel Jerusalem in die Hand der Seldschuken. Sie richteten dort große Zerstörungen an, doch wurde die Stadt schon 1098 von den Fatimiden zurückerobert. Auch in Anatolien waren die Seldschuken weiter nach Westen vorgedrungen und hatten 1071 bei Manzikert dem Byzantinischen Reich eine empfindliche Niederlage beigebracht. Dieses Ereignis wurde mehr als zwanzig Jahre später zum auslösenden Moment einer Bewegung, die für annähernd zwei Jahrhunderte die Geschicke des Nahen Ostens bestimmen sollte: der Kreuzzüge. Die enorme Resonanz, die 1095 der Aufruf Papst Urbans II. zu einem Kriegszug in den Osten beim Konzil von Clermont fand, war nicht zuletzt darin begründet, daß schon bald nicht mehr die militärische Unterstützung für das bedrängte Byzanz, sondern die Befreiung Jerusalems und der heiligen Stätten aus der Hand der Heiden als eigentliches Ziel in den Vordergrund trat. Eine wichtige Rolle für die Mobilisierung der Massen spielten wohl auch im Abendland kursierende Gerüchte über die grausame Mißhandlung oder gar Ermordung friedlicher Pilger durch Muslime. Guibert von Nogent legt Urban II. in seiner Überlieferung der päpstlichen Rede von Clermont entsprechende Schreckensbilder als Argumente in den Mund: Die Pilger würden ausgebeutet, ständig hätten sie Wegezölle, Stadtzölle oder Eintritte in Kirchen zu zahlen, oder man nehme sie gefangen, klage sie an und erpresse teils mit Gewalt Lösegeld von ihnen, wenn man sie nicht sogar bei der Suche nach versteckter Barschaft töte.

Auch wenn der Weg nach Jerusalem im 11. Jahrhundert nicht ungefährlich war und man Übergriffe der Muslime gegen Wallfahrer kaum ausschließen kann, so stellen die hier vorgebrachten Vorwürfe, wonach Tausende eines unwürdigen Todes gestorben seien, sicher Zerrbilder dar. Doch sie entfalteten große Wirkung: Der Wunsch, der Christenheit den freien und ungefährdeten Zugang zu den heiligen Stätten zu ermöglichen, gehörte zu den wichtigsten religiösen Motivationen der Kreuzfahrer. Denn sie verstanden sich ja nicht nur als Ritter Christi (*milites Christi*), die für den Herrn in den Kampf zogen, sondern auch und in erster Linie als Pilger bzw. pilgernde Ritter Christi (*Christi milites peregrini*). Was sie von den anderen Wallfahrern unterschied, war allein der Umstand, daß sie Waffen führten. Wie diese aber trugen sie – über das Kreuz auf dem Gewand hinaus – als äußere Erkennungszeichen Pilgerstab und -tasche. Folgerichtig bezeichneten sie ihr Unternehmen oft als *peregrinatio* (Wallfahrt). Daneben sprach man einfach von *iter* (Weg, Marsch, Reise) oder *expeditio* (Feldzug), oft mit dem Zusatz *Hierosolymitanum* oder *Hierosolymitana* (nach Jerusalem). Einen deutlichen Beleg für dieses Selbstverständnis liefern die anonymen „Gesta Francorum": Im Anschluß an die detaillierte Schilderung der blutigen Eroberung Jerusalems durch die Kreuzfahrer am 15. Juli 1099 heißt es dort, die Franken (so bezeichnete man die Kreuzritter summarisch) seien nach ihrem Plünderungszug durch die eroberte Stadt „jubelnd und vor übergroßer Freude weinend zum Grab unseres Erlösers Jesus" gekommen, „um zu beten, und so ihm gegenüber ihre eigentliche [Pilger-] Pflicht zu erfüllen".

Durch den Ersten Kreuzzug wurde aus dem Heiligen Land

Die mächtige Festung Krak des Chevaliers in Syrien war im 12./13. Jahrhundert im Besitz des Johanniter-Ordens.

Auch die Kreuzfahrer, die das Heilige Land mit Waffengewalt von der Herrschaft der Ungläubigen befreien wollten, verstanden sich als Pilger Christi. Oben eine französische Buchmalerei des 14. Jahrhunderts zu den Erlebnissen der französischen Könige im Orient.

nach Jahrhunderten wieder eine christlich beherrschte Region; die wichtigsten Wallfahrtsorte lagen nun auf dem Boden des Königreichs Jerusalem. Man baute die zerstörten Gotteshäuser wieder auf, seit 1130 auch die Grabeskirche in Form einer fünfschiffigen romanischen Kirche. Der islamische Felsendom – jetzt in „Templum Domini" (Tempel des Herrn) umbenannt – wurde in ein christliches Gotteshaus umgewandelt und zählte fortan zu den Haupheiligtümern der Stadt. In der al-Aksa-Moschee, die nun Templum Salomonis hieß, residierten drei Jahrzehnte lang die Könige von Jerusalem; dann erhielt der Templerorden dort sein Hauptquartier.

Die veränderte Situation lockte wieder Scharen von Pilgern ins Land. Dennoch darf man nicht vergessen, daß die Wallfahrt ein gefährliches Unterfangen blieb, denn man reiste weiterhin, modern gesprochen, in ein Krisengebiet: Mit Übergriffen der unterworfenen muslimischen Landbevölkerung war stets zu rechnen, kleinere Scharmützel, aber auch größere Kämpfe mit benachbarten muslimischen Herrschern kamen immer wieder vor. Die Spuren dieser Auseinandersetzungen fanden in den Schilderungen der Pilger ihren Niederschlag. Einen Glücksfall stellt in diesem Zusammenhang der Bericht des Angelsachsen Saewulf dar, der kurz nach der Eroberung Jerusalems, in der Frühphase der Expansion des neuerrichteten Königreichs, 1102/03 seine Wallfahrt unternahm. Allenthalben stieß er auf von den Muslimen zerstörte und verlassene Kirchen und Klöster. Von Bethlehem berichtet er, daß die Sarazenen – wie man im Abendland die Muslime summarisch bezeichnete – dort, wie überall außerhalb Jerusalems, alles verwüstet hätten außer dem berühmten Kloster der Gottesmutter Maria. Der zweitägige Weg von der Hafenstadt Jaffa nach Jerusalem sei äußerst gefährlich, weil die Muslime den Christen ständig neue Hinterhalte legten und ihnen auflauerten. Auf der Rückreise sei den Pilgerschiffen zwischen Haifa und Akkon eine Flotte von 25 Schiffen begegnet, mit denen die Emire von Tyrus und Sidon Truppen zur Unterstützung der Fatimiden transportierten, die ein Vorstoß des Königreichs Jerusalem Richtung Ägypten bedrohte. So kann von einem ungefährdeten Besuch der heiligen Stätten wohl kaum die Rede sein.

Zudem häuften sich nach den anfänglichen militärischen Erfolgen schon bald die Rückschläge für die Kreuzfahrer. Besonders einschneidend war die Schlacht von Hattin 1187, in der Sultan Saladin das größte Heer, das die Kreuzritter je ins Feld führen konnten, vernichtend schlug. Ein großer Teil des Landes und die Stadt Jerusalem selbst gingen den Christen in der Folge verloren; die Könige von Jerusalem mußten fortan in Akkon residieren. Der Sultan vertrieb zwar die christliche Bevölkerung aus Jerusalem, Pilgern wurde jedoch der Zutritt unter Auflagen weiterhin gestattet. Gleichwohl mußten sie mit ständigen Schikanen und Feindseligkeiten durch die neuen Herren rechnen.

Wie sich nun ein Besuch der heiligen Stätten gestaltete, schildert der spätere Bischof von Paderborn und Utrecht Wilbrand von Oldenburg, der 1212 den Nahen Osten im diplomatischen Auftrag Kaiser Ottos IV. bereiste: Bereits auf dem Weg nach Jerusalem kommt seine Reisegruppe an zahlreichen zerstörten und verlassenen Landsitzen und Klöstern vorbei. Vor den Mauern der Stadt muß er zu seinem Entsetzen feststellen, daß die Kirche, die am Ort der Steinigung des heiligen Stephanus errichtet wurde, als Stall für die Esel des Sultans dient. Die Pilger müssen die Stadt durch das Davidstor betreten, wo sie gezählt werden wie Schafe; dann führt sie ein Beauftragter des Sultans in den Hof der Grabeskirche. Dort wird von ihnen ein Tribut von achteinhalb Drachmen pro Kopf verlangt. Die Grabeskirche selbst finden sie unversehrt vor – mehr aus göttlichem Willen denn aus Wohlwollen der Sarazenen, wie Wilbrand betont. Den liturgischen Dienst dort versehen vier syrische Priester, die aus der Kirche nicht hinausgehen dürfen. Nachdem die Pilger alles besichtigt haben, verlassen sie, „von jenen Ungläubigen gezwungen, diese Kirche und diese wertvollen Perlen, die man den Schweinen vorgeworfen hat". Danach müssen sie die Stadt wieder durch das Davidstor verlassen, ohne die übrigen heiligen Stätten gesehen zu haben. An der Grabeskirche Marias im Tal Josaphat vorbei, die ebenfalls von syrischen Geistlichen betreut wird, die den Muslimen tributpflichtig sind, gelangen sie zum Ölberg. Von dort oben betrachten sie die Stadt: Der Tempel Salomos ist wieder in eine Moschee verwandelt worden; auf dem Berg Zion gibt es ein Kloster der syrischen Christen, die den Pilgern den Abendmahlssaal zeigen. Die Weiterreise führt an Jericho vorbei, „ein kleines Kastell mit zerstörten Mauern, von Sarazenen bewohnt". Auch die Kirche bei der Taufstelle im Jordan ist fast zerstört. Und als die Pilger, Jesu Beispiel folgend, im Jordan baden wollen, um ihre Sünden abzuwaschen, müssen sie feststellen, daß die Araber – wie Wilbrand sagt – sie um das Bad betrügen wollen, indem sie das Wasser des Flusses verschmutzen.

Ein ähnlich unerquickliches Bild ergibt sich aus einem Brief, den der Theologe Jacques de Vitry 1217 an seine Freunde und Universitätskollegen in Paris schickte. 1216 war er als neuer Bischof nach Akkon gekommen und bereiste nun sein Bistum. Den Christen seien nur noch Tyrus, Beirut, Gibelet, der Krak des Chevaliers, Tortosa, Margat, Chastel Blanc, Tripolis, Antiochia, die Insel Zypern, Jaffa und Caesarea verblieben. Aus Furcht vor den Sarazenen habe er noch nicht gewagt, die heiligen Stätten zu besuchen, obwohl sie doch quasi vor seiner Haustüre lägen. Auf Reisen zu den einzelnen Städten seines Bistums brauche er zur Sicherheit eine bewaffnete Eskorte, die meist die Ritterorden stellten. Allerdings trug Jacques de Vitry wohl nicht un-

erheblich zu seiner Unbeliebtheit bei den Muslimen bei, denn er wollte sie nicht nur immer wieder von den Irrtümern ihres Glaubens überzeugen, sondern er rief in seinen Predigten auch eifrig zu einem neuen Kreuzzug auf. So verwundert es wenig, daß er nach eigenem Bekunden nur knapp dem Mordanschlag eines Assassinen (des Mitglieds eines ismaelitischen Geheimbunds) entging.

Angesichts dieser Unbilden bedeutete das Ergebnis des Kreuzzugs von Kaiser Friedrich II. in den Jahren 1228/29 eine große Erleichterung für den Pilgerverkehr. Statt zu kämpfen, handelte er mit dem ägyptischen Sultan al-Kamil einen Kompromiß aus – gegen erheblichen Widerstand im jeweils eigenen Lager: Nazareth, Bethlehem, Lydda, Sidon und Toron wurden den Christen ebenso zurückgegeben wie Jerusalem, dort blieben jedoch der Felsendom und die al-Aksa-Moschee in muslimischer Hand. Allerdings sollten die Christen ebenfalls im Felsendom ihre Andachten verrichten dürfen. Diesen Friedensvertrag schloß man zunächst auf zehn Jahre; und tatsächlich war der Erfolg nicht von langer Dauer. 1244 ging Jerusalem erneut – und nun endgültig –

Am Ort von Christi Himmelfahrt verehrten die Pilger seine Fußabdrücke, die man dort noch zu sehen glaubte (die westfälische Buchmalerei gehört zu einem Heilsspiegel; um 1360).

Die Initiale „A" zeigt, wie Helena, die Mutter des Kaisers Konstantin, in Jerusalem das Kreuz Christi fand. Die Buchmalerei entstand um 1320.

an die Muslime verloren. Und der Niedergang der Kreuzfahrerstaaten beschleunigte sich weiter.

Mitte des 13. Jahrhunderts putschten sich in Ägypten, das seit Saladin von Sultanen aus der Dynastie der Aijubiden beherrscht wurde, die türkischstämmigen Mamluken an die Macht. Als Kriegssklaven an den Nil gekommen und dort zur Elitetruppe des Sultans ausgebildet, nutzten sie die Thronfolgewirren nach dem Tod Sultan al-Malik as-Salihs 1249 aus und übernahmen schließlich selbst die Regierung. Ihre Herrschaft war endgültig legitimiert, als sie 1260 bei Ain Dschalut in Palästina die Mongolen vernichtend schlugen und damit eine existenzbedrohende Gefahr für die islamische Welt und den gesamten Vorderen Orient abwandten. Genauso effektiv machten sie sich an die Vernichtung der verbliebenen christlichen Herrschaften. Schnell warfen sie die Christen auf wenige feste Plätze an der Mittelmeerküste zurück. Das endgültige Ende der Kreuzfahrerstaaten kam 1291, als mit Akkon die letzte Bastion des Königreichs Jerusalem erobert wurde.

Erstaunlicherweise fanden die blutigen Kämpfe der Kreuzfahrer gegen die Mamluken nur ein geringes Echo in den Pilgerberichten der Zeit. Interessante Beispiele sind die „Descriptio Terrae Sanctae" („Beschreibung des Heiligen Landes") Burchards von Monte Sion und der „Liber Peregrinationis" („Buch der Pilgerfahrt") des Ricoldus de Monte Crucis. Die beiden Dominikaner besuchten 1283 bzw. 1288 bis 1291 das Heilige Land. Burchard berichtet quasi im Vorübergehen, daß die Burgen Montfort und Judin im Norden des Sees Genezareth, die dem Deutschen Orden gehörten, völlig zerstört seien; die Deutschordensfestung Castellum Regis sei ebenso wie die Templerburg Saphed an die Muslime gefallen. Beeindruckt zeigt er sich davon, daß die Sarazenen die Kirchen der Gottesmutter, besonders aber die Geburtskirche in Bethlehem, in Ehren hielten. Interessant ist an seinem Bericht außerdem, daß er erste Spuren eines kritischen Geistes zeigt, der nicht

Zu den Schätzen, die Pilger aus Jerusalem mitbrachten, gehörten Reliquien. Das Reliquiar bewahrt den „Geißelstrick Christi" auf (um 1380, heute in der Aachener Schatzkammer).

alles einfach hinnimmt – auch wenn er andererseits teilweise Wundergeschichten, die man ihm erzählt, als bare Münze weitergibt. Aber er fragt sich auch voller Neugier, warum denn sämtliche heilige Stätten, die er besucht, in Krypten lägen; und er kommt zu der archäologisch durchaus richtigen Schlußfolgerung, daß – da die Kirchen mehrfach zerstört worden seien und man sie auf den Ruinen immer wieder neu erbaut habe – das Bodenniveau immer weiter angestiegen sei: So befänden sich die biblischen Stätten nun unter der Erde und man müsse zu ihnen hinabsteigen. Eine Mischung aus kritischer Neugier und naiver Frömmigkeit zeigt Burchards Besuch des „Ager Damascenus" (des Damaszener Ackers), aus dessen Lehm Gott Adam erschaffen haben soll. Wie alle Pilger und Besucher des Ortes nimmt er eine große Menge Erde mit, weil man sagt, sie schütze vor Unglück. Gleichzeitig bezweifelt er aber die Geschichte, wonach der Graben, aus dem die Besucher den Lehm entnehmen, sich binnen Jahresfrist in wunderbarer Weise wieder auffülle, zumal er weiß, daß auch die Muslime die Erde mit Karawanen nach Ägypten, Äthiopien und Indien brächten, um sie dort gegen teure Gewürze einzutauschen. Bedauernd gesteht er aber ein, daß er vergaß, sich nach der Wahrheit dieser Erzählung zu erkundigen, wie er es sich doch vorgenommen hatte.

Ein erstaunlich friedliches Bild von den Verhältnissen im Heiligen Land kurz vor dem endgültigen Untergang des Königreichs Jerusalem zeichnet Ricoldus de Monte Crucis. Lakonisch resümiert er etwa, sämtliche Orte in Galiläa befänden sich im Besitz der Muslime, und er habe sie in völligem Frieden vorgefunden. Seine Reisegruppe kann die Pilgerstätten weitgehend ungehindert besuchen, lediglich ihr erster Versuch, die Grabeskirche zu betreten, wird verhindert. Jerusalem allerdings, so Ricoldus, könne man mit Recht nicht nur „Heilige Stadt", sondern auch „Stadt der Ruinen und der Zerstörung" nennen. Daneben liefert sein Bericht einen interessanten Einblick in die religiöse Praxis einer Pilgergruppe. An jeder biblischen Stätte, die man erreicht und wo sich meist eine Kirche oder zumindest ein Altar befindet, liest man die entsprechende Bibelstelle vor, legt die Schrift aus, betet und singt; wenn möglich liest der mitreisende Priester eine Messe. Aber man betet nicht nur, sondern

saint clou a karlemaine. Des loenges et des graces que li empereres rendoit a nre seig neur. Et puis oinet les saites reliques furent atournees pour aporter en france.

E celle place se partirent et ale et apres loic. et puis la parole par la uertu

Zu den bedeutenden Reliquien des Heiligen Landes gehört der Heilige Nagel. In der französischen Buchmalerei des 14. Jahrhunderts zeigt der Patriarch von Jerusalem die Reliquie Kranken und Pilgern; ihm folgen Karl der Große und Konstantin der Große.

vollzieht die biblischen Ereignisse emotional mit, empfindet Jubel, Freude, Trauer oder Furcht wie vor Jahrhunderten die biblischen Protagonisten. Diese innere Beteiligung kann die Reisenden aber gelegentlich in Schwierigkeiten bringen: Als einer der Pilger in der Grabeskirche, in die sie beim zweiten Versuch eingelassen werden, angesichts des leeren Grabes mit lauter Stimme in den Worten der Ostersequenz jubelt: „Christus, meine Hoffnung, ist auferstanden! Er geht den Seinen voraus nach Galiläa!", erzeugt er bei den Muslimen vor der Kirche großen Aufruhr und Unwillen.

Der Untergang der Kreuzfahrerstaaten bewirkte zunächst einen merklichen Rückgang der Pilgerzahlen. Als sich die Herrschaft der Mamluken im Lande konsolidierte und wieder friedliche Zustände einkehrten, kamen die christlichen Wallfahrer jedoch schnell zurück. Die neuen Herren erkannten zudem, daß sie von den Pilgern finanziell profitieren konnten. Daher gestatteten sie schon 1333 dem Franziskanerorden, sich dauerhaft in Jerusalem niederzulassen. Die Mönche widmeten sich der Betreuung der Pilger, standen ihnen nicht nur seelsorgerisch,

sondern auch quasi als Fremdenführer zur Seite. Nur ihnen war es erlaubt, im Heiligen Land Gottesdienste nach lateinischem Ritus abzuhalten. Sie betreuten die Kirchen an den wichtigsten heiligen Stätten; das Recht, in der Grabeskirche und in Bethlehem die Messe zu feiern, mußten sie sich allerdings mit Geistlichen der Ostkirchen teilen.

Die Beschwernisse einer Pilgerfahrt

In diesen Jahren wurden die Grundlagen dafür geschaffen, daß sich das Pilgerwesen im Spätmittelalter geradezu zu einer religiösen Massenbewegung entwickeln konnte. Eine nicht unerhebliche Voraussetzung dafür bildeten die intensiven Handelsbeziehungen insbesondere der italienischen Seestädte mit der islamischen Welt. Schon während der Kreuzzüge waren die für beide Seiten einträglichen Wirtschaftskontakte allenfalls sporadisch unterbrochen worden. Immer noch war der an natürlichen Ressourcen ärmere Orient an der Einfuhr von Rohstoffen aus Europa interessiert; im Gegenzug brachten die Kaufleute begehrte Luxusgüter wie kostbare Stoffe, Gewürze und Schmuck in den Westen. Nach wie vor unterhielten etwa Venedig und Genua Handelskontore in Alexandria und waren dort durch

Konsuln diplomatisch vertreten; ihre Kaufleute genossen den Schutz des mamlukischen Sultans. Von den regen Handelsverbindungen profitierte auch der Pilgerverkehr, der in bisher nicht gekanntem Maß aufblühte. Geschäftstüchtige Reeder und Handelsherren in Venedig erkannten die Profitmöglichkeiten und spezialisierten sich auf den Pilgertransport ins Heilige Land. Sie ließen besonders große, aber auch schwerfällige Galeeren bauen, die nicht nur für größere Ladungen an Handelsgütern, sondern auch für die Verschiffung besonders vieler Passagiere geeignet waren. Die Pilger unterzeichneten Kontrakte, in denen Überfahrt, Unterbringung an Bord und Verpflegung ebenso geregelt wurden wie die Verpflichtung des Kapitäns, im Heiligen Land einen Führer und Dolmetscher zu stellen. So nahmen die Heiligland-Wallfahrten im 14. und 15. Jahrhundert geradezu Züge eines modernen Pauschaltourismus an.

Vor allem im 15. Jahrhundert nimmt auch die Zahl der auf uns gekommenen Pilgerberichte, in denen die Wallfahrer nun nicht nur ihre Erlebnisse festhalten, sondern auch gute Ratschläge für Reisewillige erteilen, enorm zu. Längst nicht alle Verfasser erreichen das erzählerische und intellektuelle Niveau des Ulmer Dominikaners Felix Fabri, der 1480 erstmals nach Jerusalem reiste und – enttäuscht vom nur neuntägigen, ihm viel zu kurz und oberflächlich erscheinenden Besuch der heiligen Stätten – alles daransetzte, eine weitere Pilgerfahrt unternehmen zu können. Tatsächlich erlangte er die Erlaubnis des Generaloberen seines Ordens und brach am 14. April 1483 als geistlicher Reisebegleiter einiger vornehmer Herren aus der Umgebung Ulms zu einer neuen, diesmal über neun Monate dauernden Fahrt in den Orient auf. Über beide Reisen verfaßte er nach der Rückkehr Ende Januar 1484 einen Bericht, dem er den bezeichnenden Titel „Evagatorium" (am ehesten zu übersetzen mit „aus-" bzw. „abschweifende Schilderung") „über die Pilgerfahrt ins Heilige Land, nach Arabien und Ägypten" gab. Der Titel des Werks ist Programm, denn Felix Fabri hatte unterwegs quasi Tagebuch geführt, auf dem Eselsrücken seine Eindrücke von Land und Leuten, Wegen und Landschaften auf einer Wachstafel festgehalten, die stets an seinem Gürtel hing, und abends die Notizen in ein Büchlein übertragen. So schrieb er alles auf, was er beobachtete, „weil", wie er sagt, „es nicht möglich wäre, Einzelheiten in der Erinnerung zu behalten, wenn man sich nicht fast stündlich diese Mühe machen würde". Seine Neugier und Entdeckerfreude, gepaart mit dem historischen, geographischen und theologischen Wissen eines Gebildeten seiner Zeit, liefern uns einen lebendigen, durchaus intellektuell-kritischen und stets lesenswerten Einblick in die Welt des Vorderen Orients und das Reise- und Pilgerwesen des späten Mittelalters.

Aber Felix Fabri steht mit seinem Werk keineswegs allein. Exemplarisch seien zwei weitere interessante Berichte aus der Fülle an Texten herausgegriffen. In der gleichen Reisegesellschaft wie Felix Fabri fuhr 1483 der Mainzer Domherr Bernhard von Breydenbach, Doktor beider Rechte, als Begleiter seines Freunds und Gönners Graf Johann von Solms-Lich ins Heilige Land. Auch er plante wohl von Anfang an, die Reise zu dokumentieren, und dies auf eine völlig neue Art: Er engagierte den aus Utrecht stammenden Maler Erhard Reuwich, der das unterwegs Gesehene, seien es Menschen, Tiere oder Gebäude, in Skizzen festhielt. Auf deren Grundlage fertigte er später 28 Holzschnitte zur Illustration des Pilgerberichts an, die durch ihre Detailtreue bestechen und es erlauben, den Baubestand im 15. Jahrhundert zu rekonstruieren. Daneben verfaßte Bernhard eine Reiseinstruktion für den jungen Grafen von Hanau-Lichtenberg. Wenige Jahre später, im Frühjahr 1486, brach der Konstanzer Patrizier Ritter Konrad Grünemberg zu einer Wallfahrt ins Heilige Land auf. Sein Bericht zeugt in religiöser Hinsicht von einer eher schlichten, unkritisch-naiven Volksfrömmigkeit. Um so harscher fällt sein Urteil über die Reiseumstände sowie über den Orient und dessen Bewohner aus,

Der Mainzer Domherr Bernhard von Breydenbach ließ den Bericht über seine Reise ins Heilige Land mit Holzschnitten illustrieren (1486). Hier wechselt ein Pilger bei einem jüdischen Kaufmann Geld.

die er fast durchweg negativ darstellt. Die drei hier vorgestellten, beinahe zeitgleichen Berichte ergänzen sich zu einem farbigen, detailreichen Bild der Jerusalem-Wallfahrten im ausgehenden Mittelalter.

Ausgangspunkt für die Seereise war Venedig, wo sich die Pilger zunächst nach einem geeigneten Schiff und einem vertrauenswürdigen „Patron" umsehen mußten. Mit diesem Schiffseigner schloß man dann einen ausführlichen Vertrag ab, der anschließend durch Notare im Dogenpalast bestätigt wurde; er regelte alle wichtigen Modalitäten, vom Abfahrtstermin bis zu den vom Patron zu erbringenden Leistungen. Obwohl dazu neben der Überfahrt sowie allen zu entrichtenden Zöllen, Gebühren, anfallenden Trinkgeldern, dem Transport mit Eseln zu den heiligen Stätten und der Stellung von Dolmetschern immer auch die Verpflegung an Bord gehörte, stand insbesondere die Schiffsküche bei den Pilgern in schlechtestem Ruf. Nicht nur, daß es lediglich zwei Mahlzeiten gebe und dazwischen weder zu essen noch zu trinken, so daß man nicht satt werden könne, auch wegen der Qualität der Nahrungsmittel schilt Konrad Grünemberg seinen Patron: „Sein Essen ist, so er Fleisch gibt, Schafffleisch. Das schlachtet man nicht, es sei denn rotzig oder halb vor Hunger gestorben. Das wird so widerwärtig, wer es nur sieht, der kann davon nicht essen. Sein Brot ist alter, abgelegener Biscot der größte Teil. Der ist hart wie ein gebackener Stein, voller Maden, Spinnen und roter Würmer ... Sein Wein ist badewarm und schmeckt gar seltsam."

So verwundert es nicht, daß man nachfolgenden Pilgern riet, sich in Venedig selbst mit Lebensmitteln einzudecken. Grünemberg beispielsweise empfiehlt, neben gutem Wein unter anderem Zwieback, Schmalz, Eier, Käse, Schweineschinken, geräucherte Zunge, gedörrten Hecht, Salz, andere Gewürze und sogar lebende Hühner mitzunehmen, außerdem eine Art Reiseapotheke mit Mitteln vor allem gegen Verdauungsprobleme, Durchfall und Seekrankheit. Ebenso wie die Instruktion Bernhards von Breydenbach führt er zudem eine lange Liste von Kleidungsstücken und nützlichem Hausrat an, die man kaufen solle. Die Aufzählung reicht von Besteck und Eßgeschirr über eine Art Feldflasche, Tonkrüge für Wein und Wasser, einen Teppich, um darauf sitzen oder schlafen zu können, eine Decke für die Nacht, vier Leintücher, zwei Kissen, Feuerzeug und Kerzen bis zu einem Kübel mit Deckel, in den man sich im Notfall erbrechen könne, und zwei Harngläsern, bruchsicher in Stroh eingewickelt, für die Nacht. Hinsichtlich der Kleidung müsse man die Hitze bedenken, daher brauche man vier Taschentücher, vier Hemden zum Wechseln, zwei Hüte, einen Sonnenhut, zwei leinene Hosen, gute feste Schuhe, Stiefel bis zum Knie, aber auch einen Mantel mit Kapuze – wie Bernhard betont, weil es im Orient nachts sehr kalt werde und starker Tau falle. Um seine Habseligkeiten aufzubewahren, kaufe man am besten eine große Truhe, auf der man dann auch schlafen könne, rät Ritter Grünemberg, damit sei man wenigstens etwas vor den vielen Läusen und Flöhen zwischen den Schläfern am Boden geschützt. Zudem sei es „unten im Schiff voller Fliegen, Würmer und Käfer, Maden, Mäuse und Ratten", die angezogen würden von den vielen, oft verdorbenen Lebensmitteln. Die auch sonst teilweise unbeschreiblichen hygienischen Verhältnisse an Bord schildert Felix Fabri ausführlich – von den bei Nacht durch an Deck steigende Mitreisende umgestoßenen Harngläsern bis zu den an beiden Seiten des Schiffsschnabels als Toiletten angebrachten Sitzgelegenheiten, vor denen morgens die Pilger Schlange stünden und die man bei Seegang besser unbekleidet aufsuchen solle.

Die solchermaßen recht unerquickliche Seereise dauerte gewöhnlich vier bis sechs Wochen, abhängig von der Wetterlage und davon, wie oft das Schiff unterwegs anlegte, um Waren aufzunehmen oder zu löschen. Für die Pilger bildeten die Unterbrechungen eine willkommene Gelegenheit, frische Lebensmittel zu erwerben und den beengten Verhältnissen an Bord für kurze Zeit zu entrinnen. Denn jedem Reisenden stand nach Auskunft Grünembergs nur ein Raum von etwa 4,5 mal 2,4 Metern zur Verfügung; noch knapper bemessen war der Platz auf Felix Fabris Galeere, der von nur mannslangen Kojen spricht, bei denen der Schläfer mit den Füßen an die Gepäckstücke am Mittelgang stoße. Räumliche Enge und Langeweile führten oft zu Streitigkeiten zwischen den Pilgern. Als Zeitvertreib an Bord dienten Adligen wie Kirchenmännern Karten- und Würfelspiele, bei denen es nicht sehr christlich zuging, wie Felix Fabri mißbilligend schildert. Hohe Einsätze, Alkoholgenuß, Fluchen und ständige Händel waren an der Tagesordnung und wurden von ihm in seinen Predigten unterwegs scharf getadelt.

Diese Verhältnisse, wie sie wohl auf allen Pilgerschiffen üblich waren, lassen erkennen, daß es die Reisenden mit den Pilgergeboten Beten, Fasten, Waffenlosigkeit, asketisches Leben und Keuschheit oft nicht allzu genau nahmen. Auf letzteres wirft etwa der Bericht des rheinischen Adligen Arnold von Harff, der 1496 bis 1498 den Vorderen Orient und das Heilige Land bereiste, ein amüsantes Schlaglicht: Seinen Lesern gibt er, wie auch eine Reihe anderer spätmittelalterlicher Reisender, Listen mit wichtigen Wörtern und Redewendungen in den Sprachen der besuchten Länder an die Hand, teils wohl um der Kuriosität willen, teils aber auch, um anderen Pilgern die Verständigung unterwegs zu erleichtern. Das dem frommen Wallfahrer allezeit nützliche Sätzlein „frauwe sal ich by dir slaeffen" fehlt in kaum einer der angeführten Sprachen. Daß unter diesen Umständen kirchlicherseits insbesondere die Wallfahrt von Frauen nur ungern gesehen und vor den drohenden sittlichen Gefahren eindringlich gewarnt wurde, ist nur zu verständlich. Auch der spätmittelalterliche Volksmund spottete scharfzüngig: „Als Pilgerin aus, als Hure nach Haus." Dennoch ließen sich schon seit frühester Zeit zahlreiche unternehmungslustige und fromme Frauen nicht vom Besuch der heiligen Stätten abhalten, wobei sie allerdings anschließend nur selten selbst zur Feder griffen: An Pilgerberichten aus weiblicher Hand besitzen wir nur die „Peregrinatio" der adligen Nonne Egeria vom Ende des 4. Jahrhunderts und die Biographie der Engländerin Margery Kempe, die 1413/14 das Heilige Land besuchte. Ansonsten muß man die Anwesenheit von Frauen aus den anderen Texten erschließen. So erklärt Felix Fabri bei der Beschreibung des Schiffs, die mitreisenden Frauen seien im untersten, nur durch einige Oberlichter spärlich erhellten Stockwerk des Kastells am Heck untergebracht, wo sie während der ganzen Fahrt blieben und auch ihre Mahlzeiten einnähmen. Unterwegs im Heiligen Land äußert er sich dann sehr anerkennend über den Mut, die Ausdauer und Zähigkeit der zumeist älteren Damen, die sogar robuster seien als die Ritter.

War die Galeere nach all den Unbilden – zu denen widrige Winde von unerwünschten Flauten bis zum Sturm ebenso gehören konnten wie die Bedrohung durch Kriegsschiffe des expandierenden Osmanischen Reiches – endlich im Hafen von Jaffa, dem Ausgangspunkt der Heiligland-Wallfahrt, eingelaufen, wurde die Geduld der Pilger erneut auf die Probe gestellt. Zunächst mußte der Patron einen Boten an Land schicken, der um Geleit nach Jerusalem nachsuchte. Oft erst nach mehreren Tagen kam ein mamlukischer Amtsträger mit dem Dolmetscher an Bord, der die Pilger führen sollte, und verhandelte mit dem Patron. Danach wurden die Reisenden, denen man das Mitnehmen von Waffen strengstens untersagte, mit Booten an Land gebracht, wo sie nacheinander mit Namen und Vatersnamen registriert und dann in einem schmutzigen Gewölbe untergebracht wurden, das nach übereinstimmendem Zeugnis der Pilgerberichte ansonsten wohl als Eselsstall oder Kloake diente.

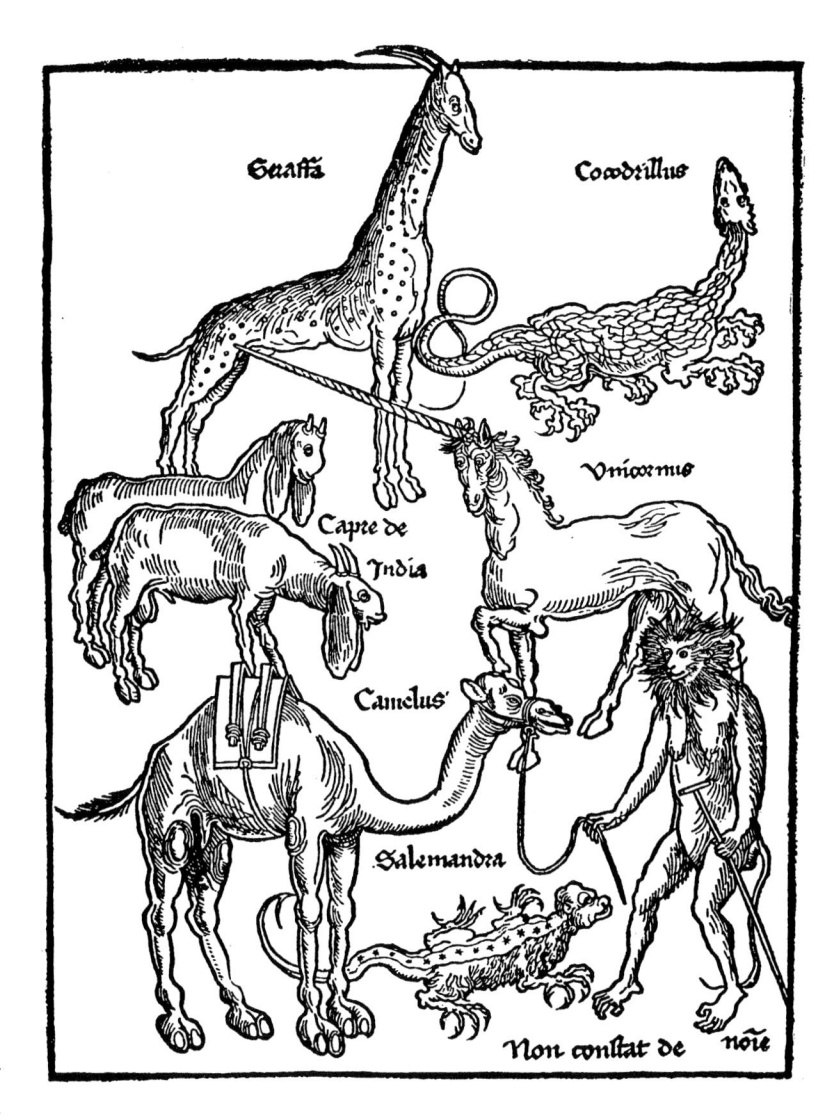

Auch eine Welt exotischer Tiere stellte Breydenbach im Jahr 1486 vor.

Die Darstellung der meist knapp zweiwöchigen Rundreise zu den heiligen Stätten stimmt bei Felix Fabri und Ritter Grünemberg – Bernhard von Breydenbachs Schilderung ist nur in Drucken des 15. und 16. Jahrhunderts vollständig zugänglich und daher nur teilweise zum Vergleich heranzuziehen – in den zentralen Fakten weitgehend überein. Grundlegend unterscheidet sich jedoch die Einstellung der beiden Reisenden: Während bei Felix Fabri die Begeisterung für die heiligen Stätten und die Fremde

luken zu Pferd und 100 „Fußknechten", die mit Bogen und kurzen Lanzen bewaffnet waren. Sie sollten die Wallfahrer vor Beduinenüberfällen und der Willkür der Einheimischen schützen, was sie allerdings aus Grünembergs Sicht nur unzureichend taten.

Von Jaffa aus führte der Ritt zunächst nach Ramla, wo der Guardian, also der Obere des Franziskanerklosters in Jerusalem, einen Gottesdienst mit den Pilgern feierte. Im Rahmen der Predigt gab er ihnen detaillierte Maßregeln, wie sie sich zu verhalten hätten, um einerseits die Pilgerfahrt in gebührender Frömmigkeit und Demut zu absolvieren und so des geistlichen Lohnes teilhaftig werden zu können, andererseits aber nicht durch gedankenloses und provozierendes Benehmen den Zorn der Muslime auf sich zu ziehen. Die lange Liste der von Felix Fabri überlieferten Warnungen umfaßte etwa das unbedachte Betreten muslimischer Gräber, Alleingänge ohne Begleitung eines Führers, das Trinken von Wein in der Öffentlichkeit, das Tragen weißer Kopfbedeckungen, die den Muslimen vorbehalten seien, aber auch zu große Vertraulichkeit mit Muslimen oder gar deren Frauen. Die heiligen Stätten solle man mit gebührender Würde aufsuchen, nicht durch Gelächter auffallen, keine Steinchen vom Heiligen Grab oder anderen Gebäuden abhauen und mitnehmen, was bei Strafe der Exkommunikation verboten sei, und auch nicht Wappen oder Namen in die Marmorplatten einmeißeln. Die Mahnungen fielen indes auf wenig fruchtbaren Boden; noch heute finden sich viele dieser mittelalterlichen Graffiti in der Grabeskirche und anderswo. „Narrenhend beschisen den liuten die Wend", kommentiert Felix Fabri diese Unart seiner adligen Mitreisenden lakonisch. Und geradezu heiliger Zorn packt ihn, als er beobachtet, wie einige nach kurzem „Sightseeing" in der Grabeskirche über die frommen Pilger lachen, die sich zu Boden werfen oder niederknien, die heiligen Stätten küssen, vor Schmerz weinen und auf andere Arten ihre große Verehrung zeigen: „O wie nutzlos und verflucht ist deren Wallfahrt, die an einem so heiligen Ort die heiligen Bräuche verlachen und ins Gegenteil verkehren! Sie sind schlechter als die Sarazenen und Juden, die keinen Christen, der seine Frömmigkeit zeigt, verlachen."

Am Ziel der langen Reise

In Jerusalem angekommen, wurden die Wallfahrer von den Franziskanern in Obhut genommen und in deren Hospiz untergebracht. Die Brüder fungierten

Eine faszinierend genaue Zeichnung der Grabeskirche (aus Bernhard von Breydenbach, 1486).

an sich alles in ein freundliches Licht taucht, ihn vieles differenziert sehen und so manche Widrigkeit gelassen-ironisch ertragen läßt, überwiegt bei Grünemberg – neben seiner naiv-volkstümlichen Frömmigkeit – der Ärger über die aus seiner Sicht unverschämt-demütigende Behandlung der Pilger durch die Muslime. Diese Haltung schärfte allerdings auch den Blick des schwäbischen Patriziers für Verfallserscheinungen im Heiligen Land, die Felix Fabri höchstens am Rand streift. Denn die Pilger betraten ein Land, das seine kulturelle und wirtschaftliche Blütezeit längst hinter sich hatte, eine eher vernachlässigte Randprovinz des selbst schon im Niedergang begriffenen Mamlukenreichs. Selbst Jerusalem hatte in der Zwischenzeit zwei Drittel seiner einstmals 30 000 Einwohner verloren. Immer wieder spricht Ritter Grünemberg von verfallenen Kirchen am Wegesrand oder von beinahe untergegangenen Städten, wie beispielsweise Lydda; selbst in Wallfahrtsorten wie Emmaus muß er feststellen, daß „da [nur] noch ein gewölbtes, zergangenes Kirchlein" stehe.

Die Reise selbst fand auf dem Eselsrücken statt. Die auf zwei Schiffen angekommene Reisegesellschaft umfaßte nach Schätzungen Grünembergs etwa 300 Pilger. Begleitet wurden sie nach Jerusalem von einer militärischen Eskorte aus rund 150 Mam-

Das Katharinenkloster auf dem Sinai steht seit 557 an der Stelle, an der nach der Tradition Gott Moses im brennenden Dornbusch erschienen war – ein wichtiges Pilgerziel.

in den kommenden Tagen auch als Fremdenführer und erklärten den Reisenden die heiligen Stätten in verschiedenen Sprachen: „Und wenn wir kamen an die heilgen Stätten, so stand jedermann still, so verkündete ein Barfüßerherr und sagte mit lauter Stimme in Latein, welche Stätte das war und was da geschehen. Dasselbe sagt darnach ein anderer Bruder in Französisch und Wälsch, darauf sagt es ein Bruder zu deutsch, und dessen bedurften die Pilger, denn da waren wohl zehnerlei Sprachen und ungleiche Rede unter uns Brüdern", erklärt Konrad Grünemberg das Prozedere. Sein Bericht ist von da an ein Musterbeispiel dafür, um was es den einfachen Pilgern in der Hauptsache ging: um den Erwerb von Ablaß. Denn an jeder der Stätten, die man nun besuchte, konnte man je nach deren Dignität mehr oder weniger Ablaß bekommen, und diese Ablässe listet der Ritter in fast buchhalterischer Weise auf.

Das Ablaßwesen, das im Spätmittelalter so enorm überhandnahm, daß es letztlich einer der Auslöser für die Reformation wurde, hatte seine Grundlage in der von der hochscholastischen Theologie des 13. Jahrhunderts entwickelten Idee vom „Gnadenschatz der Kirche": Diesen übervollen Schatz hatten demnach Christus und die Märtyrer durch ihr Leiden und Sterben angesammelt, und die Kirche konnte daraus nach ihrem Gutdünken Gnaden an reuige Büßer austeilen; dabei ging es zunächst um den Erlaß der kirchlichen Sündenstrafen, dann aber auch um den der jenseitigen (also derjenigen, die der Mensch im Fegefeuer zu erwarten hatte). Im Gegenzug hatte der Sünder neben echter Reue Leistungen wie beispielsweise Gebete, Almosen oder eine Pilgerfahrt zu erbringen. Im Heiligen Land selbst war der Ablaß an den Besuch bestimmter biblischer Stätten geknüpft. Konrad Grünemberg erklärt zum Beispiel: „Und wer also ansieht den Tempel Salomonis mit Andacht und darvor betet drei Paternoster und drei Ave Maria, der hat Ablaß."

Die Orte, die man den Pilgern zeigte und an denen sie Ablaß gewinnen konnten, hatten seit der Kreuzfahrerzeit in geradezu inflationärer Weise zugenommen. Daß dabei längst nicht mehr nur die biblischen Texte die Grundlage bildeten, sondern die Volksfrömmigkeit viel dazuerfand, mögen einige recht kuriose Beispiele aus dem Bericht Ritter Grünembergs zeigen. Dort heißt es etwa: „Da zeigte man einen großen Stein, darauf unsere liebe Frau oft geruht habe, wenn sie müde war, die heiligen Stätten zu sehen; da ist Ablaß." „Item das Tal hinab geht man hinab zu einem Brunnen, darin die Mutter Gottes viel gewaschen hat; da ist Ablaß." „Item nahe darbei sind zwei weiße Steine in der Erde. Auf dem einen hat unser Herr Jesus gesessen, da er seinen lieben Jüngern gepredigt hat; da ist Ablaß. Auf dem anderen hat gesessen die Mutter Gottes; da ist Ablaß." „Item so man hinauf in die Kirche Sion geht, eine kleine steinerne Treppe hinauf, neben der Treppe ist ein Stein, darauf hat unsere liebe Frau geweint, nachdem Gott gen Himmel ist gefahren." Aber nicht alle Pilger akzeptierten das Gezeigte so kritiklos wie unser Konstanzer Patrizier. „Item zu der linken Hand in der Kirche ist ein kleiner enger Kerker, darin hat der Herr Jesus gefangen gelegen, dieweil die Juden zu Rate gingen; da ist Ablaß", erklärt er ohne Kommentar. Anders der theologisch und juristisch geschulte Bernhard von Breydenbach, der angesichts derselben Stätte nach deren Authentizität fragt, da sie doch in der Bibel nicht erwähnt sei: „Dort zeigte man auch den Pilgern ein enges Stüblein, darinnen die Juden unseren Herrn verschlossen, bis daß sie Rat gehalten, was sie mit ihm tun wollten. So wird unseres Herrn Ort Kerker genannt, obwohl es nicht in den Evangelien beschrieben ist." Allerdings siegen dann doch die Macht des Faktischen und seine Frömmigkeit über die Skepsis: „Doch da derselbe Kerker noch heute gezeigt wird, mag man es nur gütlich glauben, wie auch andere Dinge, die man nicht geschrieben findet und doch sieht."

Den einfachen Pilgern war solche Kritik völlig fremd. Sie wollten in erster Linie möglichst zahlreiche Ablässe erwerben, wie ein weiteres Erlebnis Konrad Grünembergs illustriert: Als seine Reisegruppe von Bethlehem nach Jerusalem zurückreitet, erklären die Führer, in einem abzweigenden Tal liege ein mittlerweile verfallenes Kloster namens Sankt Saba. Pragmatisch kommentiert der Ritter: „Und daselbst ist gar kein Ablaß, darum es die Pilger auch nicht aufsuchen."

Das Besuchsprogramm im Heiligen Land umfaßte mehrere Stadtführungen durch Jerusalem, wobei die Grabeskirche eine zentrale Rolle spielte. Alle Reisegruppen suchten sie mehrfach auf, und bei einem dieser Besuche wurden die adligen Pilger zu Grabesrittern geschlagen. Während Felix Fabri dies eher wie eine Selbstverständlichkeit darstellt, schildert Ritter Grünemberg die Zeremonie quasi als Nacht-und-Nebel-Aktion, die im geheimen ablaufen mußte, um die Muslime nicht zu erzürnen. Außerdem besuchten die Pilger das Kidrontal mit dem Mariengrab und den Ölberg und unternahmen einen Ritt nach Bethlehem. Den Abschluß der Reise bildete ein Ausflug an den Jordan. Daß es bei den Wallfahrten nicht nur ernst und würdig zuging, belegt die Schilderung Felix Fabris: Vergnügt planschen seine Gefährten und er im Wasser und taufen sich gar gegenseitig im Scherz. Den mitreisenden Frauen wünscht er, der Volksmund möge recht behalten, der jedem, der im Jordan bade, versprach, daß er künftig nicht mehr altere und um die Dauer des Bades verjüngt werde. Aber, so ergänzt er augenzwinkernd, „unsere Reisegefährtinnen hätten allerdings ein Bad von 60 Jahren benötigt, um ihre Jugend wiederzuerlangen, denn sie waren achtzigjährig und darüber". Vom Jordan zurückgekehrt, versuchten die meisten Pilger noch, wie moderne Touristen, in Jerusalem ein Souvenir oder auch Devotionalien zu erstehen. Nach Konrad Grünemberg suchten sie, „ob wir etwas Fremdes in seidnem Tuch, Perlen oder Steinen da fänden. Aber da war nichts Besonderes von irgendeiner Gattung feil als nichtige und wertlose Dinge."

Für die meisten Pilger hieß es nun, Abschied zu nehmen vom Heiligen Land. Sie kehrten zu ihren Schiffen zurück und fuhren nach Hause. Einige andere, besonders wissensdurstige, wagemutige oder fromme – oder eine Mischung aus alledem –, zu denen auch Felix Fabri gehörte, begnügten sich aber nicht mit der Wallfahrt nach Jerusalem und Palästina: Sie wollten gleichsam eine zweite Wallfahrt antreten, die sie auf den Spuren der Heiligen Familie auf ihrer Flucht vor den Häschern des Herodes sowie der Kinder Israel auf ihrem Exodus aus Ägypten zum Sinai und an den Nil führen sollte. Die Reise dorthin war allerdings weder leicht und ungefährlich noch ganz billig. Der Schiffspatron erstattete zwar den Preis für die Rückfahrt, doch nun waren die Reisenden auf sich selbst gestellt und mußten auf eigene Faust und auf eigene Kosten eine ganze Karawane ausrüsten. Dolmetscher und wegekundige Führer mußten ebenso gemietet werden wie Kamele und Esel als Reit- und Packtiere sowie deren Treiber. Lebensmittel, Ausrüstungsgegenstände, Hausrat und Kleidung ausreichend für eine zweimonatige Reise mußten beschafft werden. Felix Fabri staunt denn auch mit den Führern über die „gewichtige, hoch aufgetürmte Masse" an Gepäck, die 20 Menschen für den kommenden Wüstenritt brauchen würden. Da unterwegs Überfälle umherstreifender Beduinen drohten, gestatteten die Amtsträger des Sultans in Jerusalem den Pilgern, ihre Schwerter und andere Waffen zu tragen, was ihnen ansonsten im Mamlukenreich streng untersagt war.

Das Himmlische Jerusalem spiegelt die Verklärung Jerusalems im christlichen Weltbild (Detail eines Altarbilds aus der Werkstatt des Nikolaus von Verdun, 1181; heute in der Stiftskirche von Klosterneuburg, Österreich).

Erste Station auf dem Sinai war das altehrwürdige Katharinenkloster, erbaut an der Stelle, wo Jahwe nach der Tradition dem Moses im brennenden Dornbusch erschienen war. Von dort aus besuchte man auch den Berg Horeb oder Mosesberg, den die Juden noch heute als den Ort verehren, an dem Moses die Gesetzestafeln mit den Zehn Geboten empfangen hatte. Im Kloster selbst gab es zahlreiche Reliquien, darunter vor allem das Grab der heiligen Katharina, deren Leichnam der Legende nach ein Engel von Alexandria zum Sinai gebracht hatte. Trotz der nicht unfreundlichen Aufnahme durch die orthodoxen Mönche nahm der Dominikaner Felix Fabri allerdings daran Anstoß, daß es sich bei seinen Gastgebern in römischen Augen um Schismatiker handelte; und gastfreundlich, so erklärt er, seien sie nur gegen Bezahlung aus Liebe zum Geld.

Vom Sinai aus führte die Reise weiter nach Ägypten, wo man zunächst den sogenannten Balsamgarten beim Dorf Matarija (etwa zehn Kilometer nordöstlich von Kairo) aufsuchte; dort befand sich ein Feigenbaum, unter dem der Legende nach Maria mit dem Jesuskind auf der Flucht vor ihren Verfolgern ausruhte. Die besondere Neugierde der Pilger galt aber den kostbaren und wohlriechenden Balsambäumen und -sträuchern, die dort streng bewacht wuchsen. Bei Giseh konnten sie die Pyramiden bewundern, die man für die Kornspeicher hielt, die Josef in Ägypten zur Überbrückung der sieben mageren Jahre hatte bauen lassen. Nachdem er sie gründlich in Augenschein genommen hatte, kam Felix Fabri jedoch zu dem Schluß, daß es sich um „heidnische Grabmäler" handle.

Nicht nur Felix Fabri, sondern auch viele andere spätmittelalterliche Reisende begaben sich dann noch nach Kairo, der Hauptstadt des mamlukischen Reiches. Dort wurden sie mit der ganzen Exotik des Orients konfrontiert. Sie erlebten eine auch unter damaligen Verhältnissen riesige Stadt mit der Residenz der Sultane auf der mächtigen Zitadelle, mit zahllosen Palästen und Moscheen, Badehäusern, Basaren und Sklavenmärkten. Über den Nil fuhr man anschließend nach Alexandria, wo man gewöhnlich in einer der abendländischen Handelsniederlassungen Unterkunft fand. Hier konnte man auch ein geeignetes Schiff für die Heimreise nach Venedig finden, wobei wiederum mit dem Kapitän oder Eigner ein Vertrag abzuschließen war. Zu Hause angekommen, war der Pilger um großen geistlichen Lohn und zahlreiche Erfahrungen und Eindrücke reicher geworden; zudem konnte er sich der Achtung und Neugierde seiner Umgebung sicher sein. Für manche allerdings endete die Pilgerfahrt nicht so glücklich: Nicht wenige starben unterwegs an unbekannten Krankheiten oder kamen durch Unfälle oder Waffengewalt – von Freund oder Feind – zu Tode.

Mit Felix Fabri und seinen Zeitgenossen hatte die spätmittelalterliche Jerusalem-Wallfahrt ihren Höhepunkt schon überschritten. Seit dem 16. Jahrhundert ist ein deutlicher Rückgang des Pilgerwesens festzustellen, der vielfältige Ursachen hatte. Einerseits geriet der Ablaßgedanke immer mehr in Mißkredit; Luther und die anderen Reformatoren propagierten den direkten Zugang des einzelnen zu Gott und eine völlig neue Form der Religiosität. Die christliche Welt war gespalten und wurde im Zeitalter der Religionskriege immer mehr zerrissen. Und auch im Orient hatte es entscheidende politische Veränderungen gegeben. Während in Deutschland Luther auf den Plan trat, hatten 1516/17 die türkischen Osmanen Syrien, Palästina und Ägypten erobert und die Herrschaft der Mamluken beendet. Da ihr eigentliches Augenmerk jedoch nach Europa gerichtet war, fristete das Heilige Land auch im Osmanischen Reich das Schattendasein einer Randprovinz. Der Handel hatte neue Umschlagplätze gefunden, seine Wege führten um Afrika herum nach Indien oder über die neue Metropole Konstantinopel. Auch wenn die Pilgerströme ins Heilige Land über die Zeiten hinweg nie ganz versiegten, waren sie in der so verwandelten Welt doch von einem Massenphänomen wieder zu einer individuellen Erscheinung geworden. Daß sie so viele Jahrhunderte überhaupt möglich waren, hatte seinen Grund nicht zuletzt in der relativen Toleranz – und Geschäftstüchtigkeit – der Muslime.

Prof. Dr. Peter Thorau lehrt mittelalterliche Geschichte an der Universität des Saarlandes.

Die Stadt der Apostelfürsten

Bernhard Schimmelpfennig

Die großen Pilgerziele: Rom

Als Rechtfertigung ihrer zentralen Stellung in der Kirche beriefen sich die Bischöfe von Rom immer wieder auf das Wirken der Heiligen Petrus und Paulus in ihrer Stadt. Pilger zog zugleich an, daß die Päpste mit ihren Ablässen zeitlich bemessene Bußstrafen verringern konnten. Rekordverdächtig waren die 42 000 Jahre Ablaß, auf die Pilger an einem einzigen Tag im Lateran kommen konnten.

Das Jahr 2000 war für die Römer und für viele Katholiken weltweit nicht nur der Beginn eines neuen Jahrtausends, sondern es war als Heiliges Jahr auch Anlaß zu vertieftem religiösem Leben. Als solches bildete es zudem einen Höhepunkt im langen Pontifikat Papst Johannes Pauls II. Nicht nur Pilgerbüros und andere Reiseveranstalter hofften auf den Andrang von Gläubigen; auch in der Stadt Rom selbst setzte man große Erwartungen in das Heilige Jahr. Entsprechend aufwendig wurde die Stadt renoviert, wobei sich besonders die Stadtregierung unter dem „grünen" Bürgermeister Francesco Rutelli hervortat: Im Gianicolo-Hügel baute man eine neue Tiefgarage, Straßen wurden erneuert, Kirchen und andere Baudenkmäler restauriert. In populären, reichbebilderten Büchern wurde die Geschichte der bisherigen Heiligen Jahre aufbereitet. Der wissenschaftlichen Aufarbeitung diente 1999 ein internationaler, vom Vatikan und der École Française de Rome veranstalteter Kongreß. In der Hotellerie hinterließ das Jubeljahr gleichfalls seine Spuren: Wer Rom zuvor besucht hatte, bezahlte weitaus weniger für ein Zimmer als seitdem; auch Gastronomen nutzten die vom ehrwürdigen Ereignis gebotene Chance.

Diese profanen Folgen religiöser Impulse lassen sich seit Beginn der Heiligen Jahre vor gut sieben Jahrhunderten erkennen, denn diese waren von Anfang an ein Massenereignis. In den Zeiten vor 1300 unternahmen hingegen eher einzelne eine Rom-Reise.

Petrus – der erste Bischof von Rom?

Bekanntlich soll Rom von den Zwillingen Romulus und Remus gegründet worden sein. Papst Leo I. (440–461) wußte es besser. Ihm zufolge waren die beiden Apostelfürsten Petrus und Paulus die wahren Gründer und Patrone Roms. Demzufolge begann mit Leo I. der Brauch, verstorbene Päpste in Sankt Peter zu bestatten. Und in der Paulus-Basilika, vielleicht auch in Sankt Peter, ließ Leo den heiligen Petrus und dessen römische Nachfolger in Medaillons bildlich darstellen.

Leos Interpretation der römischen Geschichte setzte zweierlei voraus: Die „heidnische" Vergangenheit Roms war weniger wichtig geworden, statt ihrer hatten sich der christliche Kult und damit die Verehrung der beiden Apostel schon zu seiner Zeit in Rom durchgesetzt. Archäologen konnten bislang den Aufenthalt von Petrus und Paulus in Rom nicht nachweisen. Unser Wissen basiert daher – wie schon in früheren Zeiten – ausschließlich auf schriftlichen Quellen.

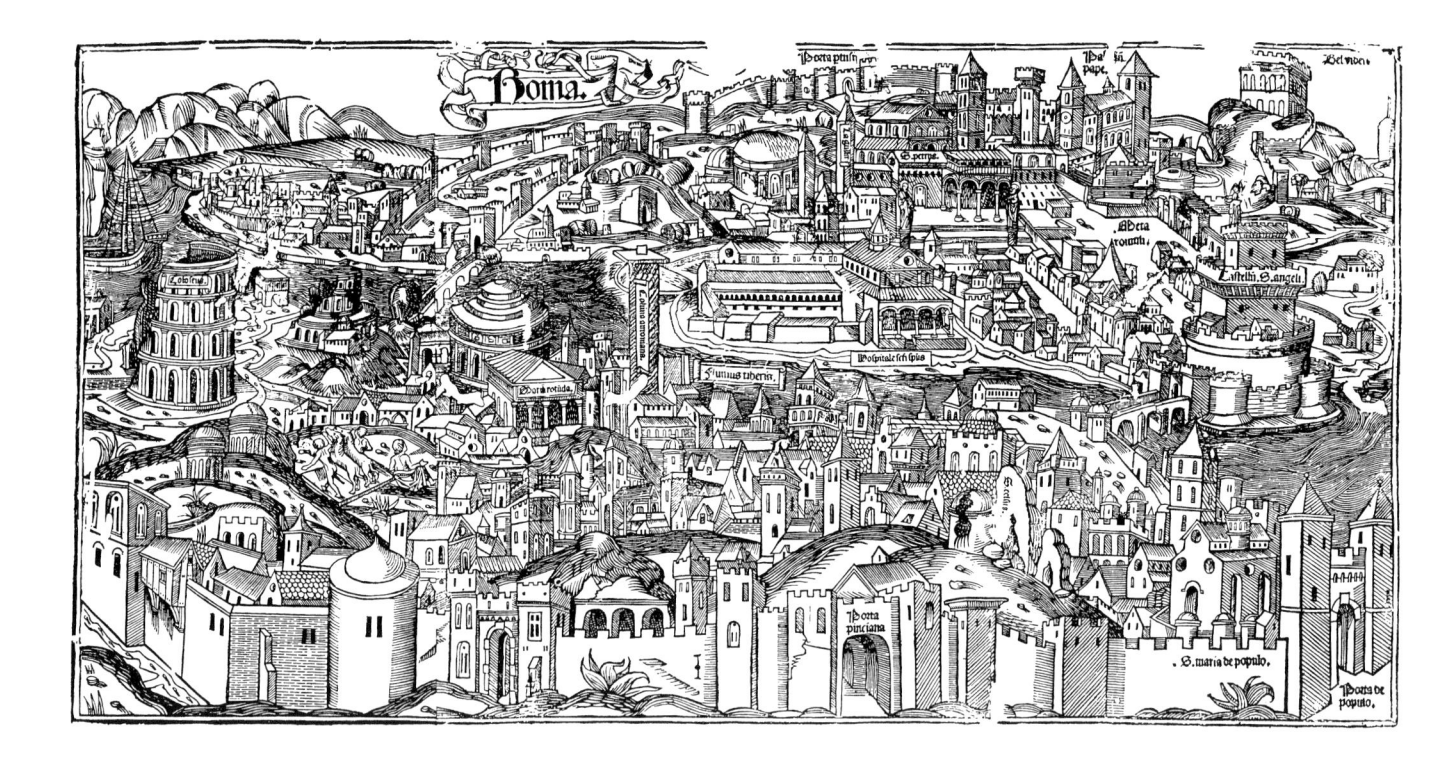

Stadtplan Roms nach der Schedelschen Weltchronik (um 1500).

Der älteste Beleg ist ein um das Jahr 96 verfaßtes Lehrschreiben der römischen Christengemeinde an jene von Korinth (der sogenannte 1. Klemensbrief). Darin verweisen römische Presbyter zur Absicherung ihrer Lehrmeinung auf Petrus und Paulus. Von beiden wird als bekannt vorausgesetzt, daß sie in Rom gewirkt hätten und dort gestorben seien. Wie sie wirkten, wie sie starben und erst recht, wo sie begraben sind, wird nicht geschildert. Seit der Mitte des 2. Jahrhunderts, als sich die Gemeinden institutionell verfestigt hatten und man – analog zum antiken Heroenkult – außerhalb Roms die Gräber anderer Apostel verehrte, gab es in Rom Stätten der Erinnerung (*tropaia*) an die beiden Apostel: Die an Petrus befand sich beim Vatikan, die an Paulus an der Straße nach Ostia. An beide knüpft die spätere Verehrung an – bis heute. Die lokale Verehrung wurde bald darauf in dem Maße anerkannt, daß kein anderer Ort – selbst nicht Korinth und Antiochia, wo Petrus ebenfalls gewirkt haben soll – für sich in Anspruch nahm, sein Grab zu besitzen. In der nachfolgenden Zeit begann man – ebenfalls zuerst außerhalb Roms – Petrus als den angesehensten Apostel anzuführen, um den Vorrang des römischen Bischofs innerhalb der Christenheit zu legitimieren. Gleichzeitig malten apokryphe, das heißt erst im 3. Jahrhundert entstandene und nicht zum Kanon der anerkannten biblischen Schriften gehörende Texte Leben und Tod des Petrus legendarisch aus: „Quo vadis"-Begegnung, Kreuzestod am Vatikan und anderes mehr.

In den Jahren 311 bis 313 stellten die damals regierenden Kaiser in den sogenannten Toleranz-Edikten das Christentum den anderen Religionen gleich. Andererseits begann Kaiser Konstantin der Große, der sich als Alleinherrscher durchgesetzt hatte, 324 Konstantinopel als „Neues Rom" auszubauen; der Westen des Reiches wurde nun vornehmlich von Mailand, später von Ravenna aus regiert.

Die Abwesenheit der Kaiser vom alten Reichszentrum nutzten die römischen Bischöfe, um ihr eigenes Regiment zu stärken und vom weltlichen Herrscher möglichst unabhängig zu machen. Zur Rechtfertigung beriefen sie sich immer wieder auf Petrus und Paulus. Deren Verehrung dienten drei kaiserliche Stiftungen: Sankt Peter am Vatikan, Sankt Paul an der Straße nach Ostia und – für beide Apostel – San Sebastiano an der Via Appia. Alle drei waren überdachte Begräbnisstätten (Zömeterien), in denen lediglich Bestattungen und Refrigerien (Totenmähler mit Trinkgelagen), anfangs jedoch keine Eucharistiefeiern stattfanden.

Im Zuge ihrer zunehmenden Verehrung und der Bedeutung der Apostel für die ideologische Begründung des Papsttums wurden die Gedächtnisstätten, vor allem Sankt Peter, seit der Mitte des 4. Jahrhunderts immer stärker in die Liturgie der römischen Bischöfe einbezogen. Die Refrigerien verloren seit etwa 400 stark an Bedeutung; statt dessen betonte man die Verehrung der dort bestatteten Märtyrer. Schon Konstantin und seine Familie hatten für reichausgestattete Bauten gesorgt; nun ließen Päpste, andere Kleriker, aber auch Laien in und bei den meist unterirdischen Begräbnisstätten (die heute gewöhnlich als Katakomben bezeichnet werden) kleinere Martyrien oder größere Basiliken errichten – teils für ihr eigenes Begräbnis, teils zur Verehrung von Märtyrern.

Zum Grab des Himmelspförtners

Für potentielle Pilger war wichtig, daß die Feier von Gedächtnistagen für Märtyrer vereinheitlicht wurde. Hierbei müssen wir bedenken, daß gemäß dem altrömischen Sakralrecht, das in Rom vorerst weiter offizielle Geltung behielt, Tote außerhalb der Wohngebiete bestattet werden mußten und daß die Verlegung von Gebeinen an einen anderen Ort als Totenschändung und damit als Sakrileg galt. Märtyrer mußten daher dort verehrt werden, wo sie bestattet waren. Aus demselben Grund durften offiziell lediglich Berührungsreliquien (Stoffe, Lampenöl) mitgenommen werden. Zwar hinderte dies die *fossores* (Totengräber) nicht, heimlich Knochen zu verkaufen, doch lohnte sich dieses Geschäft erst nach der offiziellen Anerkennung bestimmter Märtyrer durch die Leitung der Gemeinde von der Mitte des 4. Jahrhunderts an.

Unter Papst Liberius wurde 354 ein Katalog erstellt, in dem die mit Billigung des Papstes begangenen Gedächtnistage in der Reihenfolge der Monate aufgelistet wurden. Die meisten gab es im Sommerhalbjahr, zwischen Pfingsten und Oktober. Damit bot sich dem Bischof die Gelegenheit, durch die Verbindung dieser Tage mit den drei großen, allmählich entstehenden Festzyklen (Weihnachten/Epiphanie, Ostern und Pfingsten) ein von ihm bestimmtes und geleitetes liturgisches Jahr in Rom zu etablieren. Diese Tendenz verstärkte sich noch, als Papst Damasus I. (366–384) viele der im Katalog des Liberius genannten Märtyrer in Gedichten feierte, die in eindrucksvoller Schrift an die jeweiligen Gräber gemeißelt wurden; ihre Verehrung war damit offiziell anerkannt. Seine Epigramme belegen nicht nur den relativ hohen Bildungsstand des römischen Diakonenkollegs, sondern zeigen auch, daß die Leitung der Gemeinde die ausufernde Legendenbildung ablehnte. Dieser rationale Zug läßt sich auch in den seit dem 5. Jahrhundert überlieferten Meßgebeten und Predigten römischer Bischöfe erkennen.

Die Katalogisierung von Märtyrern blieb jedoch nicht immer so restriktiv. Vielmehr wurden im 5. und frühen 6. Jahrhundert erneut zahlreiche Heilige aufgenommen, die zudem der politischen Neuordnung des Reiches entsprachen. So wurden nun auch Heilige aus Ravenna (Chrysogonus) und aus dem Orient verehrt (Johannes und Paulus, Kosmas und Damian, „Quattro Coronati" und andere). Die ursprüngliche Liste, die auch im Kanon der Messe fixiert ist, zeigt jedoch, daß man – abgesehen etwa von Maria, Johannes dem Täufer, Stephanus und einigen wenigen anderen – vornehmlich diejenigen Heiligen feierte, die Bedeutung für die Gründungsphase der römischen Gemeinde besaßen. Als sich dieser Namensbestand vor allem seit dem 7. Jahrhundert verbreitete, begann die an Rom orientierte Auswahl auch die Heiligenverehrung in Italien, Gallien und England stark zu prägen, was wiederum die Attraktivität Roms für Pilger steigerte.

Dem heiligen Petrus wurde von Beginn dieser Entwicklung an besondere Verehrung zuteil. Ihm galten gleich zwei Gedächtnistage: der 29. Juni, der Tag seines Todes, und der 22. Februar, das Fest „Cathedra Petri", das die Übertragung eines besonderen Hirtenamtes an Petrus und die vermeintliche Errichtung des römischen Bischofsstuhls wür-

Ein Raum unter der Kirche S. Giuseppe dei Falegnami wurde seit dem 4. Jahrhundert v. Chr. als Gefängnis genutzt – der Legende nach später auch für die Apostel Petrus und Paulus.

Miniaturmalerei der Monumente Roms (Brüder von Limburg, um 1415/16).

digt. Der Petrus-Kult überragt seither alle anderen Kulte in Rom. Er besaß auch für Pilger eine besondere Bedeutung. Seit Damasus wurde zudem der Kult des Apostelfürsten Paulus gefördert, was sich auch darin manifestierte, daß man über seinem vermeintlichen Grab eine größere Kirche baute.

In dieser Zeit wurde auch damit begonnen, die beiden Apostel im Bild vorzustellen, vornehmlich auf Gläsern, die an Pilger verkauft wurden. Die Darstellung illustrierte, daß die Apostel ihre Vollmacht direkt von Christus erhalten hatten: Petrus die Binde- und Löse-Gewalt, Paulus die Vollmacht, die Völker zu unterweisen. Durch Weiterentwicklung älterer, seit dem Ende des 1. Jahrhunderts in Rom erkennbarer Traditionen galten von nun an beide Apostel als die Ahnen des römischen Bischofs; von dem einen hatte er die oberste Hirten-, von dem anderen die oberste Lehrgewalt geerbt. Entsprechend wuchs die Bedeutung des 29. Juni – des Tages, an dem beider Apostel gedacht wurde – für die Herausstellung des römischen Bischofsamts (noch heute ist er in Rom ein städtischer Feiertag). Nahmen die Pilger die Gläser mit den Apostelbildern dann in ihre Heimat mit, so verbreiteten sie den Anspruch des römischen Bischofs auf den Primat unter den Bischöfen.

Für die ersten fünf Jahrhunderte haben wir wenig genaue Informationen über Rom-Pilger, vor allem wissen wir kaum etwas darüber, wie viele es waren. Schriftliche Nachrichten besitzen wir nur von wenigen Rom-Reisenden, so etwa von dem spanischen Dichter Prudentius (um 400). Wählen wir ihn als Richtschnur, so bestand das Hauptinteresse der Pilger darin, an päpstlichen Gottesdiensten teilzunehmen und die seit Damasus hervorgehobenen Märtyrergräber aufzusuchen. Als Wirkungsstätte Jesu dürfte damals Jerusalem attraktiver gewesen sein.

Dies änderte sich als Folge der Völkerwanderung. In den Jahren 410 und 455 hatten die Westgoten bzw. die Wandalen Rom geplündert; die Gotenkriege (535–553) hatten es zur Grenzstadt im Römisch-Byzantinischen Reich gemacht. Roms antike Größe war nur noch Historie, in der Gegenwart dominierte der christliche Charakter der Stadt. Andererseits hatte Jerusalem an Attraktivität verloren, nachdem es die Muslime 638 erobert hatten. Bedeutsam wurde aber auch, daß – ausgehend von der Christianisierung der Angelsachsen seit Gregor dem Großen (590–604), erst recht seit der Missionierung Germaniens durch romtreue angelsächsische Mönche im 8. Jahrhundert und im Gefolge der engeren Bindung Roms an das Frankenreich seit 754 – der Glauben und die Liturgie vieler neuer Christen stark römisch geprägt waren. Diese wollten die „Wiege" ihres Glaubens besuchen oder sogar nahe dem Grab des Himmelspförtners Petrus bestattet werden. Daher entstanden vom 8. Jahrhundert an bei Sankt Peter Gemeinschaften (*scholae*) von Christen, deren Heimat nördlich der Alpen lag (Sachsen = Angelsachsen, Franken und Friesen); auf sie geht auch der heutige Campo Santo Teutonico neben der Peterskirche zurück.

Die ersten Romführer

Seit dem 7./8. Jahrhundert kennen wir Romführer, die für Pilger verfaßt worden sind. Einen der ältesten Texte besitzen wir nur dank des englischen Mönchs William of Malmesbury. Die von ihm um 1140 kopierte Liste war zu seiner Zeit schon veraltet, denn sie war etwa 500 Jahre zuvor zusammengestellt worden. Sie spiegelt also die Interessen von Rom-Besuchern des 7. Jahrhunderts wider. Von einem kurzen Anhang abgesehen, nennt sie zuerst die Stadttore und die antiken Straßen außerhalb Roms und führt dann die an der jeweiligen Straße liegenden Kirchen und Friedhöfe mit den wichtigsten dort bestatteten Heiligen auf. Nur in einem Anhang werden drei Kirchen innerhalb der Stadt genannt, und zwar deshalb, weil auch in ihnen schon damals Märtyrer verehrt wurden. Die Liste war folglich für jene Besucher gedacht, die in der Ewigen Stadt Reliquien verehren wollten.

Pilger nahmen frühchristliche Glasfragmente gern als Souvenir mit (hier Christus und Paulus, 5. Jahrhundert).

Dem gleichen Adressatenkreis galten zwei andere Texte aus dem 7. Jahrhundert, die aber deutlicher als Begleiter durch die Stadt und deren Umland dienen sollten. Die „Notitia ecclesiarum urbis Romae" (Liste der Kirchen der Stadt Rom) spricht den Benutzer direkt an: *intrabis, venies, pervenies* usw. (du betrittst, kommst, gelangst); sie nennt die Himmelsrichtungen und vermerkt, ob der jeweilige Märtyrer unter- oder oberhalb des Fußbodens bestattet ist. Die andere Schrift weist schon in ihrem Titel – „De locis sanctis martyrum" (Über die heiligen Stätten der Märtyrer) – auf die Ziele der Besucher hin. Benutzerfreundlich ist sie, wenn sie außer der Himmelsrichtung manchmal angibt, ob ein Friedhof links oder rechts der Straße liegt. Im Unterschied zu den beiden anderen Listen führt sie auch mehr Kirchen in der Stadt selbst an – über 20 – und nennt am Schluß den Grund: Die innerrömischen Kirchen dienten als Stationskirchen: Unter Leitung des Bischofs versammelte sich die Gemeinde an bestimmten Orten (*stationes*), deren Reihenfolge in der Stationsordnung festgelegt war; es handelte sich also quasi um eine mobile Gottesdienstform. Mit dem Hinweis auf die Stationskirchen erwähnt der Autor einen Anreiz für fromme Rom-Besucher, der noch Jahrhunderte später, teilweise noch heute,

Vor Santa Croce treffen sich deutsche Pilger; ein Führer (mit Buch) führt die eine Gruppe, im Hintergrund ruht ein Pilger (Hans Burgkmair, 1499–1504).

wichtig blieb, nämlich die Teilnahme am Stationsgottesdienst; zu diesem später mehr.

In den bisher vorgestellten Texten war Rom ausschließlich eine Stadt der Kirchen und Reliquien. Für die nichtchristliche Antike scheint sich im 7. Jahrhundert kein Autor, vielleicht auch kein Rom-Besucher, interessiert zu haben. Einen anderen Eindruck hinterläßt ein Führer, der vermutlich im späten 8. Jahrhundert entstanden ist: der „Anonymus von Einsiedeln". Vielleicht von einem Fuldaer Mönch zusammengetragen, gehört die Handschrift in den Kontext der sogenannten karolingischen Renaissance. Für diese Einordnung sprechen nicht nur Details des eigentlichen Führers, sondern auch zwei Teile, die ihm vor- bzw. nachgeordnet sind. Im ersten Teil sind christliche, vor allem jedoch antik-heidnische Inschriften an Brücken, Bauwerken und Straßen zusammengestellt; der letzte Teil zählt die Tore, Türme, Vorwerke, Öffnungen usw. der spätantiken Stadtmauer auf. Ebensowenig vernachlässigt der mittlere Teil des Führers die Antike. Auch wenn die Bauwerke nicht immer richtig identifiziert werden, werden einem potentiellen Rom-Besucher hier doch zahlreiche antike Theater, Thermen und Triumphbögen genannt.

Das Gliederungsschema der einzelnen Routen wird in der Forschung unterschiedlich gedeutet; auf jeden Fall ist es originell. In der Einsiedler Handschrift ist der Raum zwischen einer Rückseite (*verso*) und einer Vorderseite (*recto*) – also quasi der Falz – der imaginäre Weg des Pilgers; *verso* sind die links des Wanderers liegenden Gebäude eingetragen, *recto* diejenigen, die sich rechts von ihm befanden. Mußte der Pilger eine Fläche überqueren oder einen Bogen durchschreiten, wird dies durch die Schreibweise markiert. Die Route beginnt jeweils oben auf der Seite. Am Beispiel der ersten Route vom Tor von Sankt Peter zur Kirche der heiligen Lucia in Orthea sei das Schema verdeutlicht (Codex Einsidlensis 326, fol. 79 v – 80 r); die Angaben „S" (für *sinistra*, links) und „D" (für *dextra*, rechts) sind – vom Wanderer aus gesehen – auf der falschen Seite eingetragen.

Auf dem Weg von der Engelsbrücke nach Santa Lucia (südöstlich von Santa Maria Maggiore)

```
A PORTA SANCTI PETRI USQUE
AD SANCTAM LUCIAM IN ORTHEA

        IN S[INISTRA]      IN D[EXTRA]

      Circus Flaminius   S. Laurentii in Damaso

            Rotunda    Theatrum Pompei    Cypresus

    Thermae Commodianae    S. Laurentii    Capitolium

    Forum Traiani et columna eius    S. Sergii ubi umbilicum Romae

            Tiberis       ARCUS   SEVERI

      S. Cyriaci    S. Hadriani  Cavallus Constantini

                    FORUM  ROMANUM

    S. Agata ibi imagines Pauli et S. Marie

                       SUB URA

      Thermae Constantini   Pudentiana in vico Patricii

      S. Vitalis in vico longo ubi   S. Laurentii in Formonso ubi
      caval[li] opt[imi]              ille assatus est

      S. Eufemie in vico Patricii    iterum per Suburam

                                Thermae Traiani. Ad Vincula
```

muß der Besucher also auf halbem Weg *durch* den Bogen des Septimius Severus, über das Forum Romanum sowie *durch* das Wohngebiet der Subura gehen. Um das Überqueren oder Durchschreiten zu charakterisieren, notierte der Schreiber die entsprechenden Angaben in Großbuchstaben (Majuskeln) am inneren Rand zwischen den beiden Seiten, also quasi direkt auf dem Weg des Wanderers. Inwieweit das Schema in der Praxis erfolgreich war, ist unbekannt. Doch in einer Zeit, als die Kartographie nicht gerade in Blüte stand, bot das Verfahren der Einsiedler Handschrift eine Hilfe, die nicht nur originell, sondern auch rationell und platzsparend war. Anders als auf dem imaginären Weg konnte in der Realität die Distanz zwischen den einzelnen Monumenten allerdings recht groß sein.

Papsttum und Märtyrer

Fragen wir nach den Gründen, die Christen bewogen haben, nach Rom zu pilgern, so sind wohl vor allem zwei hervorzuheben: der Märtyrerkult und die päpstliche, auf Petrus zurückgeführte Liturgie. Mit Blick auf ihre Rechte und Pflichten lassen sich die römischen Kirchen drei Kategorien zuordnen: den Basiliken (San Giovanni in Laterano, Sankt Peter, Sankt Paul vor den Mauern, Santa Maria Maggiore, San Lorenzo), die dem Papst direkt unterstanden und deshalb später als Patriarchalbasiliken bezeichnet worden sind, die altkirchlichen Titelkirchen für die Seelsorge und die sogenannten Diakonien für die Sozialfürsorge. Alle drei Gruppen wurden durch den sogenannten Stationsgottesdienst in die päpstliche Liturgie einbezogen. Der Tradition folgend feierte der Papst seine *statio* an den Hauptfesten in den Basiliken, die Sonn- und Wochentage – anfangs vor allem in der Fastenzeit, dann auch im Advent – in Titel- und Diakoniekirchen. Und weil daran zumindest an den wichtigsten Tagen auch die Repräsentanten der weltlichen Gesellschaft teilnehmen mußten, zeigte sich die Dominanz der Päpste über Rom gerade auch in der Liturgie. Vom 8. Jahrhundert an wurden – vor allem bei Prozessionen – in die Stationsgottesdienste auch die Pilgerkolonien bei Sankt Peter einbezogen.

Das Mosaik der Ecclesia konnten bereits mittelalterliche Pilger sehen (Alt-St. Peter, 13. Jahrhundert).

Seit dieser Zeit wurden die meisten neuen Bräuche und Feste auch in andere Gebiete exportiert, vor allem nach England und in das Frankenreich. Daher wurden sie zunehmend auch bei potentiellen Pilgern bekannt. Gerade im Frankenreich sind römische liturgische Sammlungen kopiert, teilweise auch verändert worden: Sakramentarien für die Meßgebete, Choralhandschriften und vor allem die den jeweiligen Ritus (für Messen, Prozessionen, Taufe, Kirchweihe usw.) beschreibenden „Ordines Romani". Anders formuliert: Die römische Liturgie im Frühmittelalter kennen wir heute nicht aus Handschriften, die in Rom entstanden, sondern aus im Frankenreich hergestellten Zusammenstellungen.

Anders als die Martyrien lagen die Stationskirchen in der Stadt selbst. In Zeiten politischer Not zogen sie besonders viele Menschen an. Im 8. Jahrhundert etwa bedrohten und verwüsteten langobardische Heere mehrmals das römische Umland. Vor allem seit Paul I. (757–767) ließen die Päpste daher – entgegen dem früher geltenden Sakralrecht – die Körper wichtiger Heiliger aus den außerhalb gelegenen Begräbnisstätten in die Stadt bringen und so schützen; viele der Martyrien gerieten in der Folge in Vergessenheit. Nachdem muslimische Sarazenen 846 das Gebiet um Sankt Peter gebrandschatzt hatten, ließen Kaiser Lothar I. und Papst Leo IV. dieses Gebiet ummauern. Von wenigen Zielen abgesehen (Sankt Paul vor den Mauern, San Sebastiano, San Lorenzo, San Agnese...) bewegten sich die Pilger nun ausschließlich in dem durch Mauern gesicherten Gebiet. Der Einsiedler Führer berücksichtigte diesen Wandel bereits weitgehend.

In fränkischer Zeit erweiterte sich der Märtyrerkult zusätzlich, weil immer mehr Christen nördlich der Alpen römische Reliquien erwerben wollten – sei es offiziell als Geschenk des jeweiligen Hüters, sei es durch heimlichen Kauf oder Diebstahl. Dieser Wunsch hatte einen liturgischen Hintergrund: Jeder Kirchenaltar sollte, ähnlich den Martyrien, über Reliquien erbaut sein; zumindest sollte in die Altarplatte eine Reliquienpartikel eingefügt werden. In Nordgallien, Germanien und England waren lokale Märtyrergräber jedoch Mangelware; wegen ihrer *translatio* (Überführung) aus den vor der Stadt gelegenen Begräbnisstätten boten daher römische Gebeine reichlichen Ersatz.

Die Zahl der Rom-Besucher stieg seit der Karolingerzeit aus zwei weiteren Gründen an. Zum einen wurden die Erzbischöfe, deren Amt sich in dieser Zeit erst etablierte, nur anerkannt, wenn sie das Pallium trugen. Dieses schmale, über den Schultern getragene Kleidungsstück mußte jedoch am Petrus-Grab geweiht und dem Empfänger vom Papst persönlich verliehen werden. Zum anderen wuchs die Zahl derer, die vom Nachfolger Petri Privilegien er-

Von der Loggia (links) des Lateran verkündete Papst Bonifaz VIII. im Jahr 1300 das erste Heilige Jahr. Die Zeichnung von Maarten van Heeinskerk datiert ins Jahr 1535.

halten wollten und deshalb in Rom vorstellig wurden. Die große Mehrheit beider Gruppen, so dürfen wir annehmen, betrat Rom auch als Pilger.

Auch „normale" Christen pilgerten nach Rom. Dies läßt sich etwa dem im 8. Jahrhundert erhobenen Vorwurf entnehmen, angelsächsische Frauen deckten die Kosten der Pilgerreise unterwegs durch Prostitution. Inwieweit der Vorwurf zutraf und wie stark der Andrang von Pilgern in Rom wirklich war, wissen wir nicht. Es gab damals jedenfalls noch keine speziellen Pilgerhospize, allenfalls kamen die Pilger in Klöstern und in den Pilgerkollegien bei Sankt Peter unter. Ebensowenig wissen wir, auf welchen Straßen die Pilger nach Rom wanderten oder wo sie unterwegs nächtigten. Immerhin deutet die Häufigkeit der bei Sankt Peter lebenden „Ausländer" an, daß Rom-Besucher von nördlich der Alpen zur römischen Lebenswelt gehörten.

Rückgriff auf die Antike

Seit dem 16. Jahrhundert wurde es üblich, das 10. Jahrhundert pauschal als „dunkel" (*saeculum obscurum*) und unmoralisch zu bezeichnen, ein Urteil, das gerade auch den Zuständen in Rom galt. Ob das Pauschalverdikt, das zum Teil noch heute die Geschichtsforschung prägt, gerechtfertigt ist, darf man bezweifeln, doch trugen die häufig verworrenen Zustände in der Tat zum Verfall von Institutionen und Gewohnheiten bei. Abgesehen von der Restaurierung der Lateranbasilika und wenigen Neugründungen gibt es kaum Nachrichten über Kirchenbauten. Noch weniger wissen wir darüber, ob die Stationsgottesdienste weiter gefeiert wurden.

Unter dem *princeps* (Fürst) Alberich II. (932–954), einem der herausragenden Herrscher und Kirchenstifter dieser Zeit, setzte eine Rückbesinnung auf das vorchristliche Rom ein: Seinen Sohn, den späteren Papst Johannes XII., nannte er selbstbewußt Oktavian. Auch die Aufteilung Roms in zwölf Regionen, die sich am Vorbild des antiken Oktavian/Augustus orientierte, begann wohl bereits unter Alberich. Noch deutlicher zeigte sich diese Form einer lokalen Rezeption der Antike unter den Päpsten aus der Familie der Grafen von Tuskulum (1012–1046). Aus Beschreibungen von Stationsgottesdiensten und Prozessionen, die damals wieder gefeiert wurden, gewinnen wir den Eindruck, der Papst zöge zusammen mit den anderen Teilnehmern durch das Rom der Antike. Als Beispiel mag der Zug dienen, der sich am Weihnachtsmorgen von Santa Anastasia (am Palatin) nach Sankt Peter bewegte: Abgesehen von diesen beiden Kirchen werden in der Beschreibung der Route keine christlichen Bauten, sondern ausschließlich antike Monumente genannt. Auch die Romsiegel der Kaiser, denen Rom als *caput mundi* (Haupt der Welt) galt, zeigten vornehmlich antike Bauten, vor allem das Kolosseum, das Pantheon, die Trajanssäule und das Mausoleum Kaiser Hadrians, die spätere Engelsburg. Einen ähnlichen Eindruck vermitteln die Berichte deutscher Rom-Besucher und Chronisten.

Ihren Höhepunkt erreichte diese Entwicklung Mitte des 12. Jahrhunderts. Am eindrucksvollsten belegt dies ein anonymer Autor, der um 1140 die Wunder Roms („Mirabilia urbis Romae") beschrieben hat. Die Tendenz der Schrift zeigt sich in ihrem Epilog. Darin beteuerte der Autor, über die Pracht des „heidnischen" Rom all das berichtet zu haben, was er selbst gesehen, in alten Berichten gelesen oder von „den Alten" vernommen habe. So wolle er die künstlerische Schönheit der früheren Stadt für die Nachwelt festhalten. Stärker konnte sich die damals in Rom erkennbare Rezeption der Antike nicht manifestieren.

Dennoch dürfen wir nicht erwarten, durch die Schrift über Lage und Aussehen antiker Bauten ge-

In der Apsis von S. Maria Maggiore entstand 1295 ein Mosaik, das die Krönung der Maria zeigt; links sind die Heiligen Petrus, Paulus und Franz von Assisi mit Papst Nikolaus V. zu sehen, rechts die Heiligen Johannes der Täufer, Jakobus und Antonius mit Kardinal Jacopo Colonna.

Das Fresko der Pilgerkirche Sankt Paul vor den Mauern soll den (fiktiven) Anaklet I. zeigen, angeblich der zweite oder dritte Nachfolger des Petrus.

nau informiert zu werden. Nach Aufzählung der Türme und Tore der Stadt, ihrer Triumphbögen, Hügel, Thermen, Paläste, Theater, Tempel usw. berichtet der Verfasser mit Vorliebe von Legenden, die mit bestimmten Orten, Bauwerken (auch christlichen) und Statuen verknüpft waren und wohl schon damals von Fremdenführern wundergläubigen und zahlungskräftigen Rom-Besuchern erzählt worden sind. Doch gerade diese Verbindung von statistischen Angaben mit phantasievollen Histörchen (die in späteren Bearbeitungen je nach politischer Einstellung wechseln konnten) zeigt eindrucksvoll, wie die Antike im Mittelalter weiterlebte.

Ein Weiteres kommt hinzu: Die „Mirabilia" wurden bald nach ihrer Abfassung nicht nur in Rom kopiert und verändert, sondern wurden auch exportiert. Schon im 12. Jahrhundert benutzte sie beispielsweise ein isländischer Abt als Grundlage für seine Beschreibung Roms. Seit dem 13. Jahrhundert wurde der Bestseller ins Italienische, Französische, Englische und Deutsche übersetzt. Schon vorher hatten ihn auch nichtchristliche Autoren als Quelle für Angaben über Rom genutzt, so etwa der spanische Rabbi Benjamin von Tudela, der Italien um 1170 bereiste, und sein muslimischer Landsmann Idrisi, der für König Roger II. von Sizilien eine Beschreibung der Welt verfaßte.

Wie die „Mirabilia" Rom-Besuchern, auch kritischen, die Antike näherbringen konnten, läßt sich bei dem englischen Magister Gregorius feststellen, der Rom zu Beginn des 13. Jahrhunderts besuchte. Genußvoll beschreibt er die Reiterstatue des Kaisers Mark Aurel, die damals noch vor dem Lateranpalast stand. Gerade an diesem Monument wird deutlich, daß unterschiedliche Deutungsmodelle eher auf unterschiedlichen Legenden basierten als auf der historischen Wirklichkeit. So berichtet Gregorius, daß die Römer den Reiter für Kaiser Konstantin hielten, die Kardinäle oder Kurialen es dagegen vorzogen, ihn mit Marcus oder Quintus Quirinus zu identifizieren, während die *peregrini* – also die Pilger und anderen Fremden – glaubten, der Reiter sei der sagenumwobene Dietrich von Bern. Diese Interpretation hing vielleicht mit Erzählungen über Theoderich den Großen zusammen, die zwar nicht in Mittelitalien, um so mehr aber nördlich der Alpen en vogue waren.

Marcus oder Quintus Quirinus war Held einer mittelalterlichen Legende; möglicherweise arbeiteten die Kurialen und Kardinäle in diese zusätzlich Versatzstücke eines antiken Vorläufers ein. Wie Marcus Curtius, der im Jahr 362 v. Chr. den Opfertod erlitt, soll auch Marcus Quirinus die Stadt vor Feinden gerettet haben. Doch während der antike Held – eher der Form der Tragödie entsprechend – auf dem späteren Forum Romanum mitsamt seinem Roß in eine Felsspalte gesprungen war, erlebte der mittelalterliche Marcus ein christliches Happy-End: Hatte er schon den gegnerischen König nicht im heroischen Kampf besiegt, sondern den Waffen- und Kleiderlosen beim nächtlichen Gang zu einem als Toilette dienenden Baum entführt, so ließ er sich anschließend – der Realität im päpstlichen Rom entsprechend – in klingender Münze entlohnen und in einem goldenen Standbild verewigen. Diese Deutung hatten schon die „Mirabilia" bevorzugt, die dem Helden allerdings noch keinen Namen gaben; erst Gregorius, der sich der Deutung der Kardinäle anschloß, enthüllte seine Identität.

Wie schon der Autor der „Mirabilia" lehnte es Gregorius also ab, den Reiter als Konstantin zu deuten, obwohl dies der historischen Realität nähergekommen wäre. Die Ursache dafür war im Selbstverständnis des päpstlichen Hofes zu suchen. Zur Zeit der ältesten Fassung der „Mirabilia" war Innozenz II. (1130–1143) Papst. Er ließ sich – ebenso wie wenig später Anastasius IV. (1153–1154) – im Sarkophag eines antiken Kaisers bestatten. Er und andere Päpste verwandten Porphyr, ein vulkanisches Gestein, das bis dahin dem Kaiser vorbehalten gewesen war, als Symbol ihrer kaisergleichen Stellung. In der Stadt Rom beanspruchten sie die ehedem den Kaisern zustehende weltliche Herrschaft. Eine Kaiserstatue, die bei der päpstlichen Residenz am Lateran und damit an prominenter Stelle stand, paßte nicht in dieses Konzept. Wie die Verbreitung der „Mirabilia" und deren Übernahme durch Gregorius zeigen, war diese Sicht zumindest zeitweilig auch außerhalb Roms vorherrschend. Zugleich zeigt das Beispiel, daß Reisen zwar schon damals bildete, aber auch politisch ausgenutzt werden konnte: eine bislang nicht sonderlich beachtete Facette des großen Konflikts zwischen Papst und Kaiser.

In der ältesten Fassung der „Mirabilia" wird im Kapitel „Salvatio civium" (Rettung der Bürger) berichtet, daß ehemals auf dem Kapitol so viele Statuen gestanden hätten, wie es Völker oder Provinzen im Reich gab. Seien in einer Provinz Unruhen ausgebrochen, habe an der „zuständigen" Statue ein Glöcklein geläutet. Diese Legende übernahm auch Gregorius, der aber nicht ausdrücklich das Kapitol als Standort erwähnt, sondern nur von

Vittore Carpaccio malte den Zyklus zur Legende der heiligen Ursula um 1493–1495. Oben: Bei einer Pilgerfahrt nach Rom begegnet sie dem Papst (im Hintergrund die Engelsburg).

Das unter Kaiser Hadrian 118–128 in Rom errichtete Pantheon wurde 609 zur Kirche S. Maria ad Martyres umgewidmet.

einem großen Gebäude mit dunklen Krypten spricht, vielleicht dem zwischen den beiden Hügelkuppen des Kapitols gelegenen Tabularium, in dem in der Antike die Staatsgesetze und Verträge aufbewahrt wurden. Dagegen vermerken die verschiedenen Fassungen der „Mirabilia", also die eigentlichen Romführer, immer ausdrücklich das Kapitol. Dieses galt als Sitz der antiken Konsuln und Imperatoren, als Zentrum der politischen Macht – eine Deutung, die zweifellos der römischen Realität seit 1143/44 entsprach, jedoch die antike Bedeutung von Forum und Palatin überging. Diese irrtümliche Zuschreibung überlebte die Zeitalter von Humanismus, Renaissance und Aufklärung bis hin zu den Gründervätern der Vereinigten Staaten von Amerika. Daher stehen überall in den USA als Zentren der politischen Gewalt Kapitolien – gleichsam „mit den besten Grüßen" aus dem 12. Jahrhundert. Und Rom selbst wird noch heute vom Kapitol aus regiert.

„Jetzt werde ich mich den Marmorstatuen zuwenden… Eine [ist von] … unvergleichlicher Schönheit. Diese Statue, von den Römern Venus geweiht, … ist aus parischem Marmor [Marmor von der Kykladen-Insel Paros], so wundervoll gearbeitet, daß sie eher einem lebenden Geschöpf denn einer Statue gleicht; in der Tat scheint sie zu erröten in ihrer Nacktheit mit einem rötlichen Schimmer auf ihrem Antlitz; und wer sie genauer betrachtet, glaubt Blut durch ihren schneeigen Körper fließen zu sehen. Wegen dieses wundervollen Aussehens und vielleicht angezogen durch eine unbemerkte Kraft ward ich dreimal zurückgelockt, sie wiederzusehen, obwohl meine Herberge zwei Stadien entfernt war." Die anrührende Schilderung stammt gleichfalls von unserem Magister Gregorius. Sie zeigt, wie Betrachter schon vor dem Humanismus von antiken Schönheiten beglückt werden konnten. Und da kein mittelalterlicher Romführer die gepriesene Venus nennt – vielleicht handelte es sich um die im 17. Jahrhundert am Quirinal gefundene „kapitolinische Venus" –, macht unser Autor zugleich deutlich, daß ein Rom-Besucher – genügend Interesse und Findigkeit vorausgesetzt – auch über die geschriebenen Führer hinaus selbständig Entdeckungen machen konnte.

Inwieweit Gregorius als „normaler" Pilger römische Kirchen zum Beten und zum Verehren von Reliquien aufsuchte, wird aus seiner Schrift nicht deutlich. Immerhin boten auch die „Mirabilia" Hinweise auf den christlichen Kult, allerdings meist im Zusammenhang mit antiken Bauten. Kehren wir dafür nochmals auf das Kapitol zurück. Die dortige Marienkirche heißt seit dem 12. Jahrhundert „Sancta Maria in Ara Caeli", während sie zuvor „Sancta Maria in Capitolio" genannt worden war. Was es mit der „Ara Caeli" auf sich hat, verraten wieder einmal die „Mirabilia". Die Erzählung läßt sich wie folgt zusammenfassen: Auf der Höhe seines Erfolges erbaten die Senatoren von Augustus die Einwilligung, ihn als Gottheit zu verehren. Er verhielt sich ablehnend und forderte Bedenkzeit. Dann rief er die Sibylle von Tivoli zu sich und berichtete vom Verlangen der Senatoren. Nach dreitägigem Fasten weissagte ihm die Seherin die Ankunft des künftigen Königs aus dem Himmel, der die Welt richten werde. Gleich darauf öffnete sich der Himmel und verströmte seinen Glanz über den Kaiser; er erblickte eine schöne Jungfrau, die auf einem Altar stand mit einem Knaben auf dem Arm. Voller Verwunderung hörte Augustus eine Stimme, die ihm verkündete: „Dies ist der Altar des Sohnes Gottes." Der Angesprochene fiel auf die Knie und betete die Erscheinung an. Nachdem er den Senatoren davon berichtet hatte, waren auch diese äußerst verwundert. Abschließend heißt es bei dem Berichterstatter: Die Vision habe in der Kammer Oktavians stattgefunden, dort, wo jetzt die Kirche Santa Maria in Capitolio stehe. Daher heiße sie „Sancta Maria in Ara Caeli". Wer der Legende glaubte, mußte der Auffassung sein, auf dem Kapitol stünde die älteste Marienkirche Roms, ja die älteste Kirche der Welt überhaupt. Die

Die Goldene Bulle Kaiser Ludwigs IV., des Bayern, stellt Senatorenpalast und Kolosseum in das Zentrum – ebenso ein Beispiel für das steigende Interesse an der Antike wie die Beschäftigung mit der aus dem 2. Jahrhundert stammenden Reiterstatue Mark Aurels (unten).

hatte. Das Vierte Laterankonzil bestätigte 1215 die Praxis zeitlich relativ eng befristeter Ablässe.

Im Verlauf des 13. Jahrhunderts wuchs jedoch die Länge der möglichen Bußnachlässe. Papst Nikolaus IV. (1288–1292) verlieh Sankt Peter und anderen Kirchen Roms schließlich sogar das Recht, Ablässe von sieben Jahren und sieben Quadragenen zu gewähren. Im Kirchenrecht und in der Praxis der päpstlichen Kanzlei überlebte für Kirchen außerhalb Roms aber der zeitlich enger befristete (niedrigere) Ablaß bis zum späten 15. Jahrhundert. Und stets galt für derartige Ablässe: Sie betrafen ausschließlich Bußen, die im irdischen Leben abzuleisten waren.

Eine Sonderform war lange Zeit der vollkommene Ablaß, den angeblich schon Papst Urban II. 1095 auf einer Synode in Clermont verheißen haben

Büßer wahrhaftig zerknirscht war (*valde contritus*), zuvor gebeichtet und die Kommunion empfangen

Die großen Pilgerziele: Rom

Pilger bewunderten auch die antiken Skulpturen (oben die „Kapitolinische Venus", die römische Marmorkopie einer hellenistischen Bronzeskulptur).

soll: In seinen Genuß sollte jeder kommen, der auf einem Kreuzzug ums Leben kam. Aller Bußen ledig, träte dieser unbefleckt vor seinen himmlischen Richter. Einen derartigen Ablaß beanspruchten Ende des 13. Jahrhunderts (das Heilige Land war seit 1291 wieder völlig unter muslimischer Herrschaft) in Konkurrenz zu den römischen Kirchen auch zwei mittelitalienische Kirchen für sich: die eng mit dem Kult des heiligen Franziskus verbundene Kirche von Portiuncula bei Assisi und die Weihekirche Papst Cölestins V. (1294), Santa Maria di Collemaggio bei L'Aquila. Etwa zur gleichen Zeit führte die nunmehr etablierte Lehre vom Purgatorium (Fegefeuer) dazu, daß Pilger hofften, durch einen Ablaß auch von ihren Strafen im Fegefeuer befreit zu werden. Beide Phänomene führten schließlich dazu, daß in Rom erstmals ein Heiliges Jahr ausgerufen wurde.

Wie uns der Kardinal Jacopo Caetani Stefaneschi berichtet, machte am Neujahrstag 1300 ein Prediger in Sankt Peter den nicht sehr zahlreichen Zuhörern Andeutungen über die besondere Bedeutung des Jahrhundertbeginns als *annus iubileus* (Jubeljahr). Die Folge: Vom Abend desselben Tages an habe in der Kirche eine Volksmenge darauf gewartet, daß ein Ablaß von 100 Jahren verkündet werde. Davon in Kenntnis gesetzt, veröffentliche Papst Bonifaz VIII. am 22. Februar, dem Fest der „Cathedra Petri", den Erlaß „Antiquorum habet fida relatio". Er gliedert sich in sechs Abschnitte. Zuerst beruft sich der Papst auf die angeblich alte und glaubwürdige Tradition, derzufolge den nach Sankt Peter Pilgernden schon früher große Ablässe gewährt worden seien. Im zweiten Abschnitt bestätigt und erneuert er diese nicht genauer spezifizierten Ablässe. Im dritten Teil sichert er allen wahrhaft Bußfertigen, die im Jahr 1300 und in jedem folgenden 100. Jahr nach Sankt Peter und Sankt Paul pilgern, einen vollkommenen Ablaß zu: den Jubiläumsablaß. Im nächsten Abschnitt nennt der Papst die Bedingungen, unter denen man diesen erlangen konnte: Römer sollten die beiden Basiliken innerhalb des betreffenden Jahres 30mal, Pilger und sonstige Auswärtige sollten sie 15mal besuchen. Im fünften Abschnitt verspricht der Pontifex, daß diejenigen, welche die beiden Basiliken häufiger aufsuchten, noch größerer Ablässe teilhaftig würden. Zuletzt droht Bonifaz – dem üblichen Wortlaut päpstlicher Erlasse entsprechend – all jenen kirchliche Sanktionen an, die dem Dekret zuwiderhandelten.

Trotz dieser Drohung scheint der Erlaß auf Widerspruch gestoßen zu sein, den ein anonymer Autor – vielleicht der französische Kardinal Johannes Monachus – zu widerlegen versuchte. In seiner Argumentation nennt er die Ziele der Pilgerschaft im Heiligen Jahr: die Ehre Gottes und die Erhöhung des Glaubens. Der Glaube werde in nicht geringem Maß dadurch erhöht, daß aus allen Gebieten der (westlichen) Christenheit die Gläubigen am Ursprung ihres Glaubens zusammenströmten: in der Basilika des heiligen Petrus. Und gegen die Kritiker gewandt, betont er am Schluß: Sterbe ein durch einen vollkommenen Ablaß Geretteter, komme dieser – am Fegefeuer vorbei – direkt in den Himmel und werde in die Chöre der Engel aufgenommen. Die durch den Sturz Luzifers und seiner Anhänger verursachte *ruina angelorum* werde folglich durch das von Bonifaz ausgerufene Jubiläum wieder aufgebaut. Gleichfalls vom ersten Heiligen Jahr angeregt, schrieb der Genueser Arzt Galvanus de Levanto einen Traktat, in dem er erstmals versuchte, den Ablaß systematisch darzustellen.

Das Dekret des Papstes wurde erst Ende Februar verkündet. Da seine Verbreitung Monate benötigte, der römische Sommer aber nicht nur Papst und Kurie, sondern auch viele Pilger von der Stadt fernhielt, schwoll deren Strom erst seit dem Herbst 1300 an. Genaue Zahlen lassen sich nicht ermitteln, denn die Schätzungen von Chronisten dürften zweifelsohne übertrieben sein. Sie nennen zum Teil 200 000 Pilger, die sich gleichzeitig in Rom aufgehalten haben sollen. Täglich sollen 30 000 die Stadt betreten oder verlassen haben. Selbst wenn wir davon eine Null streichen, wären die Pilger zumindest zu bestimmten Zeiten ebenso zahlreich gewesen wie die Bevölkerung Roms. Daß der Zustrom in der Tat außergewöhnlich gewesen sein muß, bezeugen Angaben, denen zufolge der Verkehr auf der Engelsbrücke durch in der Mitte gezogene Seile geregelt werden mußte; auch sei in die Stadtmauer zwischen Sankt Peter und der Engelsburg ein zusätzliches Tor gebrochen worden. Abrechnungen von Zöllnern vermerken, daß über manche Alpenpässe fünfmal so viele Rom-Pilger wie üblich gezogen seien.

Das Heilige Jahr verbesserte die wirtschaftliche Lage der Römer erheblich: Jedes Haus wurde zur Pilgerherberge, so daß wohl jeder Bürger an Miete und Verpflegung verdiente. Erst recht profitierten die beiden vom Papst als Pilgerziele bestimmten Basiliken: Spenden in Höhe von 30 000 Gulden für Sankt Peter und 21 000 für Sankt Paul – das war zusammen etwa ein Viertel der durchschnittlichen päpstlichen Jahreseinnahmen; hinzu kam der Verkauf von Andenken. Von beiden Einkünften stand dem Papst je die Hälfte zu; zumindest bei der Peterskirche scheint er aber auf einen Teil verzichtet zu haben.

Natürlich waren die Römer – Geistliche wie Laien – daran interessiert, daß möglichst bald wieder ein Heiliges Jahr verkündet wurde. Dies um so mehr, als Papst und Kurie, die Hauptarbeitgeber, sich seit 1303 nicht mehr in Rom aufhielten; seit 1316 war Avignon ihr Zentrum. Von dort aus verkündete Papst Clemens VI. am 27. Januar 1343 ein neues Jubeljahr. Er verkürzte damit das von Bonifaz angeordnete Intervall auf 50 Jahre, wobei er sich auf das mosaische Gesetz berief (laut 3. Mose 25 soll das 50. Jahr geheiligt werden: „es soll ein Erlaßjahr für euch sein" – verkürzt gesprochen sollten in jedem „Jubeljahr" die Schulduhren auf Null gedreht werden). Clemens fügte zudem die Lateranbasilika als weiteres Ziel für Besucher hinzu: die Bischofskirche Roms und laut eigenem Anspruch „Haupt und Mutter aller Kirchen". 1349 wies er Europas Erzbischöfe an, den Jubiläumsablaß in ihren Kirchenprovinzen zu verkünden.

Doch trotz des regen Pilgerverkehrs, dem auch die gerade überstandene Pest nichts anzuhaben vermochte, entsprach das neue Heilige Jahr nicht den Erwartungen der Römer. Die Hausbesitzer und die Wirte waren unzufrieden, weil der vom Papst beauftragte Kardinallegat Annibaldo da Ceccano wegen der Knappheit an Lebensmitteln die obligatorische Aufenthaltsdauer der Pilger auf acht Tage verkürzt hatte. Diejenigen Kirchen, die nicht im Dekret genannt waren, verzeichneten weit weniger Besucher und Spender als die drei Basiliken. Während sich jedoch die Laien damit begnügten, den Kardinal zu verhöhnen und ein Attentat auf ihn zu verüben (das

Als das „wahre Abbild Christi" („vera icon") wurde das Antlitz auf dem Leichentuch hoch verehrt (Gemäldekopie in der Kirche Il Gesù in Rom).

Fremde zu beherbergen galt als Werk der Barmherzigkeit. Das Detail aus dem Terrakotta-Fries „Die sieben Werke der Barmherzigkeit" von Giovanni della Robbia und Buglioni Santi illustriert die Ankunft von Pilgern (1525–1528).

mißlang), griffen viele Kirchen zum erprobten Mittel der Fälschung. So kamen auf einmal Ablässe auf, die vermeintlich von Päpsten bewilligt worden waren.

In diesem Zusammenhang ist folgendes zu bedenken: Gemäß einem Katalog aus der Zeit um 1320 gab es in Rom 414 Kirchen mit 2063 Geistlichen, Nonnen und Dienern, die auf das Einkommen ihrer Gotteshäuser angewiesen waren. Bei einer Einwohnerzahl von ungefähr 15000 entsprach der Anteil der Geistlichen und ihrer Diener etwa 13 Prozent der Bevölkerung. Natürlich waren außerdem viele Laien – Gastwirte, Handwerker, Tagelöhner, aber auch Fremdenführer, Bettler und Diebe – von der Attraktivität der Kirchen abhängig. Die Heiligen Jahre hatten jedoch nur den drei von Clemens genannten Basiliken genützt. Und auch diese mußten bemüht sein, in normalen Jahren ihre Attraktivität zu erhöhen.

Die sieben Hauptkirchen Roms

Neue Ablässe wurden – wohl durch Zettel und mündliche Berichte – vor und in den Kirchen kundgetan. Von dort fanden sie Eingang in Listen, von denen die ältesten aus den 60er Jahren des 14. Jahrhunderts stammen. Keine der frühen Listen gleicht völlig einer anderen. Lediglich die Grobgliederung ist allen Handschriften gemeinsam: Zuerst werden die sieben sogenannten Hauptkirchen beschrieben, dann eine unterschiedlich große Zahl anderer Kirchen.

Die Nennung von sieben Hauptkirchen erscheint heutzutage fast selbstverständlich. Doch bis zum 13. Jahrhundert hatten gewöhnlich nur fünf von ihnen zu den Haupt- oder Patriarchalbasiliken gezählt: die Lateranbasilika, Sankt Peter, Sankt Paul vor den Mauern, Sankt Lorenz vor den Mauern und Santa Maria Maggiore. Daß später Santa Croce in Gerusalemme und San Sebastiano hinzukamen, wird erstmals in den Listen begründet: Alle sieben Kirchen seien von Kaisern oder Päpsten erbaut worden. Ebenfalls um 1360 wurde eine Bulle bekannt, die angeblich Clemens VI. ausgestellt hatte und die in einem Heiligen Jahr den Besuch aller sieben Kirchen vorschrieb. Die Bulle bestätigte ferner die „unzähligen Ablässe [der anderen römischen Kirchen], soweit sie uns durch die authentischen Schriften der Doktoren und durch approbierte Originale erwiesen sind". Bereits im 14. Jahrhundert wurde diese Schrift entweder zusammen mit einer Ablaßliste oder einzeln verbreitet und für echt gehalten. Daher prägte sie zunehmend auch die Auffassungen über die Heiligen Jahre, seit dem Ende des 15. Jahrhunderts sogar an der römischen Kurie. Folglich bilden seit 1575 alle sieben Kirchen das offizielle Pflichtpensum in einem Heiligen Jahr. Die traditionellen „Heiligen Pforten" (ein bestimmter Eingang einer Basilika, der nur in Heiligen Jahren geöffnet ist) wurden hingegen erst seit dem frühen 15. Jahrhundert sukzessive „entdeckt".

Zurück zu den Listen: Meist wurden sie in Faszikeln (Heften) überliefert, manchmal auch in schmalen, aber langen Pergamentrollen, die vom Benutzer in einer Kapsel am Gürtel getragen werden konnten. Ihre Gliederung war nicht immer praktisch; in manchen Listen wurden nach den sieben Hauptkirchen die sogenannten *ecclesiae minores* aufgelistet, und zwar aufgeteilt in drei Gruppen: in Marienkirchen, in Kirchen männlicher und in Kirchen weiblicher Heiliger. Dienlicher waren demgegenüber Listen, welche die Kirchen regional aufführten, denn sie halfen dem Benutzer bei der Überlegung, ob ein Abstecher vom Hauptweg lohnte. Die regionale Gliederung prägte verständlicherweise seit den 70er Jahren des 15. Jahrhunderts die nunmehr gedruckten Listen, die bis zum Ende des 18. Jahrhunderts aufgelegt wurden und dadurch das Besuchsprogramm frommer Rom-Besucher bestimmten. Anfangs wurden die Listen zusammen mit den „Mirabilia" abgeschrieben oder gedruckt. Als es dann seit Andrea Palladio und anderen kritischere Führer der Antike gab – die jedoch Berichte der „Mirabilia" weitgehend kritiklos übernahmen –, bildeten die Listen quasi einen Anhang oder wurden in die Beschreibung von Kirchen integriert.

Rekordverdächtig: 42 000 Jahre Ablaß

Unter den sieben Hauptkirchen lag Sankt Peter anfangs klar in Führung. Allein das Vorzeigen des vermeintlichen Schweißtuchs Christi (der sogenannten Veronika) brachte an einem einzigen Tag 12 000 Jahre Ablaß – mehr, als der Lateran in einem ganzen Jahr bieten konnte. Dies änderte sich im 15. Jahrhundert. Ein Zeuge hierfür ist der Nürnberger Bürgermeister Nikolaus Muffel, der 1452 als Hüter der Reichsinsignien Friedrich III. zur Kaiserkrönung nach Rom begleitete: In Sankt Peter war der Ablaß der „Veronika" zwischenzeitlich um 2000 auf 14 000 Jahre gestiegen – ein vergleichsweise geringer Gewinn an der Ablaßbörse. Der Lateran bot wesentlich mehr. Denn in der Zwischenzeit war die Haupttreppe des Papstpalastes glücklicherweise als „Heilige Stiege" aus Jerusalem identifiziert worden, und ein Pilger konnte allein durch das Beknien der 28 Stufen 28 000 Jahre gewinnen. Zudem brachten die 1368 von Papst Urban V. über dem Hauptaltar der Lateranbasilika plazierten vermeintlichen Häupter der Apostelfürsten jetzt ebensoviel wie die „Veronika" in Sankt Peter. Kurzum: Jeder Tag im Lateran versprach 42 000 Jahre, in Sankt Peter kamen Pilger an einem Tag bestenfalls „nur" auf 14 000 Jahre. Dennoch wurde die „Veronika" weiterhin sehr verehrt, wie zahlreiche Darstellungen gerade in Deutschland zeigen.

Der Besuch anderer Hauptkirchen lohnte sich in der Regel nur für Pilger, die sich ein ganzes Jahr in Rom aufhielten: Sonntags immer nach Sankt Paul zu gehen ersparte die Reise ins ferne Santiago de Compostela, freitags nach Santa Croce die Reise ins unsichere Jerusalem. Theologisch-pathetisch gesagt: Rom sollte den Pilgern nicht nur als *urbs* (Stadt), sondern als *orbis christianus* (christlicher Erdkreis) gelten – analog zum päpstlichen Segen *urbi et orbi*. Prosaischer ausgedrückt: Den beiden Hauptkonkurrenten Roms sollten die Besucher abspenstig gemacht werden. Die Ablässe, welche die kleineren Kirchen versprachen, bewegten sich auf einem niedrigeren Niveau: 100, 200, 500, manchmal sogar 1000 Jahre – immerhin weitaus mehr, als die Päpste Kirchen außerhalb Roms zugestanden.

Im Heiligen Jahr 1400 reservierte Papst Bonifaz IX. alle Pilgerspenden für die Apostolische Kam-

Ablaß wollten wohl alle Rom-Pilger erhalten. Die Bulle vom 13. Dezember 1505 dokumentiert einen von Papst Julius II. gewährten Ablaß. Unten: In der Heiligen Woche folgen Gläubige der historischen Praxis, die 28 Stufen der Heiligen Stiege auf Knien zu erklimmen; auf jeder Stufe sprechen sie ein Gebet – wie Christus während seiner Passion (Foto von 1956).

Die großen Pilgerziele: Rom

Am 23. Dezember 1950, dem letzten Tag des Heiligen Jahres, segnete Papst Pius XII. Pilger, die sich vor dem Petersdom versammelt hatten.

Prof. Dr. Bernhard Schimmelpfennig, geb. 1938, lehrte mittelalterliche Geschichte an der Universität Augsburg.

mer, die für die Wirtschaftsführung des päpstlichen Hofes zuständig war. Seine Nachfolger verhielten sich nicht anders. Die Heiligen Jahre gehörten zu den einträglichen Geschäften der Päpste. Kein Wunder, daß die Frist zwischen zwei Heiligen Jahren 1389 auf 33 und 1468 auf 25 Jahre verkürzt wurde. Bei diesem Turnus ist es bis heute geblieben. Hinzu kamen noch Jubeljahre, welche die Päpste aus bestimmten Anlässen ausriefen, wie zuletzt 1983, als des auf 33 n. Chr. datierten Todes Jesu gedacht wurde. Als stolze Landesherren und Renaissancefürsten versäumten es die Päpste von der Mitte des 15. Jahrhunderts an nicht, vor den Jubiläen Kirchen und Paläste zu verschönern, Brücken zu bauen, Straßen zu begradigen, zu erweitern und zu pflastern ... Und wie heute die Aufwendungen beispielsweise im Vorfeld von Weltausstellungen führten auch im mittelalterlichen Rom derartige Maßnahmen zu einer Verschuldung, die durch die Einnahmen nicht immer ausgeglichen werden konnte.

Nach außen hin waren bei den Heiligen Jahren allerdings nur Vorteile sichtbar, daher regte das römische Vorbild andere Wallfahrtsorte zur Nachahmung an: Ohne Jubiläen hätten sie um den lukrativen Zustrom von Pilgern bangen müssen. Um 1400 ging man selbst im ohnehin ablaßträchtigen Jerusalem daran, zusätzliche Ablässe zu erfinden. 1423 mußte Papst Martin V. dem Erzbischof von Canterbury Sanktionen androhen, weil dieser analog zu Rom und unter Berufung auf die Tradition ein 50jähriges Jubiläum mit vollkommenem Ablaß ausgeschrieben hatte: Die Tradition bezog sich auf die Heiligsprechung Thomas Beckets im Jahr 1173 (des Erbischofs von Canterbury, der drei Jahre zuvor beim Gottesdienst in der Kathedrale getötet worden war). Der Papst wollte die Ausrufung eines Jubiläums sich allein vorbehalten.

Mit der Zeit feierte man aber an vielen Orten Jubiläen. Das Kloster von Montmajour (bei Arles) oder die Kathedralen von Lyon, Comminges (bei Toulouse) und Le Puy (Zentralfrankreich) sowie später das Kloster Einsiedeln (Zentralschweiz) beanspruchten für sich Jubiläen, wenn ihr Hauptfest mit einem anderen Fest zusammenfiel. So konnte und wollte auch Santiago de Compostela nicht zurückstehen. Zwischen 1423 und 1428 machte man publik, daß es ein spanisches Heiliges Jahr mit vollkommenem Ablaß immer dann gebe, wenn das Jakobsfest (der 25. Juli) auf einen Sonntag falle – durchschnittlich 14mal in einem Jahrhundert. Als Begründer dieser Tradition galt bald Papst Kalixt II. (1119–1124). Um 1500 wurde eine päpstliche Urkunde dieses Inhalts, die in das Jahr 1179 datiert war, gefälscht. Im 20. Jahrhundert revitalisierte der rührige „Caudillo" Franco das Heilige Jahr; in Santiago und Madrid gilt die Fälschung bis heute als echt.

Apostelgrab im Westen Europas

Klaus Herbers

Die großen Pilgerziele: Santiago de Compostela

Für die Menschen des Mittelalters lag Santiago de Compostela am Ende der Welt. Doch die „Entdeckung" eines Apostelgrabes machte die Stadt zu einem der attraktivsten Pilgerziele der Kirchengeschichte: Um das Grab des Apostels Jakobus des Älteren zu sehen, machten sich alljährlich Zehntausende auf den beschwerlichen Weg. Am Ziel erhielten sie die Jakobsmuschel, die ihnen zu Hause Anerkennung und Bewunderung einbrachte.

Das lateinische Wort *peregrinatio* (Pilgerschaft) ist von *per agrum* (querfeldein) abgeleitet. Damit bezeichnet man im Lateinischen vor allem den mühsamen Weg zu einem Ziel. Das arabische Wort *hajdsch* meint hingegen eher „auf etwas zugehen". Nimmt man beide Bedeutungsfelder zusammen, so wird schnell einsichtig, daß zu den Pilgerwegen in der Regel auch ein Pilgerziel gehört. Zwar war es gerade in der alten Kirche und im frühen Mittelalter möglich, wie die irischen Wandermönche umherzuwandern, ohne ein konkretes Ziel anzusteuern, doch waren die Pilgerfahrten zu heiligen Stätten vom 8. und 9. Jahrhundert an die dominierende Form des Pilgerns im lateinischen Westen. Hatten Jerusalem und das Heilige Land allein dadurch eine besondere Anziehungskraft, daß hier die Ereignisse des biblischen Geschehens zu lokalisieren waren, so waren es im Westen der lateinischen Christenheit vor allen Dingen die Gräber von Märtyrern, später auch von Bekennern, die zunehmend verehrt wurden. Wie auf Erden, so bestand allerdings auch im Himmel eine gewisse Hierarchie, die auch für die Gräber der Heiligen nicht außer Kraft gesetzt wurde. Deshalb waren die Gräber der Apostel, so die Grabstätten von Petrus und Paulus in Rom, schon seit früher Zeit besonderer Verehrung würdig.

Der Reliquienkult nahm im Westen vor allem seit dem 8. Jahrhundert einen großen Aufschwung. In den gerade erst christianisierten Gebieten nördlich der Alpen benötigte man heilige Leichname, um sie in neuen Kirchen zu verehren oder um Teile in Altäre einzulegen. Besonders aus Rom wurden im 8. und 9. Jahrhundert zahlreiche Reliquien ins Frankenreich übertragen, wodurch die Beziehungen zu Rom maßgeblich gefördert wurden. Vor diesem Hintergrund war es ein Ereignis ersten Ranges, daß in der ersten Hälfte des 9. Jahrhunderts im äußersten Nordwesten der Iberischen Halbinsel ein Apostelgrab entdeckt worden sein sollte. Ein Eremit namens Pelagius hatte angeblich – von himmlischen Zeichen geleitet – die Gebeine des Apostels Jakobus bei einem Ort gefunden, der später Compostela genannt wurde. Die Entdeckung war so sensationell, daß sie schon bald im gesamten lateinischen Westen bekannt wurde: Über die Martyrologien (Heiligenverzeichnisse) gelangte die Nachricht am Ende des 9. Jahrhunderts sogar bis in den Bodenseeraum.

Warum entdeckte man gerade zu dieser Zeit im Nordwesten Spaniens ein Apostelgrab? Die Iberische Halbinsel war seit 711 fast ganz von muslimischen Eroberern eingenommen worden; nur einige wenige Herrschaften im Norden der Halbinsel blie-

Hermann Künig begann seinen Reiseführer für den Jakobsweg im schweizerischen Einsiedeln (1495; hier Titelholzschnitt der Ausgabe von 1521).

ben unter christlicher Dominanz. Da auch wichtige christliche Gruppen unter muslimischer Herrschaft weiterhin ihren Glauben praktizierten, so vor allem die bedeutende Christengemeinde von Toledo, suchten die christlichen Königreiche des Nordens (besonders Asturien) die eigene Identität immer mehr zu stärken. In diesen Zusammenhang gehört, daß im Asturien des ausgehenden 8. Jahrhunderts die Nachrichten zunahmen, wonach die Missionierung der Iberischen Halbinsel durch den Apostel Jakobus den Älteren (den Sohn des Zebedäus) erfolgt sei. Diese Aussage findet sich bereits in den griechischen (apokryphen) Apostelgeschichten, deren Information, daß die verschiedenen Apostel jeweils bestimmte Gegenden der damals bekannten Welt missioniert hätten, nach der auf dem Konzil von Frankfurt 794 beendeten großen dogmatischen Auseinandersetzung um den Adoptianismus (nach dem Jesus der von Gott adoptierte Menschensohn, aber nicht wesensgleich mit Gott sei) immer wahrscheinlicher erschien. So verwundert es nicht, daß man schon bald davon ausging, der Glaubensbote Jakobus sei auch dort begraben, wo er zu Lebzeiten die heidnischen Spanier zum Christentum bekehrt habe. Insofern war die „Entdeckung" des Grabes zu Beginn des 9. Jahrhunderts eine Konsequenz der zunehmenden Unabhängigkeitsbestrebungen Asturiens auch in theologisch-christlicher Sicht.

Waren aber Missionsnachrichten und die Entdeckung von Gräbern überhaupt mit biblischen Schriften in Einklang zu bringen? Die Apostelgeschichte berichtet, daß Jakobus in Jerusalem von Herodes (um 44) enthauptet worden sei. Daher entwickelte man in einer dritten Überlieferungsschicht zum Wirken und Nachwirken des heiligen Jakobus die Tradition von seiner Überführung (Translation). Jakobus sei, so hieß es jetzt, nach seiner nur teilweise erfolgreichen Missionstätigkeit auf der Iberischen Halbinsel nach Palästina zurückgekehrt, habe dort weitergewirkt und sei dort schließlich auch enthauptet worden. Einige seiner Anhänger hätten jedoch seinen Leichnam in ein Schiff gelegt, das auf wundersame Weise über das Mittelmeer bis nach Nordwestspanien gelangt und bei Padrón (dem alten Iria Flavia) angelandet sei. Damit waren die wichtigsten hagiographischen Traditionen um den Apostel Jakobus seit dem 9. Jahrhundert im Ansatz ausgeprägt, im Detail sollten sie sich noch bis ins 11. Jahrhundert weiterentfalten. Die Nachricht von dem bedeutenden Jakobus-Grab verbreitete sich zwar im lateinischen Westen, zunächst kamen die Pilger und die Verehrer des Grabes jedoch aus der näheren Umgebung, wie die frühen Quellennotizen belegen.

Propaganda für das neue Pilgerziel

Die Entdeckung des Apostelgrabs wurde anfänglich vor allem durch Schriften verbreitet, die man in Klöstern und anderen geistlichen Einrichtungen abschrieb. Frühe Notizen zur Grabentdeckung fanden sich aber auch – wie erwähnt – in den Martyrologien. Diese Verzeichnisse der Heiligen waren nach dem Kalender angeordnet, und die Heiligennamen der folgenden Woche wurden regelmäßig in den Kirchen verkündet. So konnten bald viele Leute wissen, wo das Grab des Apostels Jakobus des Älteren zu verehren war.

Dennoch machten sich Pilger in der Regel besonders dann auf den Weg, wenn ihnen an einem solchen Grab Heil und Heilung zuteil wurde. Die aus dem Mittelalter massenhaft überlieferten Mirakelgeschichten berichten über Heilungen an Leib und Seele bei den verschiedenen Heiligengräbern. Die Zahl dieser Mirakel ist Legion, erzählt wurden solche Geschichten häufig, aufgeschrieben aber oft nur bei konkreten Anlässen und Notwendigkeiten – etwa weil ein Grabeszentrum in eine Krise geraten war und neue Pilger geworben werden sollten. Insofern griffen die mündliche und die schriftliche Verbreitung häufig ineinander. Im Fall von Santiago de Compostela gehen die frühesten Spuren der Mirakelerzählungen auf das 10. Jahrhundert zurück, als eigenständige Sammlung wurde ein Mirakelbuch jedoch erst zu Beginn des 12. Jahrhunderts zusammengestellt. Aus einer Notiz, die um 930 im Umfeld des Klosters Reichenau entstanden ist, wissen wir aber beispielsweise, daß ein Kleriker nach Santiago gereist sein soll, um von seinen körperlichen Gebrechen befreit zu werden. Entsprechende Nachrichten gibt es seit dem 10. Jahrhundert von Pilgern, die von diesseits der Pyrenäen nach Santiago de Compostela aufbrachen. Neben dem Kleriker der Reichenauer Überlieferung gilt als erster namentlich bezeugter Pilger Godeschalk von Le Puy, der Compostela in den Jahren 950/51 besucht haben soll.

Weitere Notizen verdichteten sich seit der Mitte des 11. Jahrhunderts. So weiß etwa der Geschichtsschreiber Ademar von Chavannes, daß der Herzog Wilhelm von Aquitanien jedes Jahr eine Pilgerreise unternommen habe – meist nach Rom, in den Jahren jedoch, in denen er Rom nicht besucht habe, sei er nach Compostela gereist. Verschiedene Compostela-Pilger aus dem deutschen Sprachraum sind in der Zeit kurz vor dem Investiturstreit belegt, so Erzbischof Siegfried von Mainz oder Richardis von Sponheim. Sie und andere namentlich belegte Pilger dürften zur Verbreitung des Ansehens von Compostela maßgeblich beigetragen haben.

Dennoch ist für die Propaganda in der ersten Hälfte des 12. Jahrhunderts ein qualitativer Schub festzustellen. Die Reconquista, die „Rückeroberung" von großen muslimisch beherrschten Gebieten, führte dazu, daß auch die kirchlichen Strukturen auf der Iberischen Halbinsel neu gestaltet wurden. Ein wichtiger Wendepunkt war die Eroberung Toledos 1085. Der damalige Papst Urban II. verlieh dem Erzbischof von Toledo im Jahr 1088 sogar den Primat für die Iberische Halbinsel und bekräftigte damit den Vorrang des Toledaner Erzsitzes. Dies war für einen Bischofssitz, an dem man immerhin einen Apostel und dessen Grab verehrte, kaum hinzunehmen. Zumal Papst Gregor VII. (1073–1085) in einem Brief an König Alfons VI. von Kastilien-León geschrieben hatte, daß die Iberische Halbinsel von Schülern der Apostel Petrus und Paulus missioniert worden sei – Jakobus aber überhaupt nicht erwähnt hatte!

In einer großangelegten Kampagne unter Bischof Diego II. Gelmírez (1098/99–1140) versuchte Santiago de Compostela, diese Rückschläge wettzumachen. In der „Historia Compostellana" wird mehrfach darauf hingewiesen, wie traurig der Bischof gewesen sei, daß sein Bischofsstuhl am Grab eines Apostels noch nicht einmal die Erzbistumswürde

Die Kathedrale von Santiago de Compostela; links der Bischofspalast aus dem 12. Jahrhundert.

Das große Weihrauchfaß in der Kathedrale von Santiago schwingt an einem Seil von einem Ende des Querhauses zum anderen. Der „Botafumeiro" ist seit dem 14. Jahrhundert schriftlich belegt.

besitze. Diego rang daher darum, eine Erhöhung Compostelas zum Erzbistum zu erreichen. Diese Bemühungen scheiterten zwar zunächst, hatten aber – auch durch den Einsatz von Geschenken und von persönlich-verwandtschaftlichen Beziehungen – bei Kalixt II. (1119–1124) schließlich Erfolg. 1120 wurde Santiago vorläufig, 1124 endgültig zum Erzbistum erhoben. Dabei wurden die alten Metropolitanrechte (die Rechte, die sich aus dem Status als führendes Bistum einer Kirchenprovinz ergaben) von Mérida auf Compostela übertragen.

Wenig später, etwa um 1150, entstand ein Sammelwerk zur Ehre und Verehrung des heiligen Jakobus, der „Liber Sancti Jacobi". Das Werk stellte sicher, daß die verschiedenen Feste des Apostels mit einer aufwendigen Liturgie gefeiert wurden (Buch I), präsentierte eine Sammlung von 22 Wundergeschichten (Buch II), skizzierte die Ereignisse um die Translation des Apostelleichnams (Buch III), um in einem vierten Teil darüber zu berichten, daß schon Karl der Große die Muslime auf der Iberischen Halbinsel bekämpft und den Weg zum Apostelgrab freigelegt habe. Zuletzt stellte Buch V Pilgerwege vor, die den Pilgerwilligen von Frankreich nach Santiago de Compostela führten; sie gingen von Saint-Gilles, Le Puy, Vézelay und Tours aus.

Vor allem die Mirakelgeschichten, die bald weit verbreitet waren, und die Erzählungen über die angebliche Erhöhung der Apostelkirche durch Karl den Großen stärkten das Renommee der Apostelstadt in ganz Europa. Das fünfte Buch des „Liber Sancti Jacobi", das nicht nur die Pilgerwege nach Santiago, sondern auch die verschiedenen Landschaften und ihre Bewohner charakterisiert, ferner nützliche Ratschläge unter anderem zu den unterwegs zu besuchenden heiligen Orten bereithält, hat man vielfach als einen der frühesten Reiseführer des europäischen Mittelalters bezeichnet. In der Tat erfährt man hier selbst heute noch fast alles, was für den Pilger wichtig ist. Ob man sich für Kunstgeschichte, für andere Pilgerorte oder für ethnographische Studien interessiert, in diesem Büchlein wird man fündig. Zu Anfang heißt es: „Vier Wege führen nach Santiago, die sich zu einem einzigen in Puente la Reina in Spanien vereinen; einer geht über Saint-Gilles, Montpellier, Toulouse und den Somport-Paß, ein anderer über Notre-Dame in Le Puy, Sainte-Foy in Conques und Saint-Pierre in Moissac, ein weiterer über Sainte-Marie-Madeleine in Vézelay, Saint-Léonard im Limousin und die Stadt Périgueux, ein letzter über Saint-Martin in Tours, Saint-Hilaire in Poitiers, Saint-Jean in Angély, Saint-Eutrope in Saintes und die Stadt Bordeaux. Diejenigen Wege, die über Sainte-Foy, Saint-Léonard und Saint-Martin führen, vereinigen sich bei Ostabat, und nach dem Überschreiten des Cisa-Passes treffen sie in Puente la Reina auf den Weg, der den Somport-Paß überquert; von dort gibt es nur einen Weg bis Santiago."

Mit diesem Pilgerführer wurden aber gerade in der modernen Wissenschaft die sogenannten Pilger- oder Jakobswege nach Santiago de Compostela gleichsam kanonisiert. Ein geschickter propagandistischer Coup des anonymen Autors sollte hervorgehoben werden: Zahlreiche Orte, die an den genannten Wegen lagen, waren selbst Pilgerzentren, so etwa Saint-Gilles, das Martinsgrab in Tours, Toulouse oder die heilige Fides in Conques. Diese Orte erschienen nun im Pilgerführer als Stationen zum Apostelgrab und wurden so Compostela deutlich untergeordnet. Damit rückte eine Pilgerstätte, die ganz am Ende der damals bekannten Welt lag, ideell ins Zentrum. Die beiden genannten Werke, die „Historia Compostellana" und der „Liber Sancti Jacobi", waren zwar keine massenhaft verbreiteten Schriften, einzelne Teile oder Informationen aus ihnen wurden jedoch noch im 12. Jahrhundert in großem Umfang verbreitet. Insofern kann man sagen, daß die „Propagandaoffensive" von Diego Gelmírez und seinen Nachfolgern große Erfolge gezeitigt hat. Compostela wurde neben Rom und Jerusalem zu einem der wichtigsten Pilgerziele, im 13. Jahrhundert zählten die Kanonisten es unter die *peregrinationes maiores*, die größeren Pilgerfahrten.

Unterwegs zum Ziel

Das Jakobsbuch des 12. Jahrhunderts ist eine hervorragende Quelle zur Rekonstruktion einer Pilgerfahrt im hohen Mittelalter. Vor der Reise mußten die Pilger in der Regel ihre persönlichen Angelegenheiten ordnen. Es galt, Vorsorge für sein seelisches Heil zu treffen, da während der Pilgerfahrt die Gefahr des Todes lauerte. In einer Predigt des „Liber Sancti Jacobi" heißt es daher, der zur Pilgerfahrt Entschlossene solle eine Erlaubnis von Frau, Priester oder sonstigen Personen, mit denen er rechtlich verbunden sei, einholen, ferner in seinem Rechtsbereich Frieden schaffen, die Buße anderer annehmen, sein Haus bestellen und über seine Habe für den Fall des Todes verfügen. Aus verschiedenen Überlieferungen des späten Mittelalters wissen wir, daß Pilger vor dem Aufbruch meist ein Testament anfertigen ließen.

Über die Ausstattungsgegenstände, die sich die Pilger besorgten, gibt eine Serie von Holzschnitten Auskunft, die den Pilgerpredigten des Geiler von Kaysersberg im ausgehenden 15. Jahrhundert in einer Druckfassung beigegeben sind. Hier können wir erkennen, daß vor der Reise spezielle Pilgerkleidung wie Mantel, Hut und Schuhe besorgt wurde. Die Bilder informieren uns weiterhin darüber, daß ein Vorrat an Geld und sonstigen Habseligkeiten zusammengestellt wurde. Besonders Stab und Tasche wurden als spezielle Ausstattungsgegenstände schon im 12. Jahrhundert hervorgehoben. Beide Stücke segnete in der Regel ein Priester vor dem Aufbruch. Die Tasche diente unter anderem dazu, einen bescheidenen Vorrat an Habseligkeiten mit sich zu führen. Dem Stab wurde vielfach eine symbolische Bedeutung beigemessen; er diente außerdem dazu, sich notfalls gegen Anfeindungen und Belästigungen zur Wehr zu setzen. Ein Pferd, Esel oder Maultier scheinen nur im Ausnahmefall zur Ausstattung gehört zu haben, jedenfalls was die einfachen Pilger betrifft. Denn im zweiten Kapitel des Pilgerführers wird zu zwei der 13 Etappen vermerkt, sie seien mit dem Pferd zurückzulegen; dies läßt darauf schließen, daß man sonst wohl zu Fuß pilgerte.

Beim Eintritt in die Kathedrale wird der Pilger vom Apostel Jakobus dem Älteren begrüßt: Die Skulptur gehört zu dem Mittelpfeiler des 1168–1188 erbauten Ruhmesportals.

Zu den günstigen Aufbruchsterminen zählte in der Regel das Frühjahr, weil die Pilger dann bei den Bergüberquerungen nicht mehr mit großen Eis- und Schneemengen rechnen mußten. Aus Sicherheitsgründen dürften die meisten Gläubigen in der Gruppe gereist sein; Pilgerberichte des ausgehenden

Gläubige berühren die mit Gold, Silber und Edelsteinen geschmückte Statue des Apostels aus dem 17. Jahrhundert.

benutzten. Hospize und andere Gebäude können auf die verschiedenen Wege der Pilger verweisen. Allein im Pilgerführer, dem fünften Buch des „Jakobsbuchs", beschreiben verschiedene Kapitel zu Spanien und Frankreich ganz unterschiedliche Pilgerwege. Die Kapitel zwei bis sieben erläutern Etappen, Städte, Landschaften und Bewohner, Stellen mit trinkbarem Wasser und anderes mehr. Diese Passagen bieten nützliche Ratschläge, die im Grunde für jeden Reisenden, nicht nur für Pilger, wichtig waren. Die eher praktischen Hinweise betreffen jedoch vor allen Dingen Spanien, während das außergewöhnlich lange achte Kapitel fast ausschließlich Kultzentren an den vier Pilgerwegen vorstellt, die durch Südwestfrankreich verlaufen. Hier geht es weniger um Reisetips, sondern eher um das spirituelle Pflichtprogramm. Einige wichtige Kultorte in Frankreich ließ der Pilgerführer weg, andere hob er hervor. Insofern wollte der Verfasser vielleicht sogar auf die Kultlandschaft Frankreichs mit einwirken. Im Mittelpunkt des Interesses stehen vor allem die Straßen von Saint-Gilles und von Tours. Man geht sicherlich nicht fehl in der Annahme, daß diese beiden Routen stärker genutzt wurden als die äußerst beschwerlichen Bergüberquerungen durch das Massif Central von Le Puy oder Vézelay aus. Das Devotionsprogramm trägt demnach, zumindest für Frankreich, stark den Stempel des Autors bzw. dessen, der die Informationen zusammengetragen hat. Aufschwung oder Niedergang bestimmter Schreine konnten durch gezielte Propaganda und Gerüchte durchaus beeinflußt werden.

Der Autor des Pilgerführers verweist darüber hinaus auf Riten, die nicht direkt mit anderen heiligen Orten zusammenhingen. Zur Überquerung der Pyrenäen etwa berichtet er: „In der Nähe von Roncesvalles pflegten die Pilger an der sogenannten Crux Caroli auf dem Puerto de Cisere entsprechend dem Vorbild Karls des Großen auf den Knien, mit Blick nach Galicien, ein Gebet an Gott und den heiligen Jakobus zu richten und ein kleines Kreuz aufzustellen." Hier wird an den Zug Karls des Großen nach Spanien im Jahr 778 angeknüpft, der jedoch in einem schrecklichen Desaster endete. Die epischen Dichtungen und auch der vierte Teil des „Liber Sancti Jacobi" deuteten den Zug Karls aus der Rückschau als einen großen Befreiungskampf um die Iberische Halbinsel, bei dem der karolingische Kaiser als erster Pilger auch das Grab des heiligen Jakobus verehrt habe. In diesem Sinn wird auch Roncesvalles als Pyrenäenübergang des karolingi-

Mittelalters zeigen, daß Gruppen von fünf bis zehn Personen wohl als ideale Größe angesehen wurden.

Über die Wege der Pilger, die sogenannten Jakobswege, ist viel spekuliert worden. Sicherlich sind gerade in Spanien, aber auch in Frankreich, bestimmte Wege bevorzugt worden. Allerdings wäre der Eindruck falsch, daß es sich hierbei um kanonisierte Pilgerrouten handelte. Macht man sich von dieser Vorstellung frei, entdeckt man, daß neben den auf Hinweisen des Pilgerführers basierenden Wegen auch ganz andere Routen möglich waren. Unbestritten dürfte allerdings sein, daß Pilger vielfach die großen, auch von Kaufleuten und anderen mobilen Personengruppen eingeschlagenen Straßen

schen Heeres besonders gewürdigt. Es erstaunt daher nicht, daß von den beiden Pyrenäenübergängen, die noch der Pilgerführer des 12. Jahrhunderts berücksichtigt, in den folgenden Jahrhunderten zunehmend der Übergang von Roncesvalles gegenüber dem Somport-Paß an Gewicht gewann.

Am Weg der Pilger lagen weitere Stätten, die mit wunderbaren Erzählungen verbunden waren. Seit dem 13. Jahrhundert wird beispielsweise das sogenannte Hühnerwunder in Santo Domingo de la Calzada angesiedelt. In der Fassung der „Legenda aurea" (13. Jahrhundert) spielt dieses Wunder noch in Toulouse. Der Inhalt der Geschichte ist schnell umrissen: Vater, Mutter und Sohn pilgerten gemeinsam nach Santiago. Als sie unterwegs in ein Wirtshaus einkehrten, versteckte ein betrügerischer Wirt einen goldenen Becher im Gepäck der Gäste, um sie am nächsten Tag des Diebstahls zu bezichtigen. So geschah es. Nach den Anschuldigungen wollte zunächst der Vater für den Sohn, dann der Sohn für den Vater sterben. Schließlich wurde der Sohn gehenkt, Vater und Mutter zogen weiter nach Santiago. Dort offenbarte ihnen der Apostel, daß ihr Sohn zwar am Galgen gehenkt worden, aber nicht tot sei. Als die Eltern zurückkamen, fanden sie ihren Sohn tatsächlich lebend vor. Die Version, die mit Santo Domingo de la Calzada in Zusammenhang gebracht wird, erzählt, daß der Richter, der den Sohn zum Tod verurteilt hatte, gerade beim Essen war, als die Eltern zurückkehrten. Die Eltern schlugen ihm vor, zum Galgen zu gehen, weil ihr Sohn lebe; da antwortete er: „Euer Sohn lebt genausowenig wie die Hühner, die ich jetzt gleich verspeisen werde." In diesem Moment flatterten die Brathühner vom Spieß und überführten so den Richter.

Über Burgos wiederum berichteten Pilgerlieder und Pilgerführer des 15. Jahrhunderts von einem ungerechten Spitalmeister, der den deutschen Pilgern nicht gewogen gewesen sei. In Triacastela sollen die Pilger im 12. Jahrhundert einen Stein empfangen haben, den sie zu einem weiteren Ort transportieren mußten, wo er als Material für den Bau einer Kathedrale diente. Und kurz vor Compostela reinigten sich die aus Frankreich kommenden Pilger aus Verehrung für den Apostel durch ein Bad im Fluß – was vielleicht als Parallele zu dem Bad interpretiert werden kann, das Jerusalem-Pilger im Jordan nahmen. Trafen die Pilger schließlich an ihrem Zielort Santiago de Compostela ein, mischten sich innerliche und äußerliche rituelle Akte: Gebet und Buße gehörten zu ersteren. Über Beichten in institutionalisierter Form erfahren wir im 12. Jahrhundert noch wenig, diese Form von Bekenntnis und Buße nahm erst später deutlich zu. Die erste Nacht verbrachte man meist in der Kathedrale, wo die Angehörigen verschiedener Nationen zusammensaßen. Mit Gesängen und Gebeten verehrten die Pilger den Heiligen.

Über diese Nachtwachen berichtet eine Predigt im ersten Buch des „Liber Sancti Jacobi": „Mit übermäßiger Freude bewundert man die Pilgerscharen, die beim ehrwürdigen Altar des heiligen Jakobus Nachtwache halten: Die Deutschen weilen auf der einen Seite, die Franken auf der anderen, die Italer schließlich

Dieser Jakobus der Ältere befindet sich in der ihm geweihten Kirche in Chaumeil (Südwestfrankreich, Skulptur vom Ende des 15. Jahrhunderts).

auf der dritten; sie stehen in Gruppen und halten brennende Kerzen in den Händen, so daß die ganze Kirche wie durch die Sonne an einem hellen Tag erstrahlt. Nur mit seinen Landsleuten vollzieht jeder die Nachtwache. Manche spielen Leier, Lyra, Pauke, Quer- und Blockflöte, Posaune, Harfe, Fiedel, britische oder gallische Rotta [altes Zupfinstrument], andere spielen Psalterien [Zither ohne Griffbrett]; manche singen – von verschiedenen Musikinstrumenten begleitet – während der Nachtwache; manche bedauern ihre Sünden, lesen Psalmen oder geben den Blinden Almosen. Man hört dort die verschiedensten Sprachen, verschiedene Stimmen in fremden Sprachen, Gespräche und Lieder der Deutschen, Engländer, Griechen und der anderen Stämme und Völker auf dem gesamten Erdkreis. Es gibt weder Worte noch Sprachen, in denen ihre Stimme nicht erschallt. Die Vigil [Nachtwache] wird auf diese Art nachdrücklich gefeiert, manche kommen, manche gehen und opfern verschiedene Gaben. Wer traurig herkommt, zieht froh zurück. Dort werden die Feierlichkeiten ununterbrochen begangen, das Fest vorbereitet, die berühmten Riten Tag und Nacht vollzogen; Lob, Jubel, Freude und Preis beständig gesungen. Alle Tage und Nächte gleichen einem ununterbrochenen Fest in steter Freude zur Ehre des Herrn und des Apostels. Die Türen dieser Basilika bleiben Tag und Nacht unverriegelt, und die Dunkelheit kehrt doch niemals ein, weil sie durch das helle Licht der Kerzen und Fackeln wie am Mittag leuchtet. Dorthin begeben sich Arme, Reiche, Räuber, Reiter, Fußgänger, Fürsten, Blinde, Gelähmte, Wohlhabende, Adlige, Herren, Vornehme, Bischöfe, Äbte, manche barfuß, manche mittellos, andere zur Buße mit Ketten gefesselt."

Zuweilen betete man auch allein, unter Tränen und mit Schluchzen (Mirakel 3). Manchmal wird in den Mirakeln die Länge des Gebets erläutert, richtungweisend erlegte der heilige Jakobus selbst den Pilgern in einer Wundergeschichte eine Gebetsnacht auf und merkte an, dies sei die übliche Gepflogenheit (Mirakel 4). Gebete konnten zuweilen so lange währen, bis das erbetene Wunder eintrat oder bei besonders frommen Pilgern zu einer Form des ewigen Gebets werden; so etwa im Fall des griechischen Bischofs Stefan (Mirakel 19), der am Ort des Heils verweilen wollte. Die sogenannte Pilgerkrönung der deutschen Santiago-Fahrer ist in zahlreichen künstlerischen Darstellungen festgehalten.

Am Ziel angelangt, bedeutete es für den Pilger viel, so nahe wie möglich beim Heiligen und seinem Grab zu sein. Dies führte zuweilen zu heftigen Disputen darüber, wer am nächsten bei der Kultstelle sitzen oder knien durfte. Eine Predigt im Jakobsbuch spricht darüber, im Heiligtum von Saint-Gilles sei es zwischen Franken und Vasconen zu Auseinandersetzungen gekommen, die zwei Todesopfer gefordert hätten. Zu den Riten am Ort gehörte weiterhin das Berühren und Küssen der Basilika, des Altars und des Schreins, ebenso die Übergabe der dem Heiligen zugedachten Geschenke. Manche waren als Wachsspende in der Form des geheilten Körperteils nachgebildet. Die „Oblationen" (von den Gläubigen dargebrachte Gaben), die auf den Altar der Kathedrale gelegt wurden, kamen in Santiago de Compostela größtenteils den Kanonikern der Kathedrale zugute. In der Regel verweilten die Pilger nicht allzu lange in der Stadt, dazu dürfte auch die Beherbergungsinfrastruktur nicht ausgereicht haben. Deshalb heißt es in den Mirakelgeschichten oft lakonisch: Wie es üblich war, kehrte er nach seinem Gebet, und nachdem er den Apostel Jakobus um Erlaubnis gebeten hatte, in seine Heimat zurück.

Als wichtigstes äußeres Symbol kennzeichnete die Pilger auf ihrem Rückweg die Jakobsmuschel. Das Zeichen, meist an den Pilgermantel oder den Hut geheftet, später zuweilen auch am Stab baumelnd, hatte mehrere Funktionen. Es war für den Pilger Erinnerung und darüber hinaus ein (wenn auch nicht offizieller) Nachweis der vollzogenen Jakobus-Pilgerfahrt. Vor diesem Hintergrund gewährte die Jakobsmuschel einen gewissen Schutz, verschaffte auf jeden Fall Ansehen. Im „Jakobsbuch" wird sie erstmals näher beschrieben. Sie wird sowohl als Symbol für Reinheit und Stärke im Glauben als auch als Symbol für die guten Werke bezeichnet; außerdem gewähre sie Schutz gegen die Versuchungen der Widersacher. Ein solches Abzeichen war zugleich geeignet, populäre religiöse Vorstellungen zu fördern. Die Berührung mit einer dieser Muscheln führte laut einem Mirakelbericht (Mirakel 12) zur Gesundung einer Krankheit, die kein Arzt hatte heilen können. Mit den Muscheln gab es nun für Jakobspilger ein ähnliches Abzeichen wie die Palme der Jerusalem-Pilger. Die Pilger suchten die Muscheln aber kaum selbst am Strand, um sie dann weihen zu lassen, vielmehr wurden sie auf dem Vorhof der Kathedrale verkauft. Auseinandersetzungen um die Verkaufsrechte sind für das 13. Jahrhundert belegt; ähnlich wie in anderen Pilgerzentren war der Handel mit Pilgerzeichen ein äußerst einträgliches Geschäft.

Das Tafelbild erzählt die Legende, wonach der Leichnam des Apostels Jakobus nach einer Fahrt über das Meer in Spanien anlandete. Der Meister von Raigern stellte die Szene 1425 dar (Altarflügel; heute im Kunsthistorischen Museum Wien).

Pilgerfahrten und wirtschaftliche Entwicklung

Die vielen Erwähnungen von Pilgergeschenken und verkauften Jakobsmuscheln verweisen darauf, wie sehr Pilgerfahrten zur wirtschaftlichen Entwicklung beitrugen. Gerade Pilgerreisen zeigen, wie eng religiöse und ökonomische Phänomene miteinander verflochten waren. Dies gilt zunächst für die Pilgerziele selbst. Reichtum und Glanz der Apostelkirche in Santiago werden in den Quellen des hohen Mittelalters immer wieder dokumentiert. Die romanische Pilgerkirche, die um 1075 begonnen wurde, war vermutlich schon der dritte Sakralbau: Die Vorgängerbauten hatten zuwenig Platz geboten und sollten auch künstlerisch übertroffen werden. Der Pilgerführer berichtet ausführlich über die reichen Schätze des Gotteshauses, das viele Objekte, besonders aus Silber, besitze. Eine Beschreibung von Prozessionen am 30. Dezember, dem Tag der Translation (Überführung) des heiligen Jakobus, aus dem 12. Jahrhundert zeigt darüber hinaus, mit welch wertvollen mobilen Gütern die Kathedralkirche ausgestattet war. Der Bischof von Compostela trug an diesem Tag eine weiße Mitra, goldene Sandalen, einen goldenen Ring mit Edelsteinen, Silberbroschen, goldene Blumen; golden eingefaßte Fransen schmückten die liturgischen Kleidungsstücke. Solche Reichtümer waren natürlich nichts Außergewöhnliches für wichtige Bischofskirchen, im Fall Compostelas scheinen aber die Pilgergaben nicht unbeträchtlich zum Reichtum beigetragen zu haben. So darf man auch vermuten, daß die Geschenke und Zahlungen an Papst Kalixt II. – damit Compostela die Erzbischofswürde erhalte – auf Pilgerabgaben basierten. Jedenfalls lassen die verschiedenen Münzsorten darauf schließen, daß hier nicht nur Compostelaner Geld, sondern insbesondere auch Münzen aus Frankreich eingesetzt wurden.

Das Erzbistum von Santiago de Compostela verfügte seit dem 12. Jahrhundert noch über eine weitere wichtige Einnahmequelle, die „votos de Santiago". Diese Abgaben hängen eng mit der Rolle des heiligen Jakobus bei der Reconquista zusammen. Bei diesen Kämpfen bezog man sich ideell immer stärker auf den auf einem weißen Pferd am Himmel erscheinenden Jakobus als geistig-geistlichen Helfer. Schon als König Ferdinand I. bei der Eroberung von Coimbra 1064 große Schwierigkeiten hatte, soll Jakobus so die Wege zur Aushändigung der Schlüssel der Stadt geebnet haben.

Wichtiger für das Renommee und den Reichtum Santiagos wurde ein weiteres, hierzu gehörendes Schlüsseldokument, „das Privileg der votos de Santiago". In der Mitte des 12. Jahrhunderts brachte ein Compostelaner Kleriker die Urkunde in die schriftliche Form, die bis zur Säkularisation im 19. Jahrhundert Bestand und Bedeutung hatte. In dem Dokument wurden Abgaben an die Apostelkirche auf eine angebliche Schlacht von Clavijo (844?) zurückgeführt. In der Zeit, als König Ramiro I. (842–850) Asturien regierte, hätten die christlichen Könige an die muslimischen Herrscher einen hohen Tribut zahlen müssen: jährlich 100 Jungfrauen, davon 50 aus dem Adel und 50 aus dem Volk. Ramiro habe diesen Tribut nicht weiter leisten wollen und deshalb die militärische Auseinandersetzung gesucht. Eine Niederlage habe ihn und sein Heer dann zur Flucht in das nahe Clavijo gezwungen. Dort sei ihm im Traum vor einer weiteren Schlacht der heilige Jakobus als Beschützer ganz Spaniens erschienen und habe Ramiro versprochen, ihn in der kommenden Schlacht zu unterstützen, die Krieger sollten seinen und den Namen Gottes anrufen. Ramiro habe die Anweisung befolgt und sei siegreich geblieben. Danach hätten Ramiro und andere Zeugen dieses Wunders festgelegt, daß jährlich ein Maß Getreide und Wein pro Ochsengespann an die Basilika des Apostels erfolgen solle; jeder Christ in ganz Spanien sollte die Abgabe entrichten. Außerdem sollte nach weiteren Siegen gegen die Muslime ein Beuteanteil an die Apostelkirche abgeführt werden.

Diese Urkunde des 12. Jahrhunderts ist zwar schon lange als Fälschung nachgewiesen worden, sie hat jedoch Geschichte geschrieben, denn die Abgaben wurden zwar nicht überall, aber doch in weiten Teilen Spaniens bis in die Neuzeit geleistet. Ein Großteil der Dokumentation der Apostelkirche betrifft in späterer Zeit die Durchsetzung der und Streitigkeiten um die Leistung der „votos de Santiago". Wie hoch die Einnahmen im einzelnen auch gewesen sein mögen, insgesamt brachten sie der Apostelkirche großen Reichtum, der mit den Pilgergaben zugleich den Reichtum des Pilgerziels Compostela begründete.

Pilger trugen wohl auch zur Innenausstattung der Kathedrale bei. Interessant ist, daß der Pilgerführer des 12. Jahrhunderts sogar einen „Gabenwunschzettel" aufgenommen hat. Wer eine Decke für den Altar des heiligen Jakobus oder das Altarvorderteil zu schenken beabsichtige, heißt es dort, solle die nötigen (sogar angegebenen) Mindestmaße berücksichtigen. Auch dürften die Wachsgeschenke der Pilger, die an fast allen Pilgerzentren Europas üblich waren, für die Kathedrale wichtig gewesen sein. Die „Historia Compostellana" berichtet von einem Kleriker, der die Winterzeit fürchtete, weil wegen der fehlenden Wachsspenden die Beleuchtung der Kathedrale gefährdet war. Aber nicht nur Wachs, sondern auch Bargeld kam an die Apostelkirche. Eine Mirakelgeschichte des „Jakobsbuchs" berichtet, daß einige Passagiere eines Schiffs, das in ein Unwetter geraten war, eine Pilgerfahrt nach Compostela gelobten, während andere eine Geldspende für die dortige Kathedrale versprachen.

Die Pilgergaben, die in Geld und anderen Formen an die Kathedralkirche geleistet wurden, verteilte man nach einem besonderen Schlüssel: Jedem der 72 Kanoniker standen, so heißt es in einem Kapitel des Pilgerführers, die Gaben einer Woche zu, ausgenommen waren davon die Sonntagsgaben, die wahrscheinlich wesentlich höher waren. Diese sollten der Tradition gemäß in drei Teile geteilt werden. Der erste Teil ging an den Kleriker, der den Wochendienst versah, die restlichen zwei Teile sollten erneut gedrittelt werden:

Ein Teil war für das Essen der Kanoniker bestimmt, ein zweiter für die Erhaltung und Ausstattung der Kathedrale, ein dritter für den Erzbischof. Die Gaben der Karwoche sollten für die Beherbergung armer Pilger zur Verfügung gestellt werden. Wie die Bestimmungen zeigen, profitierten vor allen Dingen der Erzbischof und in besonderem Maße auch die Kanoniker von den Pilgergaben. So berichtet die „Historia Compostellana" über die Befürchtungen eines Kanonikers, der den Rückgang der Pilgermassen beklagte, weil damit gleichzeitig die Pilgergaben zurückgingen. Daß die Pilgergeschenke das Compostelaner Handwerk förderten, vor allem das Kunsthandwerk zur Ausstattung der entsprechenden Sakralbauten, liegt auf der Hand.

Pilger brachten aber nicht nur Dinge mit, sondern kauften auch in Santiago ein. Der Pilgerführer

Auf dem Pyrenäenpaß von Roncesvalles kämpfte einst Karl der Große; heute knien dort Pilger mit Holzkreuzen.

Das Altarbild aus dem 16. Jahrhundert stellt den Kampf des heiligen Jakobus gegen die Ungläubigen dar.

des 12. Jahrhunderts hebt hervor, wie groß der Markt gewesen sei: einen Steinwurf in der Länge und in der Breite. Gehandelt wurden dort neben den Pilgermuscheln vor allem Wein, Schuhe, Lederbeutel, Riemen, Gürtel und medizinische Kräuter, also Gebrauchsgüter, deren die Pilger in ganz besonderem Maße bedurften. Die Transaktionen erfolgten vielfach schon im 12. Jahrhundert durch Geld. So förderte das Pilgerwesen den Geldverkehr; Bankiers und Geldwechsler rückten in Schlüsselstellungen auf. Angesichts der Unwissenheit und Abhängigkeit vieler Fremder scheinen sie ihre Position zuweilen ausgenutzt zu haben. In einer Predigt des „Jakobsbuchs" werden jedenfalls die Betrügereien der Geldwechsler besonders hervorgehoben.

Die Erzbischöfe mußten sich als Stadtherren auch der Probleme annehmen, welche die ständig wachsenden Pilgerströme verursachten. Sie verbesserten den Schiffsverkehr, ließen Wege anlegen und ordneten Markt- und Verkaufsgewohnheiten. Diego Gelmírez legte beispielsweise die Preise der häufigsten Konsumgüter fest. Damit versuchte er, die Pilger vor den schlimmsten Betrügereien zu schützen. Derartige Initiativen erfolgten im Einklang mit den wichtigsten Vertretern der immer größer gewordenen Stadt, denn kirchliche wie bürgerliche Kräfte waren an einem weiteren Aufschwung der Pilgerbewegung interessiert, damit Wohlstand und Reichtum weiter gefestigt würden.

Das Ziel eines jeden Jakobspilgers hieß zwar Santiago de Compostela, zuvor hatten die meisten Pilger aber einen langen Weg mit vielen Etappen zurückzulegen. Auch hier hinterließen sie ökonomische Spuren. Für die Befriedigung der Pilgerbedürfnisse unterwegs waren grundsätzlich kirchliche Einrichtungen verantwortlich. Schon die frühen Regeln der Mönchsgemeinschaften zählten die Armen- und Pilgerpflege zu ihren wichtigsten Aufgaben. Da die Pilgerströme ständig wuchsen, richteten vor allem neuentstehende Klöster gesonderte Räume für Pilger ein. Dabei wurden die Klöster, später auch die Ritterorden durch Bischöfe und Herrscher unterstützt. Teilweise profitierten auch diese geistlichen Institutionen von den Gaben der Pilger, obwohl die „Gastung" der Pilger grundsätzlich kostenfrei zu erfolgen hatte. Eine Urkunde des navarresischen Königs García vermerkt, daß die Templer in Villa Vetula die Pilger nicht gegen klingende Münze nächtigen lassen sollten.

Dennoch entwickelte sich schon bald, erstmals nachweisbar im 12. Jahrhundert, ein kommerzielles Beherbergungs- und Verkaufsgewerbe an den Pilgerwegen nach Santiago de Compostela. Die Pilgerliteratur berichtet darüber hauptsächlich in der Form von Klagen über Mißstände in diesen Einrichtungen. Sie erzählt von den schlechten Wirten, die guten Wein probieren ließen, dann jedoch den schlechten ausschenkten, Apfelwein als Wein verkauften oder sogar mit falschen Maßen einschenkten. Wenn sie den müden Pilgern einen schweren Wein servierten, so ließ dieser die Wanderer gut schlafen und erleichterte gegebenenfalls den Diebstahl. Wirte und Geldwechsler scheinen manchmal Hand in Hand gearbeitet zu haben, möglicherweise zum eigenen Vorteil. Ebenso versuchten Räuber, Verkäufer, Gewürzkrämer, Ärzte, Händler und sogar Prostituierte, an das Vermögen zu kommen,

Das Fresko zeigt, wie ein Priester dem heiligen Elrad vor seinem Aufbruch nach Santiago Pilgerstab und Pilgertasche übergibt (spätes 11. Jahrhundert; Piemont).

das die Pilger mit sich führten. Im „Jakobsbuch" hört man wenig Positives über das Gewerbe und den Handel an den Pilgerwegen, vielmehr werden die Mißstände als große Sünden angeprangert. Trotz aller Kritik ist aber zwischen den Zeilen erkennbar, daß der Pilger als Käufer von Nahrungsmitteln, Fisch, Fleisch, Wein, von Devotionswaren wie Wachs und Kerzen oder anderen nützlichen Dingen wichtig war.

Die Pilgerliteratur läßt nicht nur erkennen, daß Jakobspilger wichtige Handelspartner und Käufer waren, sondern Pilgerfahrt und Handelsreise konnten sogar miteinander verknüpft werden. Häufig zog man nicht nur aus einem einzigen Grund in fremde Lande, insofern gab es oftmals den Typus des „reinen" Pilgerns nicht. Es war schwierig, reisende Pilger von reisenden Händlern zu unterscheiden. Dies zeigt sich besonders dort, wo Zoll erhoben wurde. Vor der Überquerung der Pyrenäen mußten etwa in Ostabat Händler Zoll entrichten, nicht aber Pilger. Pilger und Kaufleute passierten beide diese Stelle, und nicht immer wollte oder konnte man sie unterscheiden. „Kluge" Zöllner verlangten deshalb sicherheitshalber von beiden den Wegzoll. Der aus dem 11. Jahrhundert stammende Zolltarif von Jaca unterschied zwischen Kaufleuten, Pilgern und pilgernden Kaufleuten (*romei mercatores*). Für Kaufleute listete die Zollverordnung den Zoll für die unterschiedlichsten Güter auf; Pilger waren frei von jeder Abgabe; bei den Bündeln der Pilger-Kaufleute sollten die Zöllner schätzen, was für den Hin- und Rückweg zum Pilgerziel benötigt werde, und nur den Rest mit Zoll belegen. Man darf vielleicht vermuten, daß nicht nur Pilger- und Handelsfahrt häufig verbunden wurden, sondern daß manch geschickter Kaufmann sich als angeblicher Pilger auch um den Zoll zu drücken suchte.

Die möglichen Kombinationen von Pilger- und Handelsfahrten helfen auch zu erklären, warum im christlichen Spanien besonders im Norden der Pilgerstraße häufig Städte entstanden. Zweifelsohne wurde durch den Ausbau von Orten wie Pamplona, Estella, Burgos, Sahagún und viele andere der Anschluß Spaniens an das europäische Wirtschaftssystem erreicht. In diesen Städten finden wir zudem religiöse Gemeinschaften, deren Mitglieder seit dem ausgehenden 11. Jahrhundert in teilweise großem Umfang aus Frankreich stammten. Generell sind in vielen dieser Orte Siedler von Regionen nördlich der Pyrenäen nachzuweisen; Sprachstudien haben dies in jüngerer Zeit eindeutig belegt. In den Vierteln dieser nichtspanischen Handwerker fanden durchziehende Pilger häufig Unterstützung. Damit wurde ihr Weg nach Santiago de Compostela grundsätzlich sicherer und einfacher.

Da die Phänomene Pilgerfahrt, Handelsfahrt, religiöse Einflüsse und intellektueller Austausch miteinander verknüpft waren, lassen sich die Entwicklung der Städte, der zunehmende Bau von Brücken, Hospizen und anderen Einrichtungen am Pilgerweg nur schwer ausschließlich auf die Pilgerbewegung zurückführen. Sie hat aber zweifelsohne maßgeblich dazu beigetragen, daß gerade entlang des Weges von Roncesvalles bis Compostela eine in geistlicher wie wirtschaftlicher Hinsicht bedeutende Achse entstand; die dort zahlreichen Institutionen und Kirchen zeugen nicht nur von religiösen Initiativen, sondern belegen auch, wie reich Städte und Gebiete zu einer gewissen Zeit waren.

Nach römischem Vorbild – Imitation und Eigenständigkeit

Seit dem 13. Jahrhundert zählte Santiago de Compostela zu den *peregrinationes maiores* und befand sich so mit Orten wie Rom oder Jerusalem auf einer Stufe. Schon im Vorfeld seiner Erhebung zum Erzbistum standen in Nordwestspanien römische Modelle Pate. Seit dem ausgehenden 11. Jahrhundert gab es römische Bestrebungen, die zentrale Stellung Roms auf der Iberischen Halbinsel durchzusetzen, und diese förderten im 12. Jahrhundert teilweise auch das apostolische Programm Compostelas. So erreichte Compostela die Erhebung einiger Kardinäle; in manchen Schriften wurde sogar die Theorie entwickelt, daß – da die Apostel Petrus, Jakobus und Johannes in biblischen Schriften besonders hervorgehoben worden seien – die Sitze Rom, Santiago und Ephesus ihre kirchlichen Angelegenheiten entsprechend eigenständig behandeln sollten. Neben verschiedenen Ehrenrechten, die man beanspruchte, wurden vor allem die sogenannten Heiligen Jahre mit ihren außergewöhnlichen Ablässen wichtig, die Santiago an die Seite Roms stellten, ja dieses teilweise sogar überflügeln ließen.

Der Idee des Ablasses lag der Gedanke zugrunde, daß man die kirchlich auferlegten Bußstrafen in andere Werke umwandeln könne. Sie verbreitete sich vor allem seit der Zeit der Kreuzzüge. Dabei wurde in manchen der Verlautbarungen nicht kanonisch sauber zwischen Sünden und Sünden- oder Bußstrafen unterschieden. Dennoch gewann die Vorstellung, einen Ablaß erwerben zu können, besonders im Zusammenhang mit Pilgerfahrten weiter an Raum, waren doch in der Frühzeit der Kirche vielfach auch Personen auf den Pilgerweg geschickt worden, die für bestimmte Vergehen Buße leisten sollten.

Besonders nach dem endgültigen Verlust des Heiligen Landes 1291 konzentrierten sich die Hoffnungen, Vergebung von Schuld und Strafe zu erlangen, wieder stärker auf die wichtigen Orte der Kirche im Westen, zunächst vor allem auf Rom. Der dort mit Ablaß und Heiligem Jahr (erstmals 1300) verbundene wirtschaftliche Erfolg sowie weitere Vorteile waren so groß, daß andere Kultorte sie nicht Rom allein überlassen wollten. Bald folgten verschiedene Devotionszentren dem römischen Vorbild, meist mit einem etwas anderen System. In Santiago gilt bis heute ein modifizierter siebenjähriger Rhythmus: Fällt das Fest des heiligen Jakobus am 25. Juli auf einen Sonntag, wird das gesamte Jahr wie das römische als Heiliges Jahr gefeiert. Weil fast alle vier Jahre ein Schaltjahr ist, verkürzt sich der Zeitraum zwischen den Heiligen Jahren in der Regel von sieben auf sechs oder sogar fünf Jahre, zuweilen verlängert sich der Rhythmus aber auch auf elf Jahre (wenn ein Schaltjahr dazu führt, daß durch die Verschiebung von zwei Tagen der Sonntag übersprungen wird). Durchschnittlich ergeben sich so 14 Heilige Jahre in einem Jahrhundert, ein Rhythmus, der Rom deutlich in den Schatten stellt.

Bis heute beruft man sich in Compostela für dieses Jahr, in dem ein vollkommener Ablaß nach Art des römischen versprochen wird, auf eine Urkunde, die Papst Alexander III. 1179 ausgestellt habe; sie führt die Institution der Heiligen Jahre sogar auf Papst Kalixt II. zurück. Erhalten ist sie in einer Prunkfassung vom Ende des 15. Jahrhunderts. Nach gelegentlichen früheren Zweifeln hat Bernhard Schimmelpfennig die Urkunde endgültig als Fälschung aus der Zeit um 1500 nachgewiesen. Dies geht unter anderem aus dem Formular, den genannten Kardinälen und der ungewöhnlichen Papstunterschrift hervor. Es gibt auch Unstimmigkeiten in der Datierung. Darüber hinaus ist die Urkunde inhaltlich nicht widerspruchsfrei, denn ein Text, der bestimmt, daß Santiago das gleiche Jubiläum begehen und sich des gleichen Ablasses erfreuen solle wie die römische Kirche, kann kaum vor 1300 und sicherlich nicht 1179 entstanden sein.

Die Formulierungen machen aber deutlich, wie sehr man sich auf das römische Vorbild bezog. Schon vor der Alexander-Urkunde gab es Entwick-

Die Kirche Sainte-Foy in Conques (Südwestfrankreich) an der großen Pilgerstraße nach Santiago ist der heiligen Fides geweiht und selbst ein bedeutendes Pilgerziel. Der Bau aus dem 11. Jahrhundert wurde im 19. Jahrhundert restauriert.

Die großen Pilgerziele: Santiago de Compostela

lungen, nach römischem Beispiel auch in Compostela gewisse Jahre hervorzuheben. In der Chronik Alfons' VII. heißt es, sein Regierungsantritt im Jahr 1126 sei gewesen zur Zeit des *iubilei anni*. Vielleicht bezog sich die Bemerkung auf das Jubiläum des Neubaus der Compostelaner Kathedrale. Wann und wie sich weitere Traditionen ausbildeten, ist ungewiß; sichere weitere Hinweise gibt es aus der Zeit des großen abendländischen Schismas. In einer Anordnung Papst Bonifaz' IX. vom 22. Dezember 1402 werden alle dem römischen Jubelablaß gleichen Sündennachlässe aufgehoben; dabei wird ausdrücklich auch Santiago erwähnt. Zu Anfang des 15. Jahrhunderts läßt sich jedoch beispielsweise 1428 ein besonders großer Pilgerstrom nach Santiago feststellen; Pilger haben sich demnach wohl nicht an die päpstliche Anordnung gehalten.

Informationen zu den Heiligen Jahren bieten hierfür die Nachrichten über die Fahrten englischer Pilgerschiffe. Sie segelten entweder direkt nach La Coruña oder bis in die Gegend von Bordeaux. Mit aller Vorsicht lassen sich aus diesen Angaben ansatzweise Pilgerzahlen hochrechnen. In der Tabelle gibt die erste Spalte die Jahreszahl an, die zweite die Anzahl der Lizenzen (was der Zahl der Pilgerschiffe entspricht), die dritte die angenommene Zahl der Pilger. Steht vor der Jahreszahl ein Kreuz, handelt es sich um ein Jahr, in dem das Jakobsfest am 25. Juli auf einen Sonntag fiel. Aus der Tabelle geht hervor, daß sich Heilige Jahre bereits im 15. Jahrhundert entscheidend auf die Zahl der Pilger ausgewirkt haben könnten. Die Pilgerzahlen in normalen und Heiligen Jahren unterscheiden sich deutlich. Rechnet man die Zahlen hoch, die uns aus sechs der 14 Heiligen Jahre des 15. Jahrhunderts vorliegen, so käme man für die 14 Jahre auf eine Gesamtzahl von 17 800 englischen Pilgern. Mit aller Vorsicht läßt sich daraus vielleicht sogar auf die Gesamtzahl englischer Pilger schließen. Da die Lizenzen in der Regel von Februar bis Juli ausgestellt wurden, waren die Pilgerzahlen insgesamt allerdings sicherlich höher. 1456 berichtet der englische Pilger William Wey, in La Coruña ankerten 84 Schiffe, darunter 32 englische. Aufschlußreich ist, daß sich die Zahl der Schiffe von einem Schiff im ersten Heiligen Jahr, das aufgezeichnet wurde (1423), auf 13 Schiffe 1428 steigerte, die Zahl der Pilger wuchs von 60 auf 916; in späteren Heiligen Jahren stiegen die Zahlen noch weiter. Falls nicht Überlieferungszufälle eine Rolle spielen, scheint aber die Zeit zwischen 1423 und 1428 besonders wichtig gewesen zu sein.

Zahl der englischen Pilger im 15. Jahrhundert nach Rymer/Mieck

Jahr	Lizenzen/Schiffe	Pilger
1413	4	180
1414	3	140
1415	1	24
+ 1423	1	60
+ 1428	13	916
1432	1	24
+ 1434	64	3110
+ 1445	29	2100
+ 1451	11	594
1455	1	50
+ 1456	15	870
1474	1	4
1475	2	120

Daß die Alexander-Urkunde in der heute bekannten Form Vorstellungen aus dem ausgehenden 15. Jahrhundert aufgreift, wird durch eine Tradition gestützt, wonach Papst Kalixt II. für Compostela einen Jubiläumsablaß gewährt habe. Der schon genannte englische Pilger William Wey berichtet 1456 über die Ablässe in Compostela und ausführlich über den vollkommenen Ablaß, den man in den Jahren erwerben konnte, in denen das Apostelfest auf einen Sonntag fällt. Er führt den Ablaß auf Papst Kalixt II. zurück und verweist sogar darauf, daß diejenigen, die an dieser Verleihung zweifelten, der Exkommunikation verfielen. William Wey knüpfte damit an Vorstellungen an, die wohl in der Mitte des 15. Jahrhunderts geläufig waren; dies belegt auch die Mirakelsammlung für den Santiago-Ritterorden des Rodríguez de Almela von 1481 sowie ein Heiltumsbrief, der etwa zwischen 1460 und 1490 gedruckt wurde.

Compostela hatte mit den Heiligen Jahren, bei denen bald ähnlich wie in Rom am 31. Dezember eine Heilige Pforte geöffnet wurde (ein Ritus, der bis heute fortbesteht), somit auch an Traditionen Anteil, die das Pilgern im späten Mittelalter immer stärker bestimmten: der Suche nach Ablässen. Daneben blieben aber auch ältere Traditionen bestehen, denn die Heilung an Leib und Seele, so wie dies durch zahlreiche Wundergeschichten belegt ist, war weiterhin eine wichtige Motivation für Pilgerfahrten. Dennoch gab es einen Mentalitätswandel, und Ablässe spielten eine immer größere Rolle.

Daß man in Compostela immer neue Wege suchte, um Pilger anzulocken, ist unbestritten. Mit dem hier skizzierten Weg imitierte man bis zu einem gewissen Grad das römische Vorbild, versuchte es aber durch die höhere Frequenz der Heiligen Jahre auch zu übertreffen.

Die Pilgerbewegung im späten Mittelalter – Vielfalt und Krisen

Beim Blick auf die englischen Pilgerschiffe wurde deutlich, wie groß der Einzugsbereich des Pilgerzentrums Santiago de Compostela im 15. Jahrhundert geworden war. Sind im 12. Jahrhundert neben Pilgern von der Iberischen Halbinsel vorwiegend Pilger aus West- und Mitteleuropa – besonders dem heutigen Frankreich, Deutschland und Italien – belegt, kamen nun sogar osteuropäische Pilger (aus dem heutigen Polen oder Ungarn). Geleitbriefe verdeutlichen dies zumindest für einzelne Pilger aus dem Adel. Der nun weit gespannte Einzugsbereich war mit einer Vielzahl von eingeschlagenen Wegen verbunden; nicht nur die englischen Pilger dürften dabei mit dem Schiff gereist sein, sondern beispielsweise auch Gläubige, die sich aus dem Ostseeraum auf die große Pilgerreise begaben.

Trotz der oben angeführten Tabelle bleiben Schätzungen über Pilgerzahlen sehr gewagt; Tendenzen lassen sich allenfalls anhand der zunehmend errichteten Hospize und anderer spezieller Einrichtungen für Pilger, gerade im südwestfranzösischen und nordspanischen Raum, ablesen. Die Tatsache, daß an der Wende vom 15. zum 16. Jahrhundert in Deutschland ein Pilgerführer im Druck erschien, zeigt jedenfalls, daß nicht nur einige wenige nach Compostela zogen. Dieser Pilgerführer wurde wohl von einem Servitenmönch, Hermann Künig von Vach, verfaßt (die Serviten waren eine 1233 in Florenz gegründete religiöse Gemeinschaft). Er beschrieb in einprägsamen Versen den Weg von Einsiedeln nach Compostela, den er als die Oberstraße bezeichnete; der Weg zurück führte die Pilger auf der Niederstraße nach Aachen. An unterwegs besuchten Orten könne man „römisch gnad und ablaß" erwerben. Dies zeigt, wie sehr der Ablaß selbst immer mit der römischen Verleihung verbunden wurde.

Der Verfasser will vor allem praktisch helfen. Er ermahnte Pilger, sich vor Betrug in acht zu nehmen. Von Einsiedeln führt er seine Leser über Luzern, Bern, Freiburg (Schweiz) und Lausanne. Der Weg folgt dann dem Isère- und Rhône-Tal, nach Valence kam man über Uzès und Nîmes. Dann entsprach seine Wegbeschreibung mit leichten Varianten der im fünften Buch des „Liber Sancti Jacobi" aufgezeichneten Route über Toulouse und Roncesvalles, dem klassischen Camino Francés in Nordspanien.

Das Gemälde Friedrich Herlins von 1462–1465 stellt Compostela-Pilger dar, ist aber auch im Kontext des „Hühnerwunders" zu sehen (siehe Seite 81).

Um das leibliche Wohl der Pilger war Hermann Künig sehr bemüht. So empfahl er immer wieder Herbergen oder warnte vor betrügerischen Wirten und bestimmten Häusern. Die Verehrung für den heiligen Jakobus setzte Hermann Künig voraus; wie viele Autoren ähnlicher Schriften widmete er dem Ziel der Reise, Santiago de Compostela, nur wenige Sätze. Auf dem Rückweg folgte die Niederstraße bis zu den Pyrenäen weitgehend dem Hinweg; in Frankreich

Die Fassade des 1500–1514 in Salamanca für den Kanzler des Santiago-Ordens erbauten Hauses ist mit 400 Jakobsmuscheln verziert.

ging es dann über Bordeaux, Blaye, Saintes, Poitiers, Tours entweder nach Metz oder weiter über Paris, Valenciennes und Brüssel nach Aachen, wo der Verfasser seine Reisebeschreibung enden läßt.

Dieser Pilgerführer bot allen, die sich von Deutschland aus auf die Reise machten, eine hilfreiche Wegbeschreibung, die man dank der Versform vielleicht sogar memorieren konnte, um Vorbereitung und Durchführung der Pilgerfahrt zu erleichtern. Der mehrfache Druck des kleinen Büchleins bis in die 20er Jahre des 16. Jahrhunderts zeigt, wie sehr die Ratschläge geschätzt wurden. Ein deutsches Pilgerlied des 15. Jahrhunderts, das sich ausführlich über einen schlechten Hospitalmeister in Burgos aufhält, folgt in seinen Strophen im wesentlichen der „Oberstraße".

Im 15. Jahrhundert verfaßten verschiedene Personen, Adlige, Bürger und auch Gelehrte, Berichte über ihre Reisen, die meist nicht ausschließlich, aber auch aus Pilgermotiven unternommen wurden. Sie zeichnen nicht nur von den Wegen, sondern auch vom Pilgerziel Santiago ein anschauliches Bild. Dabei wird zuweilen deutlich, wie unterschiedlich ein und dieselbe Stadt wahrgenommen werden konnte: So verschieden die Autoren von Herkunft, gesellschaftlicher Stellung und den näheren Umständen ihrer Fahrt waren, so verschieden sind die Berichte, die sie über den Besuch Compostelas und des Apostelgrabes verfaßten. Besonders viele Berichte sind aus Nürnberg erhalten, dessen Bedeutung als Handelsstadt im 15. Jahrhundert stetig zunahm. Ein Vergleich ist interessant. Daher sollen aus der Zeit zwischen 1428 und 1521 einige Reisende vorgestellt werden: Peter und Sebald Rieter (Kaufleute und Patrizier), Gabriel Tetzel (ein Nürnberger Bürger, der den böhmischen Adligen Leo von Rožmital auf dessen Europa-Reise begleitete), Hieronymus Münzer (ein Nürnberger Arzt und Humanist), schließlich Sebald Örtel (ein Nürnberger Kaufmannssohn).

Peter Rieter war in Brügge erzogen worden und stand als Patrizier in der Nürnberger Kaufmannstradition. Mitglieder seiner Familie unternahmen später auch Pilgerfahrten nach Jerusalem. Er selbst begründete die Tradition der Jerusalem- und Santiago-Pilgerreisen in seiner Familie. Seine Aufzeichnungen faßte allerdings erst Hans Rieter (gest. 1626) in der heute vorliegenden Form in einem Reisebuch zusammen, so daß mit starken Verformungen zu rechnen ist. Peter Rieter brach 1428 zu Pferd und von einem Knecht begleitet nach „Sankt Jacob in Gallicia und Finisterre" auf. Die Aufzeichnung ist so knapp und prägnant, daß sie einem nüchternen Kaufmann alle Ehre macht. Laut einer späteren Notiz seines Sohnes Sebald ließ Peter Rieter sein Wappen im Chor der Compostelaner Kathedrale befestigen. Sonst erfahren wir kaum etwas über den Besuch des Pilgerzentrums selbst, es wird nur überliefert, daß er auch das im Nordwesten gelegene Kap Finisterre besuchte, das Ende der damals bekannten Welt, das manche Berichte und das Pilgerlied „Wer das elent bawen wel" verballhornt als den „Finstern Stern" bezeichneten. Auf dem Rückweg reiste Rieter über Oviedo, León, Logroño und das Ebro-Tal nach Süden und besuchte auch das Kloster Montserrat bei Barcelona. Danach zog er weiter nach Rom. Insgesamt gab er auf der Reise 250 Dukaten aus.

1462 folgte Sebald Rieter der Tradition seines Vaters. Er nahm seinen Schwager Axel von Liechtenstein mit auf die Reise, die zunächst zu Ludwig IX. von Bayern-Landshut führte, der Geleit- und Empfehlungsschreiben ausstellte. Schon vorher hatten sich die Reisenden vom Herzog von Sachsen und vom Bischof von Würzburg ähnliche Briefe besorgt. Danach pilgerte die Gruppe – ähnlich wie es Hermann Künig von Vach empfahl – von Einsiedeln nach Südwesten, bog dann aber nach Süden, nach Mailand, ab. Hier wollten sie sich vom dortigen Herzog einen weiteren Schutzbrief ausstellen lassen. In Genf, einem wichtigen Handelszentrum, stießen weitere Personen zu der Gruppe, die mit den Knechten auf etwa zehn Personen anwuchs. Über Saint-Antoine ging es nach Avignon; Empfehlungen und Herolde begleiteten die Reisenden von einem Hof zum anderen, nach Toulouse, Bayonne, Burgos. Im Norden Spaniens folgte die Gruppe dem klassischen Camino Francés. Länger als viele Pilger, nämlich acht Tage, blieb die Gruppe in Santiago, wo die Pilger ihre Wappen aufhängen ließen. Danach reisten auch sie zum Kap Finisterre. Die Familientradition wird deutlich, wenn der Bericht hervorhebt, daß Sebald Rieter das von seinem Vater gestiftete Gemälde im Chor der Kathedrale erneuern und darüber ein großes Kruzifix anbringen ließ, ferner auf dem Gemälde eine Darstellung des heiligen Jakobus, seines Vaters, seiner Mutter, von sich selbst und seiner Frau. Auch ließ er ein Bild von Andreas Rieter und das auf Pergament gemalte Familienwappen befestigen. Insgesamt war Sebald Rieter 35 Wochen unterwegs und gab 400 Gulden aus.

Vor allem die aufgehängten Wappen zeigen, wie sehr die Mitglieder der Familie Rieter Traditionen der Adelswelt aufgriffen und imitierten. Weit dramatischer als die Reisen der Rieters gestaltete sich 1465 bis 1467 die Pilgerfahrt des böhmischen Adligen Leo von Rožmital, der ein enger Verwandter des böhmischen Königs Georg Podiebrad war. In Nürnberg schloß sich ihm Gabriel Tetzel an, ein Bürgerssohn. Das Gefolge zählte etwa 50 Personen. Die beiden überlieferten Reiseberichte stammen von dem böhmischen Adligen Wenzeslaus Schaschek von Birkov und von Gabriel Tetzel, dem Nürnberger Patrizier und Altbürgermeister. Besonders er integrierte in seinen Bericht Einzelheiten und schilderte Reiseerlebnisse und persönliche Eindrücke, weshalb sein Bericht auch äußerst farbig ist.

Rožmital reiste von Prag über Nürnberg, Ansbach, das Rheinland, Brüssel und London durch Frankreich auf die Iberische Halbinsel. Dort folgte die Reisegesellschaft anfänglich dem „Pilgerweg" durch Nordspanien, schlug aber von Burgos aus eine südwestliche Richtung ein. Über Salamanca erreichte die Gruppe das portugiesische Braga, wo sie der Erzbischof empfing. Auf dieser Strecke fehlten Herbergen, so daß die hohen Adligen einmal sogar „auf dem Feld unter einem Baum" nächtigen mußten.

Die Wallfahrt Isabellas von Portugal (in der Mitte des Stammbaums) nach Santiago zeigt der untere Teil des Bildes (Buchmalerei, um 1530–1534).

93
Die großen Pilgerziele: Santiago de Compostela

In Jaca (Aragón) führte der Jakobsweg über die Brücke von San Miguel.

gefangengesetzt; des Bischofs Mutter und sein Bruder sowie ein Kardinal waren aber in der Kathedrale eingeschlossen. Der Herr aber war beim Sturmangriff auf die Kathedrale mit einem Pfeil in den Hals geschossen worden, so daß der ihm anschwoll und er nicht mehr lange zu leben hatte. Außer ihm war niemand verwundet worden, obwohl doch mehr als 4000 Menschen an dem Angriff beteiligt waren, so daß man meinte, daß es eine Strafe Gottes und Sankt Jakobs sei, daß er allein verwundet worden wäre."

Wie gelangte die Gruppe in die Kirche? Die Belagerten, also die Mutter und der Bruder des Bischofs sowie der Kardinal, wollten die Reisegesellschaft erst einlassen, als diese ein „kostlich opfer", wohl eine Geldspende, versprach. Da die Reisegruppe aber mit den Feinden des Bischofs paktiert hatte, unterlagen sie dem Kirchenbann, so daß der Kardinal sie nach dem Betreten der Kathedrale zunächst davon lösen mußte. Dann begann das Pilgerprogramm: „Dann kamen wir vor den Altar des heiligen Jakobus, in dem er leibhaftig liegt. Danach führte man uns eine Treppe hinauf in eine kleine Kapelle. Dort zeigte man uns das Haupt des heiligen Jakobus des Jüngeren, ein Stück vom heiligen Kreuz Christi und von der Dornenkrone sowie viele andere Reliquien. In der Kapelle hängen die Wappen sehr vieler Herren und Landfahrer; da ließ auch mein Herr sein Wappen anschlagen. Danach führte man uns heraus und zeigte uns eine Kette, mit der Sankt Jakob gefesselt worden ist. Und wenn jemand von einer Krankheit befallen ist und mit dieser Kette umschlossen wird, wird er geheilt."

Der Krieg hatte Spuren im Gotteshaus hinterlassen: „Die Kathedrale ist eine schöne, weite und große Kirche mit kostbaren steinernen Säulen, ganz aus Hausteinen erbaut. Damals aber ging es wüst darin zu. Es standen Pferde und Kühe darin, auch hatten die Belagerten Hütten darin, sie kochten und wohnten in ihren Behausungen. Man führte uns zur Mutter des Bischofs, die ist ein langes, dürres Weib. Sie klagte meinem Herrn ihr Leid und sagte ihm, ehe sie die Kathedrale den Feinden übergäbe, wolle sie lieber sterben."

Über die weiteren Heiligtümer in Santiago weiß Tetzel zu berichten: „Draußen vor der Stadt steht eine kleine Kirche, von der man meint, daß Sankt Jakob sie erbaut und darin gewohnt habe, während er in Galicien predigte. Während der ganzen Zeit aber hat er nicht mehr als zwei Menschen zum Christentum bekehrt, nach seinem Tode aber ist das ganze

Wie Tetzel erzählt, wurde das Essen mit primitivsten Mitteln bereitet.

Drei Tage später kam die Gruppe endlich nach Santiago, das damals allerdings kriegerische Auseinandersetzungen erschütterten. Trotz dieser Zustände würdigt Tetzel den Ort auffallend positiv: „Santiago ist eine angenehme, kleine Stadt mittlerer Größe, und die Leute dort sind fromm, obwohl sie damals gegen ihren Bischof stritten." Er ging auch ins Detail: „Die Kirche wurde von einem mächtigen Herrn belagert. Mit dem hielten es die Einwohner von Santiago, und sie hatten die Kirche ringsum eingeschlossen und schossen mit Büchsen hinein. Ebenso schossen die, die in der Kirche waren, wieder heraus. Der Herr und die Einwohner hatten den Bischof von Santiago auf einem Schloß in der Nähe

Der heilige Jakobus wird oft selbst als Pilger dargestellt, mit Mantel, Tasche, Stab und Muschel am Hut. Der kleine Jakobus unten war ein Pilgerandenken aus Santiago: Die Figuren aus Azabache (Gagat; eine politurfähige schwarze Braunkohle) waren besonders begehrt – und teuer. Links: Das Detail eines Glasfensters aus der Kathedrale Notre-Dame in Evreux (südlich von Rouen im Westen Frankreichs) zeigt einen Pilger mit Pilgerstab, vielleicht Jakobus den Älteren.

Land Galicien christlich geworden. Einstmals aber ist Sankt Jakob drei Armbrustschüsse weit aus der Stadt hinausgegangen und hat sich auf einer Anhöhe niedergelassen und dort jämmerlich geweint, weil er nicht mehr als zwei Menschen hat bekehren können. Da wurde er sehr durstig. Er steckte seinen Stab in das Erdreich, und sofort entsprang da ein schöner Brunnen, den es heute noch gibt; ... mein Herr und wir alle tranken daraus." Die Gruppe reiste zum „Finstern Stern" weiter, außerdem besuchte sie Padrón, den Ort, an dem die Gebeine des Apostels Jakobus auf wunderbare Weise in einem Schiff angelandet sein sollen. Auch dieser Ort war im 15. Jahrhundert durch eine Reihe von Traditionen gekennzeichnet.

Ganz anders verlief die Reise, die der Nürnberger Stadtarzt Hieronymus Münzer, ein wohlhabender Mann, etwa 30 Jahre später (im August 1494) unternahm. Ihn begleiteten nur drei Personen. Eine Pestwelle hatte Münzer zum Aufbruch gedrängt, doch trieben ihn sicherlich weitere Interessen, vielleicht reiste er auch im Auftrag Kaiser Maximilians und beabsichtigte, kosmographische Beobachtungen mit nach Hause zu bringen. Die Reise führte über Perpignan zum Montserrat, nach Valencia, Granada, Sevilla und Lissabon bis an die Atlantikküste. Im Dezember 1494 erreichte man zunächst Padrón, dann die Apostelstadt.

Anders als Peter Rieter und Gabriel Tetzel, die keine Lateinschule oder Universität besucht hatten (und deshalb deutsch schrieben), hatte der Arzt Hieronymus Münzer Studien der Medizin, sogar in Pavia, betrieben. Er war zudem humanistisch interessiert und folgte dabei den Interessen der sogenannten Nürnberger Sodalität, die neben der Rückbesinnung auf die Antike insbesondere kosmographische Interessen pflegte. Wie breit er interessiert war, zeigen die Titel, die er in seiner Bibliothek versammelt hatte, wie eine Studie in Detailarbeit nachweisen konnte. Entsprechend ist sein – lateinischer – Bericht über Santiago literarisch geprägt.

Münzer beschreibt zunächst die Lage Compostelas. Er nimmt zu Ackerbau und Viehzucht, zur guten Luft, aber auch zu den wichtigsten Klöstern der Stadt Stellung. Seiner Beschreibung der Kathedrale ist in der Handschrift, die er wohl nicht selbst geschrieben hat, sogar eine Skizze des Grundrisses beigegeben. Vorgestellt werden sodann Erzbischof, Kardinäle und Kanoniker sowie die Kapellen des Chorumgangs.

Der Nürnberger Arzt schildert nicht nur die Äußerlichkeiten, sondern detailliert auch eine Prozession am 16. Dezember (bei welcher der *botafumeiro*, das große Rauchfaß, benützt wurde). Außerdem legte er angeblich ein Verzeichnis der Reliquien an. Trotz humanistischer Studien bleibt eine gewisse Gutgläubigkeit, denn Münzer schreibt, die Kathedrale sei durch Karl den Großen errichtet worden, der die Beute aus seinen Siegen über die Sarazenen gestiftet habe. Für diese Formulierung stand offensichtlich die aus dem „Jakobsbuch" kopierte Fassung der „Historia Turpini" Pate; um diesen Text zu erhalten, war Münzer sogar einige Tage länger in Santiago geblieben. Danach hebt er hervor, wie weitere weltliche Herrscher die Kathedrale begünstigten: Der König von Kastilien habe sie prächtig ausgeschmückt, König Ludwig von Frankreich drei Glocken gestiftet. Kritik übt Münzer an den Kanonikern: Sie sängen die kanonischen Horen zwar im Chorraum, doch gehe es ihnen vor allem um die Einnahmen.

Dann bietet er Einblicke in das Verhalten vieler Pilger: „Dauernd ist ein solches Volksgeschrei in der Kirche, daß man sich auf einem Marktplatz wähnt. Mäßig ist da die Ehrfurcht. Der heilige Apostel wäre es wert, daß man ihn mit größerem Respekt verehrt. Man glaubt, daß er mit seinen zwei Schülern unter dem Hochaltar beerdigt ist, einer zu seiner Rechten und der andere zu seiner Linken. Niemand hat seinen Leichnam gesehen, nicht einmal der kastilische König, als er im Jahr des Herrn 1487 dort zu Besuch war. Nur durch den Glauben, der uns Menschen rettet, nehmen wir [dies] an." Ob dieser Satz den gläubigen Menschen oder den etwas ironi-

Das Motiv des von Jakob Villinger, dem Schatzkanzler Kaiser Maximilians I.; für das Freiburger Münster gestifteten Fensters zeigt einen Devotionalienstand vor der Kathedrale in Santiago de Compostela (Anfang 16. Jahrhundert).

schen, schon neuzeitlichen Skeptiker charakterisiert, ist nicht ganz klar; jedenfalls bleibt beim Leser ein durchaus zwiespältiger Eindruck zurück.

Auch Sebald Örtel stammte aus einer bedeutenden Nürnberger Familie. Er brach am 23. August 1521 nach Santiago de Compostela auf. Durch Franken und Oberschwaben reiste er nach Südwesten. Die kaufmännische Praxis war ihm schon in Fleisch und Blut übergegangen, denn er listete seine Ausgaben fast buchhalterisch auf. Auch Reliquien und Heiligtümer verzeichnete er sorgfältig. Für die Strecke von León nach Santiago benutzte Örtel statt seines Pferdes einen Esel, was nicht nur auf die landschaftlichen Voraussetzungen, sondern auch auf den Zustand der Wege verweist. Für die Strecke brauchte er gut zwei Monate, obwohl auch er ein paarmal einen Umweg einschlug. Zu Compostela heißt es lapidar: „... verzerten wir 2 Ducaten. Und ich lis für 1 Ducaten meß lessen vnd gab eim armen Teuschen Weber 1 Ducaten, daß er aus der gefengnus kam." Bei den „Sehenswürdigkeiten" preist Örtel das Spital der Katholischen Könige als besonders schön. Zurück reiste er über Portugal, Mérida und Katalonien.

Örtels kurze Schrift – eher Notizen als ein Bericht – unterscheidet sich in vielem von den anderen Texten: Er verzeichnet Meilen und Ausgaben genau, hebt zuweilen sogar das eine oder andere Kunstwerk hervor; insgesamt sind seine Zeilen aber ausgesprochen spröde zu lesen. Nach seiner Spanien- und Compostela-Reise heiratete er am 11. Februar 1522 die Tochter des Hans von Ploben und der Barbara Hallerin, Anna von Ploben. Compostela besuchte er vor der Heirat, wobei sich über die Bedeutung dieses Zeitpunkts nur spekulieren läßt; er ist zwar auffällig, eine sichere Interpretation aber kaum möglich.

Bieten die vier Zeugnisse einen Einblick in die Wirklichkeit der Compostela-Fahrt im 15. Jahrhundert? Nur bedingt. Es mag sich jedoch lohnen, vergleichend nach dem Selbstverständnis der Reisenden zu fragen und über ihre Beschreibung des Pilgerorts nachzudenken. Inwieweit bildete er einen Höhepunkt? Zeichnete sich vielleicht sogar gleichzeitig eine Krise ab?

Sieht man von Örtel ab, so wurden die Berichte zunehmend ausführlicher, häufig betraf dies aber nicht die eigentliche Welt der Pilger. Immerhin skizziert Tetzel relativ ausführlich die Jakobus-Traditionen, nennt auch die heiligen Stätten Santiagos. Münzer ergänzt dies, doch sein Blickwinkel erscheint anders. Er war, wie gesagt, mit den gelehrten Zirkeln Nürnbergs vertraut. Der äußerst interessante Bericht über seine Reise durch Westeuropa ist folglich immer wieder von geographisch-kosmographischen Interessen geprägt. Ihm geht es geradezu um einen Beitrag zur Vermessung und Beschreibung der bereisten Länder, nicht nur im iberischen Nordwesten. Deshalb erstaunt es nicht, daß er über die Flüsse in der Nähe Santiagos schreibt; auch sein Interesse an Details der Landwirtschaft gehört in diesen Zusammenhang. Bewohner, Würdenträger, Gebräuche und Riten werden in die Beschreibung einbezogen, Domkapitel, Prozessionen, Bestattungen zum Thema. Vielleicht wurde den Autoren auch zunehmend bewußt, was die Leser von einem Text erwarteten, der das literarische Genre Reisebericht vertritt. Wie die knappen Notizen des Kaufmanns Örtel zeigen, blieben Vorbildung und berufliche Voraussetzungen allerdings weiterhin mit bestimmend.

Die romanische Kapelle von Saint-Surin (Département Charente) liegt am Jakobsweg nach Santiago (9. Jahrhundert). Ein Stein in der Kirche zeigt eine typische Pilgerflasche.

Ein Reiseziel wie jedes andere auch?

Der Pilgerort Santiago scheint bei allen Autoren fast entspiritualisiert. Aus der Wallfahrt zum verehrungswürdigen Grab des Apostels Jakobus des Älteren wird allmählich eine Reise, die sich von Reisen zu nicht geistlich geprägten Zielen kaum noch unterscheidet, so jedenfalls der Eindruck nach der Lektüre dieser Schriften. Santiago erscheint als Etappe adliger Kavalierstouren, ein nüchtern beschriebenes, aber eher zweitrangiges Zentrum geistlicher und auch weltlicher Macht; darüber hinaus ist es Objekt für geographisch-ethnographische Interessen wie viele andere auch. Die Aufhängung der Wappen im Rieter-Bericht, die in verschiedenen Schriften genannten Empfehlungsschreiben, die Empfänge bei Hof, die Dolmetscher und Herolde zeigen, daß die Autoren sich vor allem auf einer Adelsreise befanden; Compostela war dabei eher Beiprogramm. Dies galt teilweise auch für Patrizier aus Nürnberg, die Adelsideale gleichsam imitierten. Allerdings scheint sich ein Humanist wie Münzer von kaufmännisch geprägten Pilgern wie Örtel unterschieden zu haben. Das Motivknäuel der Reisenden/Pilger ist also groß: Zu adliger Repräsentation traten politisch-diplomatische Missionen, kommerzielle Absichten (die mit dem Zeitalter der sogenannten Entdeckungsfahrten noch zunahmen) sowie kosmographisch-wissenschaftliche Interessen. Damit erscheint der Besuch des Pilgerorts Compostela in einem anderen Licht, als wir es heute vermuten würden. Dabei wäre weiter zu fragen, inwieweit sich Erlebnis und Bericht unterscheiden, denn die Aufzeichnungen wurden ja mit einer gewissen Absicht niedergeschrieben, teilweise vielleicht sogar mit Rücksicht auf das Publikum verfaßt.

Keiner der vier Reisenden hat den heiligen Jakobus an seinem Grab verehrt. Oder wurde dies nur in den Berichten verschwiegen? Jedenfalls läßt kein Autor erkennen, daß er am Ziel (bzw. einem der Teilziele) seiner Reise von der Gegenwart des Heiligen innerlich erfaßt worden sei. Keiner erwähnt, daß er an einem Gottesdienst teilgenommen und die Sakramente empfangen habe. Alle vier berichten gar nicht oder distanziert vom Besuch am Grab des Heiligen. Die Schweizer Historikerin Ur-

Der Holzschnitt von Michael Wolgemut zeigt eine Prozession von Pilgern in Santiago de Compostela (1491).

sula Ganz-Blättler sprach in diesem Zusammenhang von einer gewissen „Sprödigkeit der Aussagen zum Pilgerziel Santiago de Compostela ... in Reiseberichten des 15. und 16. Jahrhunderts". Dagegen hat der Germanist Volker Honemann geltend gemacht, daß den Autoren eine literarische Prägung oder entsprechende Ausbildung schlicht fehlten: Als ungeschulte Autoren hätten sie solche bewegenden Momente kaum in Worte fassen können. Differenziert hätten die Autoren ihre Empfindungen beim Anblick des Heiligen am ehesten formulieren können, wenn sie die mystische Literatur vor allem des 14. und 15. Jahrhunderts gekannt hätten. Dies darf man in der Regel allerdings nicht voraussetzen. Allenfalls Kleriker wie der Ulmer Felix Fabri (siehe dazu den Artikel von Peter Thorau) brachten derartige Kenntnisse mit; bei ihm ist folglich über den Reisebericht hinaus auch die „Sion-Pilgerin" interessant, in der er Nonnen im Geist auf den Weg nach Jerusalem, Rom und Santiago mitgenommen hat.

Die hier vorgestellten Berichterstatter hatten einen anderen Auftrag und andere Anliegen. Tetzel sollte einen möglichst getreuen Reisebericht liefern, Münzer interessierten geographische Details, manche Texte sollten zudem anderen Reisenden als Handbuch dienen oder waren zur Lektüre in der eigenen Familie bestimmt. Aspekte des Pilgerns rangierten da nur unter anderen. Dazu paßt, daß keiner der Berichte Wunder, Heilungen oder sonstige übernatürliche Zeichen am Grab des Apostels erwähnt, ebensowenig Pilgermassen. Mehr oder minder offen äußern sie Kritik. Über die Nürnberger Reiseberichte hinaus gilt dies etwa für die Notizen des Rheinländers Arnold von Harff, der sich 1498 sogar mit den Wächtern des Jakobsgrabs anlegte. Kündigt die Kritik an Pilgerfahrt und Reliquienkult schon die Reformation an? Münzer betont in seiner Beschreibung, daß, wie man sage, in Santiago der vollständige Leib des heiligen Jakobus des Älteren, des Sohns des Zebedäus und Bruders des Evangelisten Johannes, ruhe; sein Kommentar zur Präsenz des Apostelleichnams – „sola fide credimus" (nur im Glauben glauben wir) – neutralisiert vielleicht die eigenen Zweifel an der Echtheit der Reliquien (die er nicht mit eigenen Augen gesehen hat).

Da viele Berichte des ausgehenden 15. und beginnenden 16. Jahrhunderts nichts von Reliquien und Wundern erzählen, ist sogar vor wenigen Jahren die These vertreten worden, das Jakobus-Grab habe damals an Attraktivität verloren. Lag dies daran, daß man im 15. Jahrhundert Pilgerorte vor allem wegen des Ablasses aufsuchte, nicht wegen der Reliquien? Die Überlegung ist bedenkenswert, doch ist dann zu fragen, warum die meisten Reisenden die Reliquien dennoch sehen wollten – ob in Toulouse, in Santiago oder anderswo.

Der Schrein des Apostels Jakobus in der Krypta der Kathedrale in Santiago stammt vom Ende des 19. Jahrhunderts.

Nicht der wahre Jakob

Tatsächlich scheinen sich am Vorabend der Reformation verschiedene Tendenzen zu überlagern: Es gab eine zunehmende Ablaßfrömmigkeit (davon vermitteln auch Heilige Jahre in Compostela einen

Die straf zu sant Jacob in warheit gantz erfaren.

Ein Pilger betet zum heiligen Jakob (Holzschnitt aus Hermann Künigs Reiseführer, Ausgabe um 1500).

Prof. Dr. Klaus Herbers, geb. 1951, lehrt mittelalterliche Geschichte an der Universität Erlangen-Nürnberg.

Eindruck); Santiago wurde nicht nur von einigen wenigen Pilgern besucht (was der Pilgerführer des Hermann Künig deutlich macht); darüber hinaus gab es Tendenzen zur Verinnerlichung und zur Neufassung der Pilgeridee (so bei dem schon genannten Felix Fabri, ganz ähnlich der süddeutsche Prediger Geiler von Kaysersberg).

Aber auch die Kritik am Pilgerwesen war nichts Neues. Gehört diese nicht vielmehr in die schon traditionsreiche, bis heute nicht abreißende, fast topische Kritik an (Amts-)Kirche und Klerus, die Traditionen einer allgemeinen Kritik am Pilgern überhaupt aufgreift und betont, welche anderen guten Möglichkeiten es gebe, Gott näherzukommen? Es ließe sich leicht eine Tradition von Gregor von Nyssa über karolingische Kritiker wie Claudius von Turin zu den spätmittelalterlichen Kritikern ziehen, von denen Erasmus von Rotterdam vielleicht einer der beißendsten war. Auch blieb Pilgerkritik gleichzeitig immer Kritik an betrügerischen Wirten und den Gefahren des Weges für Leib und Seele.

Wie immer man diese verschiedenen Tendenzen im einzelnen interpretiert, man wird sie nicht im Sinn einer Entwicklungslogik interpretieren können; manches bestand durchaus parallel. Zudem trugen die Voraussetzungen der Reisenden und unterschiedliche literarische Traditionen zu dem vielfältigen Bild bei. Pilgern zu einem weitentfernten Ziel konnte um 1500 tatsächlich in vielem anders aussehen als im frühen und hohen Mittelalter, und je nach Person, Stand und Ziel der Gesamtreise war es deutlich variationsreicher als bisher meist angenommen. Dabei spielten im späten Mittelalter Reliquien, Wunder und Ablaß je nach Pilger eine unterschiedliche Rolle.

Als Sebald Örtel nach Compostela reiste und in Toulouse Reliquien von Aposteln sah, darunter von Jakobus dem Älteren, mag ihn dies – wie andere Pilger auch – stutzig gemacht haben. Das neue apostolische Reliquienprogramm, das in Toulouse vor allem im 15. Jahrhundert aufgebaut wurde, sollte denn auch schon bald zu der Redensart führen: „Das ist nicht der wahre Jakob." Die Jakobus-Reliquien in Toulouse erwähnte auch Martin Luther, der der Pilgerfahrt nach Compostela den Kampf angesagt hatte und die Abschaffung aller Pilgerei forderte. Aber es zeigt nur, wie wichtig offensichtlich zu seiner Zeit die Compostela-Fahrt noch war, wenn er das Argument der zusätzlichen Jakobus-Reliquien in Toulouse aufgreift und zum spanischen Jakobus-Kult bemerkt: „Wie er in Hispaniam kommen ist gen Compostel, da die groß walfahrt hin ist, da haben wir nu nichts gewiß von dem: etlich sagen, er lig in Frankreich zuo Thalosa, aber sy seind jrer sach auch nit gewiß. Darumb laß man sy ligen und lauff nit dahin, dann man waißt nit ob sant Jacob oder ain todter hund oder ein todts roß da liegt, ... laß raisen wer da wil, bleib du dahaim."

Der Reformator hat langfristig nicht recht behalten, denn heute bleiben immer weniger Pilger daheim, und selbst evangelische Christen machen sich gerade in den letzten Jahren wieder zunehmend auf den Weg nach Santiago de Compostela, das offensichtlich nach wie vor – auch wegen der historischen Traditionen seit den ersten Anfängen im 9./10. Jahrhundert – eine fast magische Anziehungskraft auszuüben scheint.

Einer wärmt den anderen

Norbert Ohler

Pilgerwege und Herbergen

Pilger waren darauf angewiesen, daß sie am Heimatort, unterwegs und am Zielort Unterstützung fanden. Nach dem Verständnis der Zeit bedurften sie vor allem der Fürsprache der Heiligen und der Hilfe Gottes; denn anders als profane Reisende zogen sie nicht um des materiellen Gewinns oder der Karriere willen über Land und See, sondern himmlischen Lohnes wegen, nicht selten jahrelang.

Karge Auskünfte

„Alle Wege führen nach Rom." Einer, der das Aufkommen dieser Redensart gefördert hat, war Albert, im 13. Jahrhundert Abt des Klosters Sankt Marien in Stade bei Hamburg. Er verfaßte eine Weltchronik und fügte darin Wegbeschreibungen für Rom-Pilger ein. Für die Rückreise gab er den Lesern einen ausgesprochen menschenfreundlichen Rat mit auf den Weg: „Hast du Basel erreicht, solltest du deinen Füßen Gutes tun: Besteige ein Schiff und fahre rheinabwärts bis nach Köln." Andere Angaben sind nicht so konkret; offenbar hielt er es für überflüssig, alles aufzuschreiben, was für das Gelingen einer Pilgerfahrt getan werden mußte. Gilt das nicht auch heute? Selbst ein fleißiger Chronist wird sich kaum äußern zu Reisekleidung, Beleuchtung der Straßenbahn, Getränkeautomat im Bahnhof, Heizung im Zug, Kerosinverbrauch des Flugzeugs ...

Von den meisten Pilgerfahrten des Mittelalters erfahren wir nichts. Am ehesten ist mit Nachrichten zu rechnen, wenn ein „Großer" eine solche Fahrt unternommen hat oder Außergewöhnliches vorgefallen ist. Da die Quellen immer nur Teilaspekte unseres Themas erkennen lassen, schöpft die folgende Darstellung aus einer Vielzahl mittelalterlicher Wallfahrts- und Reiseberichte; einbezogen wurden Ergebnisse der Siedlungsforschung, der historischen Geographie und anderer Nachbardisziplinen des Historikers.

Kulturlandschaften – ausgesprochen pilgerfreundlich

Auf den Wegen nach Rom, die Albert von Stade beschreibt, reisten Pilger vorwiegend durch fruchtbare Gegenden, in denen ein mildes Klima vom Frühling bis in den Herbst das Unterwegssein begünstigte. Zudem führte der Weg durch von Natur aus gegliederte Landstriche, in denen Flüsse einluden, ihrem Lauf zu folgen oder gar bequem mit dem Schiff zu reisen.

Dazu kamen Leistungen, die Unbekannte seit grauer Vorzeit erbracht hatten. Bauern, Jäger und Hirten hatten das Land so ausgebaut, daß Menschen auf Dauer darin leben konnten. Personengruppen, die sich durch Belastbarkeit und Risikobereitschaft auszeichneten, hatten sich seit dem Frühmittelalter als Pioniere des Reisens betätigt. Während Kaufleute im allgemeinen gesund heimkehren wollten, haben Missionare und Pilger oft sogar ihr Leben eingesetzt. Sollten sie umkommen, während sie durch menschenfeindliche Wälder begehbare Pfade, durch reißende Flüsse sichere Furten suchten, würde Gott,

Was vor dem Aufbruch zu einer Pilgerfahrt getan werden mußte, zeigt Geiler von Kaysersberg 1499: Geldwechseln, Ausrüstung einkaufen, Testament verfassen, Beichte ablegen.

zu dessen Ehre sie die Reise angetreten hatten, sie in sein Reich aufnehmen.

Abertausende meist unbekannter Menschen hatten Gehöfte, Weiler und Dörfer, Einsiedeleien und Klöster entstehen lassen, hatten Burgen und Pfalzen, Märkte und Städte gegründet. Reisenden kam zugute, daß Siedlungen unterschiedlicher Art in geringem Abstand aufeinander folgten und daß ein immer dichteres Netz von Wegen die Orte untereinander verband. Infolgedessen hatten Pilger das jeweils nächste Ziel vor Augen, mußten sich nicht mit großen Trinkwasservorräten belasten und fanden im Notfall Hilfe. Wurden sie von der Dunkelheit überrascht, mochte das Bellen eines Hundes ihnen den Weg zu Menschen weisen. Auch kleinere Orte hatten im 13. Jahrhundert eine Kirche, deren Glocken morgens, mittags und abends läuteten, zusätzlich bei Schneetreiben und Nebel; so blieb mancher vor dem Verirren bewahrt. Um Pilgern an einem vielbegangenen Weg nach Rom Orientierung durch sumpfiges Gelände zu geben, läutete man im Hospital von Altopascio in der Toskana bei Dunkelheit die ganze Nacht hindurch eine besondere Glocke, die „Smarrita", deren Name an den barmherzigen Samariter aus dem Lukas-Evangelium erinnert. Die „Gloriosa", die mehr als 500 Jahre alte Glocke des Erfurter Doms, ist bei günstigem Wind bis zu 20 Kilometer weit zu hören. Selbst wenn kein Laut den Weg wies, konnten Reisende aus Grenzsteinen, Wiesen, Feldern und Gärten auf die Nähe von Menschen schließen.

Vielfalt und Dichte der Siedlungen erklären sich auch mit dem Wachstum der Bevölkerung seit dem 10. Jahrhundert. Mit der Zahl der Menschen nahm die Sicherheit auf Weg und Steg zu. Allerdings führten seit der ersten Hälfte des 14. Jahrhunderts Mißernten, Kriege, Seuchen und vor allem die Große Pest (1347–1350) zu einem Rückgang der Bevölkerung und zur Aufgabe ungünstig gelegener Siedlungen. Infolgedessen hatten die Pilger längere Wege bis zur nächsten Siedlung, die ihnen Nahrung oder Unterkunft bieten konnte. Selbst bedeutende Wege führten – noch oder wieder – durch menschenleere

Gegenden. Pilgern, die aus ihrer Heimat allenfalls lichte Haine kannten, waren ausgedehnte Wälder unheimlich. Von einer menschenfressenden Hexe, die im Wald haust, erzählt das Märchen von Hänsel und Gretel; es ist zwar erst in der Neuzeit aufgezeichnet worden, spiegelt aber alte Ängste.

Welcher Vorzüge sich Reisende in Europa erfreuten, wurde einem Zeitgenossen Alberts in der Mongolei bewußt. Der Franziskaner Wilhelm von Rubruk sollte erkunden, ob die Mongolen für das Christentum und ein Bündnis gegen die Muslime zu gewinnen seien. Auf der Rückreise vom Hof des Mongolenkhans fiel Rubruk 1254 auf, daß er in zwei Monaten und zehn Tagen, das heißt auf mindestens 1000 Kilometern, keine Spur eines Gebäudes gesehen hatte.

Ohne Land- und Wasserwege keine Pilgerfahrt

Die Bezeichnung Straße – aus spätlateinisch (*via*) *strata* von *spernere*, ausbreiten – verweist darauf, daß man Material ausbreitete und befestigte, um Mensch, Tier und Gefährt ein besseres Vorankommen zu ermöglichen. In der Blütezeit des Römischen Reichs hatte es gepflasterte Straßen gegeben, im Mittelalter begnügte man sich im allgemeinen mit festgetretenen Wegen. Wenn möglich, verliefen diese nicht auf der von Flußschlingen durchzogenen Talsohle, sondern auf dem Hochufer, sicher vor Hochwasser und fern von ungesunden stehenden Gewässern. Alte Straßen schmiegen sich noch heute an den Fuß von Apennin (Via Emilia; Piacenza – Rimini), Schwarzwald, Vogesen und anderen Gebirgen.

Über die Breite entschied die Funktion. Die königlichen Straßen sollten in der Ebene etwa fünf Meter breit sein, damit Wagen einander ausweichen könnten; für einen Karrenweg genügten 2,5 Meter, für einen Fußweg weniger als ein Meter; der Pfad bot einem Fußgänger oder Reiter gerade ausreichend Platz. Im Gebirge waren Straßen etwa 2,7 Meter breit, für Träger und Packtiere geeignete Saumpfade nicht mehr als eineinhalb Meter. Pilgern kam die Vielfalt von Wegen zugute; galt einer als unsicher oder unbegehbar, wichen sie aus.

Gut ausgebaut waren in der Regel nur kurze Streckenabschnitte. So hatte Bischof Benno von Osnabrück (um 1020 – 1088) „durch einige Sümpfe, deren es in diesen Gegenden viele gibt, trockene und schön geebnete Reisewege" anlegen lassen. Doch blieben die meisten Landwege bis in die Neuzeit mangelhaft. Bei Regen liefen Schlaglöcher voll Wasser; Staub verwandelte sich in Matsch, und abschüssige Hohlwege glichen reißenden Bächen. Oft eröffneten Fußreisende und Reiter neue Wege parallel zur Straße oder wählten steile Abkürzungen. Doch trotz vieler Unzulänglichkeiten sind „die Großen" rechtzeitig zum Reichstag erschienen; und Pilger hielten sich an bewährte Pläne für das Marschieren, Rasten und Übernachten, um pünktlich zum Hochfest des von ihnen verehrten Heiligen am Wallfahrtsort einzutreffen.

Furten und Fähren, Stege und Brücken – alles andere als selbstverständlich

Wasserläufe waren nur mühsam zu überqueren. Über Bäche führte vielleicht ein Baumstamm; mancher Fluß mußte durchwatet werden; immerhin war der Zugang häufig benutzter Furten mit Steinen oder Holz befestigt. Da nach Unwettern selbst Rinnsale zu ernsten Hindernissen anschwellen konnten, mußte oft ein Seil über

Johannes Gerson sah den Christen als Pilger auf Erden (Holzschnitt zu einem seiner Werke, 1489).

Der bretonische Fürstensohn Jodokus soll sich im 7. Jahrhundert durch Flucht der Thronbesteigung entzogen haben. Er wurde Mönch, schloß sich Pilgern an und gründete eine Einsiedelei, aus der die Abtei St.-Josse-sur-Mer (bei Boulogne) hervorging. Häufig wird Jodokus zusammen mit Jakobus dem Älteren verehrt. Auf dem Altarflügel oben hält er die Reisepapiere eines Pilgers in der Hand (um 1500–1540).

das Gewässer gespannt werden. Die Einrichtung einer Fähre lohnte sich erst, wenn so viele Menschen unterwegs waren, daß der Fährmann und seine Familie von den Einnahmen leben konnten. Ortsnamen mit -bac und -gué in Frankreich, -furt und -förde in Deutschland, -ford in England zeigen an, wie oft an einer Fähre oder Furt eine Siedlung aufblühte. Weniger gefährlich war die Überquerung eines Flusses, wenn eine Insel die Wassermassen teilte; später erleichterte sie den Brückenbau. Solche Inseln finden sich in Breslau, Hamburg, Magdeburg, Paris, Prag und Regensburg; in Köln ist der Rheinarm zwischen Insel und Stadt verlandet und später überbaut worden.

Legenden zeigen, was Flußübergänge bedeuteten. Christophorus trug Fremde durch einen Fluß; eines Tages erkannte er, daß er Jesus, den Herrn der Welt, geschultert hatte. Julian, der unwissentlich seine Eltern erschlagen hatte, sühnte die Tat durch selbstlosen Einsatz an einem Flußübergang. Oft reichte dem Fährmann das Wasser nicht nur bis zu den Waden, wie Anhänger von Autoschlüsseln mit dem Bild des Christophorus glauben machen, sondern bis zur Hüfte, stellenweise gar bis über den Scheitel.

Die Quellen berichten seltener von Menschen, die täglich ihre Pflicht tun, eher von Untaten, Katastrophen, wunderbarer Rettung. Die Anno-Mirakel (um 1185) erzählen, wie eine rheinische Pilgerin auf der Rückreise von Santiago de Compostela zu einer Rhône-Fähre kam. Deren Betreiber ließen 400 Männer und Frauen, Pferde, Maultiere und Esel einsteigen. Als das Boot „mühsam inmitten des reißenden Stromes dahersegelte", brachte Gegenwind es zum Kentern. Einzig die Rheinländerin kam mit dem Leben davon – wie sie meinte, dank der Fürsprache des Kölner Erzbischofs Anno, der als heilig verehrt wurde. Der Autor der Anno-Mirakel bezichtigt die Fährleute der „Nachlässigkeit oder Habsucht". Flußfähren müssen quer zur Strömung fahren, und ein überladenes Schiff ist bei kräftiger Strömung schwer zu lenken und daher doppelt bedroht. Fährleute standen in einem schlechten Ruf, weil man sich ihnen auf Gedeih und Verderb ausliefern mußte. Ein Pilgerführer nach Santiago (12. Jahrhundert) behauptet, in den Pyrenäen hätten Fährleute Wallfahrer brutal behandelt; skrupellos hätten andere Übeltäter sich die hübsche Frau eines armen Pilgers als Fährlohn genommen.

Die Römer hatten sich auch auf den Bau von Brücken verstanden; die Römerbrücke in Trier ist mit ihren tragenden Teilen noch heute dem Verkehr gewachsen. Im Mittelalter fehlte es oft an den Mitteln, um solche Werke zu errichten oder zu unterhalten. Das änderte sich ein wenig vom 11. Jahrhundert an. So wird die 1135 bis 1146 erbaute Steinerne Brücke in Regensburg noch heute von Fußgängern und Kraftfahrzeugen genutzt. Es waren nicht nur wirtschaftliche und militärische Erwägungen, die zur Errichtung kostspieliger Brücken führten. Vielmehr galt Brückenbau als ein Werk der Barmherzigkeit, nicht anders als der Fährdienst, die Beherbergung Fremder und der Loskauf Gefangener. Zu der Zeit, da die in den Anno-Mirakeln erwähnte Frau beinahe ertrunken wäre, wurden – nicht weit von jenem Unglücksort entfernt – Steinbrücken über den Gers gebaut. Ausdrücklich wird festgehalten, man habe bei Hochwasser Leben retten wollen. Mit Spenden zugunsten eines Brückenbaus konnte man für das Heil seiner Seele sorgen, nicht anders, als hätte man Messen gehört oder liturgisches Gerät gestiftet.

Zu den nicht gerade zahlreichen Laien, die von der Kirche kanonisiert wurden, gehören zwei Brückenbauer. Ein gewisser Domingo de la Calzada (gest. 1109) erbaute für Pilger, die nach Santiago unterwegs waren, Brücke und Herberge. Ein mittelloser Mann namens Bénézet (*Benedictulus*, Kleiner Benedikt), der bis dahin die Schafe seiner Mutter gehütet hatte, sah sich eines Tages in einer Vision aufgefordert, bei Avignon eine Brücke über die Rhône zu errichten. Zuerst versuchte Bénézet, sich gegen die übergroße Aufgabe zu sperren; dann überwand er mit Hilfe eines Gottesurteils Spott und Widerstände kirchlicher und weltlicher Großer. Freunde, Förderer und Gönner ließen sich begeistern und gründeten eine Bruderschaft, die das Werk betreute. Der 1185 fertiggestellte Pont d'Avignon hat die Menschen beeindruckt wegen seiner Größe und der Bauzeit von nur elf Jahren. 22 Bogen überspannten den Strom, davon stehen seit einem Hochwasser 1669 nur noch vier.

Das Hochgebirge – keine ernsthafte Barriere

Obwohl die Alpen und die Pyrenäen sich wie Riegel vor Reisenden auftürmen, verdienen die meisten Gebirgsübergänge nach Meinung von Reisenden und Chronisten keine besondere Erwähnung. Dabei drohen in Lagen über 1500 Metern Höhe plötzlicher Wetterumschlag mit Nebel, Sturm, Hagel, Kälte und Schnee. Die Füße fanden um so schlechter Halt, je unzureichender das Schuhwerk war; unzweckmäßige Kleidung konnte zu Unterkühlung und Erfrierungen führen. Mehr noch als sonst waren Pilger im Gebirge auf Hilfe angewiesen. Fügte ein Landeskundiger ein paar Steine zu einer Art Pyramide zusammen, wie man sie noch heute im Hochgebirge sieht, tat er ein Werk der Barmherzigkeit; es konnte Nachfolgende vor Verirren und Tod bewahren.

Doch zeigt die Natur sich in den Alpen nicht nur als Feind. Je nach Lage ist das Gebirge siedlungsabweisend *und* siedlungsgünstig, dem Verkehr förderlich *und* hinderlich. Es gibt im allgemeinen ausreichend Trinkwasser; da Getreide noch in großen Höhen zur Reife kam, wurden Dauersiedlungen in Höhen von mehr als 2000 Metern möglich (im übrigen Europa selten oberhalb von 1200 Metern). Seen begünstigen Siedlung, Fischfang und Verkehr. Der Lago Maggiore und der Gardasee sind etwa 50 Kilometer lang und erstrecken sich weit in das Gebirge hinein; an ihren Ufern bieten sie günstige Bedingungen für den Anbau von Südfrüchten. Als wollte die Natur den Pilger vor oder nach dem strapaziösen Paßübergang in lieblicher Umgebung verwöhnen, konnte er auf Booten eine längere Strecke geruhsam in wenigen Stunden zurücklegen, für die er zu Land unter Mühen einen Tag gebraucht hätte.

Eine Kehrseite gab es allerdings: Unübersichtliches Gelände begünstigte das Bandenwesen. Im 9. und 10. Jahrhundert durchstreiften Sarazenen von Fraxinetum (einem Räubernest nicht weit von Nizza entfernt) aus plündernd, brennend und mordend das Rhône-Tal und Burgund. Ein Chronist klagt: Sie „vergossen das Blut von Christen und Wallfahrern, die zu den Schwellen der Apostel Peter und Paul strebten".

Je mehr Menschen über die Alpen zogen, desto dringender war es, für Unterkünfte zu sorgen; denn weit mehr als im Flachland hing das Leben Reisender davon ab, daß sie eine Herberge fanden. Im Lauf des Mittelalters wurden am Fuße von Pässen Klöster und Hospize gegründet. Eines dieser Hospize geht auf die Initiative eines Findelkinds zurück. Heinrich, Schweineknecht auf einer Burg unweit des Arlberg-Passes, erfuhr, wie Reisende zu Tode kamen. In einem Druck aus dem Jahr 1647 heißt es: „Da bracht man vil Leuth, die waren auff dem Arlberg verdorben, den hetten die Vögel die Augen auß- und die Kehlen abgefressen. Das erbarmet mich Heinrich Findelkind so übel." 15 Gulden, jahrelang vom Lohn

Vor dem Aufbruch brachten Pilger ihre Kostbarkeiten an einen sicheren Ort (französische Buchmalerei von 1450).

erspart, bot Heinrich als Grundstock für den Bau einer Herberge auf der Paßhöhe an. Doch die Verantwortlichen vor Ort zeigten ihm die kalte Schulter. Daraufhin wandte er sich an Herzog Leopold von Österreich – und hatte Erfolg. Leopold kannte den Paß und räumte freimütig ein, daß von einfältigen Leuten „viel guter Ding angevangen worden ist". Er erlaubte den Bau des Hospizes, empfahl Heinrich dem Schutz seiner Beamten und bat alle, die diesen Paß überquerten, das Vorhaben zu fördern.

Im Sommer 1386 wurde der Grundstein zu dem Hospiz gelegt; im Lauf der Jahre kamen Wirtschaftsgebäude, eine Kapelle und ein Friedhof hinzu. Die Kapelle wurde dem heiligen Christophorus anvertraut, einem Schutzpatron der Reisenden. Wie Spitäler und Hospize andernorts wurde auch die Gründung auf dem Arlberg institutionell abgesichert. Eine Sankt-Christophorus-Bruderschaft sollte mit Almosen die „ellenden Herberg da man inbeherbergt arm und reich" unterstützen. Wenn Heinrich und ein gewisser Ulrich von Sankt Gallen, der sich ihm angeschlossen hatte, ihrer Aufgabe nicht

mehr nachkommen könnten, sollte die Bruderschaft das Hospiz tragen.

An Winterabenden gingen Heinrich und Ulrich aus dem Haus, Windlichter und lange Stäbe in den Händen. Um im lockeren Schnee nicht einzusinken, befestigten sie ovale, mit Schnüren überspannte Holzreifen an den Schuhen, mit denen sie Sichtmarken in den Schnee zeichneten. Im ersten Winter sollen Heinrich und Ulrich sieben, im Lauf der ersten sieben Jahre 50 Menschen vor dem Tod gerettet haben – beides heilige Zahlen. Nur der Friedhof verrät, daß Menschen trotz des Hilfsangebots erfroren oder zu Tode gestürzt sind.

Das Sankt-Christophorus-Hospiz spiegelt europäische Geschichte. Infolge von Unglück oder Krieg

Der heilige Christophorus (Bernardo Daddi, 1340).

brannte es mehrmals ab, lag zeitweilig verlassen da und wurde wiederaufgebaut. Auch heute gibt es eine Sankt-Christophorus-Bruderschaft auf dem Arlberg. Zählte die mittelalterliche an erster Stelle die Herzöge von Österreich zu ihren Mitgliedern, so die gegenwärtige illustre Namen aus Gesellschaft, Kirche und Kultur, Politik und Wirtschaft.

So wenig Gepäck wie möglich, so viel wie nötig

Der in der Überschrift zitierte Grundsatz galt besonders für Fußreisende. Am leichtesten, dafür ungemein wertvoll, waren Empfehlungsschreiben. Sie konnten zu kostenloser Unterbringung, zu einer gedeckten Tafel und zum Erlaß lästiger Gebühren auf Fähren oder Brücken verhelfen. Eine Tasche barg Ausweis und Geld; mancher versteckte Goldmünzen im Gürtel oder zwischen den Schuhsohlen. Ein Messer trug man am Gürtel, den Löffel oft am Hut. Ein Sack – geschultert, doch längst nicht so bequem wie ein moderner Rucksack – barg weitere Habseligkeiten: Kleidung, ein Paar Sohlen, Becher, Netz oder Angelschnur... Mit Brot und Käse ließ sich der Bedarf an Kohlenhydraten, Fett und Eiweiß decken; wenn nötig, füllte man Trinkwasser in einen ausgehöhlten Kürbis, eine Tierblase, einen Krug oder eine Flasche; größere Mengen führte man in Lederschläuchen mit.

Unentbehrlich war der lange, oft ärmellose Mantel; er schützte gegen Regen und Kälte, nachts diente er als Decke. Der breitkrempige Hut schirmte das Gesicht gegen die Sonne und sorgte dafür, daß der Regen nicht in den Nacken lief. Derbe Schuhe sollten eingelaufen sein; doch waren viele barfuß unterwegs – aus Armut, zur Buße oder weil das Schuhwerk bei Hitze unerträglich war. Der Stab, der zwischen zwei Knäufen glatt in der Hand lief, bot Halt im Gebirge und beim Durchwaten von Gewässern; mit ihm erwehrte man sich bösartiger Tiere. Man sollte allerdings das Recht des durchquerten Landes kennen; denn ein mit einer Metallspitze bewehrter Stab konnte als unerlaubte Waffe angesehen werden und einem eine Galeerenstrafe eintragen.

Zu Fuß, hoch zu Roß, im Wagen und in der Sänfte

Die meisten Pilger legten den größten Teil des Weges *per pedes apostolorum* zurück, demütig zu Fuß wie die Apostel. Noch in den ersten Jahrzehnten des 19. Jahrhunderts konnten die meisten Reisenden sich nichts Besseres erlauben. Leistungen von 40 Kilometern pro Tag darf man nicht als Regelfall nehmen. Wer über Wochen durchschnittlich 20 Kilometer pro Tag schaffte (Reiter 35 bis 40 Kilometer) – Ruhetage und unfreiwillige Aufenthalte als Folge von Krankheit, Hochwasser oder ähnlichen Unbilden eingeschlossen –, durfte mit sich zufrieden sein.

Der vornehme weltliche oder kirchliche Herr ritt, von Ausnahmen abgesehen, auf Pferd oder Maultier. Ein Kapitell in Autun (Burgund) zeigt den Pilgern als Vorbild die Heilige Familie auf der Flucht nach Ägypten. Josef führt den Esel, auf dem Maria, das Jesuskind im Arm, im Damensitz Platz genommen hat. So galt es als schicklich. Bis ins 20. Jahrhundert erregten Frauen Anstoß, wenn sie mit gespreizten Schenkeln auf einem Reittier saßen. Aber nicht jeder Frau, die zu reiten hatte, standen ein sanfter Zelter und ein holzversteifter Damensattel zur Verfügung. Zudem sind Pferd und Esel mit dosiertem Schenkeldruck viel besser zu lenken. Kam es auf Sicherheit an, ritt selbst die Königin im Herrensitz.

Mit einer Mischung aus Spott und Erbarmen berichtet ein Chronist des Ersten Kreuzzuges (1096–1099), welchen Illusionen sich manche Menschen hingegeben hatten, die als Pilger den Kreuzfahrern folgten. „Arme Leute beschlugen die Hufe ihrer Ochsen nach Art der Pferde mit Eisen, spannten sie vor zweirädrige Karren, luden darauf ihre winzigen Vorräte und ihre kleinen Kinder und zogen sie so hinter sich her, und sobald die kleinen Kinder ein Schloß oder eine Stadt erblickten, fragten sie eifrig, ob das jenes Jerusalem sei, zu dem sie auf dem Weg waren."

Wollte ein „Großer" trotz Gebrechlichkeit oder Krankheit in die Ferne pilgern, ließ er sich fahren oder tragen. Bischof Ulrich von Augsburg (890–973) reiste wiederholt nach Rom, zum erstenmal 909. In seiner Lebensbeschreibung heißt es: „Unterdessen war in ihm das Verlangen erwacht, die Gräber der heiligen Apostel Petrus und Paulus zu besuchen. Er gelangte dorthin und wurde vom Papst freundlich empfangen." Die Reise eines 19jährigen von Schwaben an den Tiber war also keiner großen Rede wert. Als gut 80jähriger brach Ulrich 971 oder 972 zum drittenmal auf, um „zum Heil seiner Seele die Gräber der Apostel Petrus und Paulus" zu besuchen. Diesmal erfahren wir mehr. Anfangs fuhr der Bischof auf einem Wagen. In den Alpen konnte er die Reise erst fortsetzen, als man ihm eine von Pferden getragene Sänfte improvisiert hatte. „Obwohl

Das Pilgerlied des heiligen Jakobus stammt aus dem 12. Jahrhundert.

das seinen Begleitern auf Schritt und Tritt gefährlich schien, gelangte er doch auf diese Weise mit Hilfe Gottes und des heiligen Apostels Petrus ohne Unglück nach Rom".

Relativ bequem fuhr man auf Karren, weil sich zwei Räder leichter als vier den Unebenheiten des Weges anpassen. Aus diesem Grund kam es auch seltener zum Bruch von Achse oder Rad. Längeres Fahren in einem vierrädrigen Wagen war dagegen eine Tortur; es verwundert nicht, daß man es vorzugsweise Menschen zumutete, die anders nicht reisen konnten oder sollten: Frauen, Alten, Kranken und gefesselten Verbrechern. Gedeckte Reisewagen, in der Antike bekannt, wurden in Europa erst seit dem Spätmittelalter wieder gebräuchlich. In der „Luxusklasse" hing der Wagenkasten an Riemen, so daß Stöße ein wenig aufgefangen wurden; ein Dach schützte vor Sonne und Regen, Fenster gaben den Ausblick frei. Stellmacher sahen sich allerdings noch lange einem Problem gegenüber, das nur schwer lösbar schien: Bei großen Rädern kippte das Gefährt eher um, bei kleinen holperte es von Schlagloch zu Schlagloch oder versank bis über die Achsen im Schlamm. Immerhin wurden wirksame Bremsen entwickelt, so daß die Fahrt bergab seltener in einer Katastrophe endete. Die lenkbare Vorderachse, die sich von der zweiten Hälfte des 15. Jahrhunderts an langsam durchsetzte, brachte einen weiteren Gewinn an Sicherheit. Mitte des 15. Jahrhunderts gab es sogar schon leichte vierrädrige Kutschen, die eigens für die Personenbeförderung gebaut worden waren. So gut es ging, waren sie gefedert. Alte oder kranke Pilger werden sich, wenn es möglich war, solcher Gefährte bedient haben.

Bequem und schnell – Pilger auf Wasserwegen

Ein dichtes Netz von Binnengewässern und die Nähe zum Meer kamen auch Pilgern zugute. Einbäume und Boote, Lastkähne und Flöße hatten geringen Tiefgang. Als schiffbar galten Gewässer ab 50 Zentimetern Tiefe – etwa die Ill zwischen Colmar und Straßburg, die wir kaum als Wasserstraße bezeichnen würden. Zwischen Nordsee und Mittelmeer waren annähernd 2000 Kilometer Wasserweg schiffbar: über den Rhein bis Waldshut/Koblenz, dann über die Aare, den Bieler und den Neuenburger See. Nach weiteren 30 Kilometern Landweg war der Genfer See erreicht; von Genf bis Lyon ging es etwa 140 Kilometer über Land, dann rhôneabwärts gen Süden. Wollte man nach Oberitalien, boten sich Fahrten über Rhein, Aare, Limmat, Zürich- und Walensee an. Jenseits der Pässe lockten die oberitalienischen Seen. Erholen mußte man sich freilich auch von der Fahrt in einem schmalen, schwankenden Kahn, in dem man kaum Bewegung hatte. Viele Pilger waren froh, wenn sie sich wenigstens auf dem Weg zu ihrem Nachtquartier die Füße vertreten konnten.

Niedrigwasser, Wasserscheiden und Stromschnellen brachten den Reisenden Zeitverlust, den Ansässigen aber guten Verdienst. Schaffhausen verdankt seinen Aufstieg nicht zuletzt der Tatsache, daß die Schiffe oberhalb des Rheinfalls anhalten mußten. Die Passagiere stiegen aus und gingen zu Fuß bis zur Anlegestelle unterhalb des Katarakts, wo andere Boote warteten.

Wieviel die Strömung den Reisenden nützte, läßt sich errechnen: Der Rhein fließt bei Straßburg 2,15 Meter in der Sekunde (Mittelwasser; heute); bei zwei Metern pro Sekunde kommt man auf fast 170 Kilometer in 24 Stunden. Wie oft dieser Wert erreicht wurde, muß offenbleiben. Flußaufwärts wurde gesegelt, gerudert, gestakt oder getreidelt. Beim Treideln zogen Tiere oder Menschen an Seilen das von einem Mann auf Kurs gehaltene Boot; Pferde mochten dabei auf 15 bis 20 Kilometer pro Tag kommen.

Nicht von ungefähr gab es zu Wasser früher als zu Land regelmäßigen Verkehr. So fuhren seit dem 15. Jahrhundert zur Messezeit Marktschiffe zwischen Frankfurt und Mainz; später wurde diese Linie nach Köln bzw. Worms und Straßburg verlängert. Als Landeplätze reichten vielerorts die Schuttkegel, die sich an Flußmündungen bilden. War das Schiff dort aufgelaufen, öffnete man am Bug eine Klappe, die das Aussteigen erleichterte. Kranke und alte Menschen wußten die Bequemlichkeit einer Flußreise zu schätzen, zumal wenn einfache Kajüten vor Wind und Wetter schützten. Ungefährlich war diese Art des Reisens jedoch nicht. Ströme änderten mit jedem Hochwasser ihren Lauf, so daß die Schiffer sich wieder und wieder der Fahrrinne und gefährlicher Untiefen vergewissern mußten. Ärgerlicher als Gefahren der Natur war auch bei der Schiffahrt das Tun und Lassen der Menschen. Konkurrierende Nutzungswünsche von Fischern, Müllern und Reisenden mußten austariert werden. Geistliche und weltliche Machthaber bewiesen Phantasie, wenn es darum ging, aus der Nutzung von Gewässern materiellen Gewinn zu ziehen.

Auf der Rückkehr von einer Pilgerschaft nach Rom sollen die heilige Ursula und ihre Gefährtinnen bei Köln getötet worden sein. Der Reliquienschrein von 1488/89 zeigt Rheinschiffe aus der Zeit des Malers Hans Memling.

109
Pilgerwege und Herbergen

Auf dem Altarbild rettet der heilige Dominikus (um 1170–1221) Pilger aus den Fluten der Garonne (aus der Abtei Santa Clara, Barcelona, 1410).

Für die Hochseeschiffahrt standen unterschiedliche Schiffstypen zur Verfügung, auf dem Mittelmeer nicht zuletzt die von Segel und Ruderknechten angetriebene Galeere. Die Geschwindigkeit von Segelschiffen schwankte zwischen negativen Werten (bei Gegenwind), Bewegungslosigkeit (bei Flaute) und bis zu 200 Kilometern in 24 Stunden (bei günstigem Wind). Doch war eine solche Leistung selten, denn man fuhr gern in Küstennähe oder von Insel zu Insel. So konnte man sich bei Sturm in den Windschatten einer Insel flüchten oder in einen Hafen, in dem sich auch Schäden an Bootskörper, Steuerruder oder Segel ausbessern ließen. An Land fand man frisches Trinkwasser, Nahrung und Feuerholz. Und ohne Gefahr für das Boot konnte man dort eine warme Mahlzeit bereiten. Wer an Land schlief, hatte zudem weniger über die morgens aufsteigende Kälte zu klagen. Unterbrochen wurden Seereisen auch für Pilger, etwa wenn diese unterwegs bestimmte Heilige ehren wollten.

Verglichen mit den Mitteln, die in den Bau von Schiffen gesteckt wurden, tat man lange Zeit wenig für die Infrastruktur. Mit der Zunahme des Reise- und Handelsverkehrs auf Nord- und Ostsee wurden an deren Küsten hohe Kirchtürme gebaut; sie zeugten vom Stolz der Bürger, und sie wiesen dem Seemann die Hafeneinfahrt. So war der 132 Meter hohe Petriturm in Rostock aus mehr als 50 Kilometern Entfernung vom Meer aus zu sehen.

Als „Hafen" reichte im Frühmittelalter – wie erwähnt – meist die Mündung eines Flusses oder eine geschützte Bucht; man warf Anker und stieg über ein mitgeführtes Landungsbrett aus. Bei Bedarf rammte man in den Grund Pfosten, auf die man einen Steg legte. Weit mehr unternahm König Ludwig IX. von Frankreich. Da er für seinen Kreuzzug ins Heilige Land (1248–1254) unabhängig von Marseille sein wollte, das der Krone nicht unterstand, ließ er eine Hafenstadt planen und bauen: Aigues-Mortes.

Die Kirche stand Pilgerfahrten zur See reserviert gegenüber, weil bei der Meßfeier auf schwankendem Schiff Wein – nach der Wandlung Christi Blut – verschüttet werden konnte. Dieses Risiko hat Erfinder angespornt; seit dem Spätmittelalter kannte man Kelche, deren oberer Teil in einem Kardangelenk ruhte; der Wein war in der *cupa* nun so sicher, als stände der Kelch auf ebener Fläche.

Millionen haben auf dem Seeweg ferne Pilgerorte aufgesucht. Ein reines Vergnügen war das allerdings nicht; man mußte mit Ungemach rechnen. Ständig ächzte das Schiff, klatschten Wellen an die Außenwand und über das Schiff. Ekelerregend waren die sanitären Verhältnisse; ein penetranter Gestank stieg aus dem Bilgewasser auf, das sich im tiefsten Teil des Schiffsrumpfes sammelte. Der scharfe Geruch von Rattenurin schlug einem auch aus dem Zwieback entgegen; bei längeren Fahrten wimmelten die Lebensmittel von Maden. Wer sich Wein nicht leisten konnte, mußte seinen Durst mit fauligem Wasser löschen. Sturm und Flaute, Seeräuber und Meuterer, Hunger, Durst und Seekrankheit brachten Verderben. Der französische Adlige Joinville hatte sich 1248 zum Kreuzzug eingeschifft – nach seinem Verständnis zu einer Pilgerfahrt. Später schrieb er: „In kurzer Zeit hatte der Wind die Segel gebläht und uns den Anblick des Landes entzogen, in dem wir geboren waren. Und damit will ich euch zeigen, daß tollkühn ist, wer sich solcher Gefahr auszusetzen wagt. Denn abends schläft man ein, ohne zu wissen, ob man sich nicht am folgenden Morgen auf dem Grund des Meeres befindet".

Der Holzschnitt von Hans Burgkmair dem Älteren zeigt, daß auch ganze Familien auf Pilgerschaft gehen konnten. 1508 illustrierte er Predigten des elsässischen Volkspredigers Geiler von Kaysersberg (1445–1510).

Zur See waren die Grenzen zwischen ehrlichem Handel und offenem Raub noch unbestimmter als zu Lande. Selten raffte sich die Obrigkeit zur wirksamen Bekämpfung der Piraten auf; fast immer stand jemand mit ihnen im Bunde oder stellte genüßlich fest, daß sie einen Konkurrenten erwischt hatten. Eine Lübecker Chronik hält fest, wie es bei einer Begegnung von Christen und Muslimen zugehen konnte. Im Jahr 1453 hatten Sarazenen ein Schiff mit etwa 300 Pilgern auf der Rückreise aus dem Heiligen Land gekapert. Wie Wölfe seien die *bosen mynschen* über die Christen hergefallen: Die Männer wurden erschlagen, sofern sie nicht *an eren god Mahumet* glauben wollten; die Frauen wurden geschont, *uppe dat se erer bruken mochten to vleschliker wollust*.

Je anspruchsloser der Pilger, desto leichter die Wahl der Unterkunft

Adlige fanden oft bei Verwandten Aufnahme; einfache Leute ließen sich gern von einem Bekannten zum nächsten weiterempfehlen. Meist aber erfuhr der Pilger sich als Fremder, besonders wenn er eine Bleibe für die Nacht suchte. In der warmen Jahreszeit war manchem schon mit einem geschützten Platz gedient: unter einem Felsvorsprung, in einer Höhle oder in einem Backofen. Bei Kälte oder Schneetreiben war dem Pilger das Leben gerettet, wenn ein Einsiedler ihn in seine Behausung, ein Bauer ihn in seine Hütte aufnahm. Mitte des 12. Jahrhunderts preist ein Chronist die Slawen: „Gäste nehmen sie alle mit einhelligem Eifer auf, so daß niemand um Gastfreundschaft zu bitten braucht. Was immer sie durch Ackerbau, Fischfang oder Jagd erwerben, geben sie alles mit vollen Händen hin."

Aussagen des Neuen Testaments kamen Reisenden zugute. Das Gleichnis vom barmherzigen Samariter (Lukas 10, 25–37) verpflichtete zur Hilfsbereitschaft sogar Menschen gegenüber, die nicht der eigenen Konfession angehörten. Und nach einer Ge-

Lucas van der Leydes Kupferstich zeigt ein Pilgerpaar, das auf dem Weg nach Santiago rastet. Es wird deutlich: Ein Taschenmesser gehörte mit ins Gepäck (frühes 16. Jahrhundert).

richtsrede Jesu sollte über die ewige Seligkeit oder Verdammnis weder Taufe noch Glaube entscheiden, sondern das Verhalten Fremden gegenüber (Matthäus 25, 35–46): „Denn ich bin hungrig gewesen, und ihr habt mir zu essen gegeben. Ich bin durstig gewesen, und ihr habt mir zu trinken gegeben. Ich bin ein Fremder gewesen, und ihr habt mich aufgenommen. Ich bin nackt gewesen, und ihr habt mich gekleidet. Ich bin im Gefängnis gewesen, und ihr seid zu mir gekommen ... Wahrlich, ich sage euch: Was ihr getan habt einem von meinen geringsten Brüdern, das habt ihr mir getan." In Wort und Bild wurden Kleriker und Laien immer wieder an Jesu Gleichnis und Rede erinnert.

Pilgerstöcke waren auch zur Abwehr von Überfällen da (Sebaldus-Altar des Münsters in Schwäbisch Gmünd).

Eine überragende Rolle spielte die klösterliche Gastung. „Alle Gäste, die kommen, sollen wie Christus aufgenommen werden; denn er wird einst sagen: ‚Ich war fremd, und ihr habt mich aufgenommen.' Und allen erweise man die ihnen gebührende Ehre." Die Mönche sollten Arme und Pilger ganz besonders ehren, „weil in ihnen Christus im wahrsten Sinne aufgenommen wird; denn das gebieterische Auftreten der Reichen erzwingt sich die Ehrerbietung ja von selbst". So fordert es die Mönchsregel, die Benedikt von Nursia in den Jahren 540 bis 560 zusammengestellt hat. Der Abt soll eines Gastes wegen sogar das Fasten brechen; für den Abt und die Gäste soll eine eigene Küche eingerichtet sein; „so stören die Gäste, die zu unbestimmten Zeiten ankommen und im Kloster niemals fehlen, das Leben der Brüder nicht". Gastfreundschaft schloß die Pflege des Körpers ausdrücklich ein. Abt und Mönche sollten den Gästen die Füße waschen. Um das Jahr 820 hat ein Abt im Geist Benedikts ergänzt: Strapazierte Füße möge man zusätzlich mit Öl einreiben.

Tausende von Männern und Frauen haben seit nun fast 1500 Jahren die Regel Benedikts befolgt. Ein Kloster in Südfrankreich trägt den Namen Saint-Guilhem-le-Désert – ein später als heilig verehrter Wilhelm hatte sich inmitten einer Einöde an einer Oase niedergelassen. Später führte eine Pilgerroute nach Santiago de Compostela über diesen Ort. War ein Kloster Ziel der Pilger, haben die Mönche in Zelten, im Kreuzgang oder sogar in der Kirche Massenquartiere eingerichtet. Welche Scharen zeitweise unterzubringen waren, zeigt das Beispiel des Klosters Einsiedeln in der Schweiz: Im Jahr 1466 verkaufte man dort in 14 Tagen 130 000 metallene Pilgerzeichen. Selbst wenn nur einer von 100 Besuchern Quartier gebraucht hätte, käme man immer noch auf fast 100 Übernachtungen pro Tag. Ein großes französisches Kloster trug nicht den Namen eines Ortes (wie Maulbronn), eines Flusses (wie Fulda) oder eines Heiligen (wie Sankt Gallen), sondern erinnerte an seine Funktion: Caritas super Ligerim, La Charité-sur-Loire, „an der Loire geübte Nächstenliebe".

Zielkonflikte, die schon in den Worten Benedikts aufscheinen, verschärften sich in dem Maße, wie adliges Ethos das Leben der Mönche bestimmte. Man sorgte für unterschiedliche Schlafräume, da es nicht angehe, „daß Bischöfe und Grafen mit Armen und Fremden zusammen sind". Wie man sich um 820 ein Kloster vorstellte, zeigt der im Kloster St. Gallen aufbewahrte Idealplan. Er sieht karge Zellen für Gastmönche vor, eine bescheidene Herberge für Arme, ein hohen Ansprüchen genügendes Haus für vornehme Gäste. Unterschiedlicher Unterbringung entsprach Verpflegung je nach Rang und Würde. Arme sollten mindestens mit einer Suppe rechnen dürfen; im besten Fall wird man ihnen Fleisch oder Fisch, Käse oder Speck, Brot sowie Wein, Bier oder Apfelmost angeboten haben, zusätzlich vielleicht abgelegte Kleidung oder eine Münze. Viele Gäste zeigten sich erkenntlich. Herrscher – auch sie waren unter den Pilgern – garantierten Schutz, verliehen Privilegien, übereigneten dem Klosterheiligen Liegenschaften oder Rechte; Wohlhabende spendeten edle Metalle, gegebenenfalls in Form von Votivgaben; wenig Begüterte brachten Kerzen, Geflügel oder Brotgetreide vom Gewicht der Person, die dank der Fürsprache des Klosterheiligen geheilt worden war.

Pilgerspitäler entstanden seit dem 8. Jahrhundert in Italien, seit dem 11. Jahrhundert nördlich der Alpen auch deshalb, weil Klöster der zunehmenden Reisetätigkeit nicht mehr gewachsen waren. In der Gegend von Lucca (Toskana) gab es an der Straße nach Rom zeitweilig alle fünf bis sechs Kilometer ein Spital. In großen Häusern waren Schlafsäle und Wärmeräume nach Geschlechtern getrennt. Die Möglichkeiten des Hauses und die Zahl obdachsuchender Pilger entschieden darüber, wie lange man bleiben durfte – unentgeltlich oft höchstens drei Nächte. Die Beköstigung richtete sich nach der Landschaft. Klopften wenige Reisende an und verfügte das Spital über entsprechende Einnahmen, konnte man abwechslungsreiche und nahrhafte Kost bieten. Warteten viele Hungrige, mußten sie mit einer Suppe, einem Bohneneintopf oder einem mit Öl angereicherten Hirsebrei vorliebnehmen. Spitäler in abgelegenen Landstrichen unterhielten Brücken, markierten Wege und gaben Geleit durch unsicheres Gebiet – unschätzbare Hilfen für den Pilger.

Um 1070 haben Kaufleute aus Amalfi in Jerusalem das Johanniterspital gegründet, das Maßstäbe gesetzt hat. Die Hausordnung von 1187 zeigt, wie dort für Arme und Kranke, Wöchnerinnen, Säuglinge und Findelkinder gesorgt wurde. Ärzte sollten die Kranken betreuen, die Betten sollten mit Zudecke und Tüchern versehen und bequem, die Speisen bekömmlich sein. Ausdrücklich werden frisches Fleisch, Obst und Gemüse erwähnt. Wiegen sollten bereitstehen, im Haus geborene Säuglinge nicht durch Krankheit der Mutter in Mitleidenschaft gezogen werden. Dazu kamen mancherlei Hilfen für Arme.

Lange Zeit wird es in Europa kaum ein Haus gegeben haben, das hinsichtlich Beherbergungskapazität, Personal- und Sachausstattung mit dem in Jerusalem hätte wetteifern können. Allein im Jahr 1170 sollen dort 2000 Kranke betreut und ebenso viele Arme beschenkt worden sein. Sicher sah der Alltag häufig prosaischer aus, als die Ordnung erwarten läßt. Doch wer unter Hunger, Durst oder Räubern hatte leiden müssen, schätzte sich glücklich, wenn er – ohne Ansehen von Person und Geschlecht – in der Heiligen Stadt Obdach und Nahrung fand.

In einem Haus, in dem auch Kranke gepflegt wurden, konnten Pilger eher mit Beköstigung rechnen als in einer reinen Pilgerherberge. Dafür drohte Ansteckung, zumal angesichts unzulänglicher hygienischer Verhältnisse. Wer dort nächtigte, trug vielleicht Keime in noch nicht verseuchte Orte weiter. Kurzfristig konnte das für Hunderte den Tod bedeuten, langfristig begünstigte das Kommen und Gehen von Reisenden die Immunisierung der Bevölkerung Europas gegen viele Krankheiten.

Im Lauf der Jahrhunderte sind Abertausende begrüßt, verpflegt, untergebracht, oft auch bei Krankheit gepflegt worden; Gastfreundschaft konnte Sterbehilfe und ein würdiges Begräbnis einschließen. Mancher Ort konnte sich nur ein ganz einfaches Spital leisten. Doch viele Fremde wußten ein solches Haus auch dann zu schätzen, wenn spartanische Kargheit und militärische Ordnung an eine Kaserne erinnerten. Da Kleriker und Laien, Mönche und Nonnen und seit dem 12. Jahrhundert zunehmend auch städtische Spitäler und Hospize Gastfreundschaft übten, durften selbst Mittellose darauf vertrauen, daß ihnen unterwegs wenigstens gelegent-

Der Berner Humanist Heinrich Wölffli unternahm 1520/21 eine Pilgerfahrt nach Jerusalem. Auf dem Bild, einer Illustration aus seinen Reiseaufzeichnungen, benutzt er auf dem Rückweg bei Grenoble seinen Pilgerstab, um über einen Bach zu springen.

In Gasthäusern mußte man damit rechnen, sein Bett mit Unbekannten zu teilen. So zeigt das Kirchenfenster aus Triel-sur-Seine drei Pilger, die in einem Bett schlafen (16. Jahrhundert).

Die Ausstattung einer Gästekammer richtete sich nach dem Standard des Hauses, nach Klima, Zeit und Ort. In südlichen Ländern mochten leichte Decken ausreichen; in nördlichen Breiten waren Federkissen oder Felle gefragt. Wie oft die Bettlaken gewechselt wurden, muß offenbleiben. Oft schlief man unbekleidet, fand also keine zusätzliche Wärme durch ein Nachthemd. Uralte Erfahrung steht hinter einem Wort der Bibel: „Wenn zwei zusammen schlafen, wärmt einer den anderen; einer allein – wie soll er warm werden?" (Buch Prediger 4, 11). Ein Kapitell in Autun zeigt die Heiligen Drei Könige, Prototypen der Pilger, einträchtig unter einer Decke. Hätte ein solches Lager als deklassierend gegolten, wären sie anders dargestellt worden. In Gasthäusern mußte man damit rechnen, auch das Bett mit Unbekannten zu teilen. Im Jahr 1385 zählte ein Haus in Arezzo (Toskana) 180 Übernachtungen in 19 Tagen, täglich zwischen vier und 15. Die Gäste teilten sich vier Betten und eine Matratze. In Nobelquartieren gab es gegebenenfalls einen Sichtschutz gegenüber Zimmergenossen in anderen Betten. Legte eine Reisegruppe Wert auf Komfort, schickte sie Boten voraus, die auf Packtieren Geschirr und Besteck, Betten, Decken und Teppiche mit sich führten. So sorgten sie dafür, daß die Herrschaften bei ihrer Ankunft Speisen, Getränke und Betten wunschgemäß vorfanden.

Ungeziefer war zu gewöhnlich, als daß es in Aufzeichnungen häufig erwähnt wäre. Licht war teuer und gefährlich; einen Nachttopf für die Schlafkammern konnte sich nicht jedes Gasthaus leisten. Die sanitären Verhältnisse in Gasthäusern entsprachen denen der Gesamtgesellschaft, nicht anders als heute. Der Körper wurde eher vernachlässigt – was verschwenderische Kleidung, üppiges Essen und teure Duftwässer nicht ausschloß. Seit dem Spätmittelalter durfte der Pilger in Städten und größeren ländlichen Gemeinden mit öffentlichen Bädern rechnen, doch standen diese oft in zweifelhaftem Ruf wegen der räumlichen und funktionalen Nähe zu Bordellen. Penetranter Geruch fiel vielleicht deshalb nicht auf, weil man ihn von frühester Jugend an kannte. Innerorts lagen auf den Straßen tierische Ausscheidungen, Katzen- und Hundekadaver, Küchen- und Schlachtabfälle. Andererseits zeigt eine Legende, daß man nicht unempfindlich war. Der Weihrauch, den die Heiligen Drei Könige dem neugeborenen Jesuskind schenkten, sei ein Mittel „gegen die schlechte Luft im Stall" gewesen.

lich unentgeltlich ein Lager und eine Suppe angeboten würden. Infolgedessen war die Reise zu fernen Wallfahrtsstätten kein Privileg der Wohlhabenden.

Kommerzielle Gastlichkeit entwickelte sich, sobald Wirte von den Einnahmen aus einem Gasthaus leben konnten, zunächst südlich, seit dem Hochmittelalter auch nördlich der Alpen. Die Obrigkeit machte die Bezeichnung „Herberge" wiederholt davon abhängig, daß das Haus mindestens ein Gästebett bereithielt, ferner Wasser, Futter und Stall für eine gewisse Zahl von Pferden. Boccaccio erzählt von einem Gelegenheitswirt, der in seiner Kammer ein Bett für sich und seine Frau hatte, ein weiteres für die etwa 15jährige Tochter, ein drittes für etwaige Gäste; der einjährige Sohn schlief in einer Wiege.

Obwohl Europa von Klöstern übersät war, obwohl es Spitäler für reisende Pilger gab und auch die kommerzielle Gastwirtschaft zunahm, blieb private Gastfreundschaft im Hoch- und Spätmittelalter so wichtig, daß ein Pilgerführer sie allen Gläubigen zur Pflicht machte.

Mißverständnisse kaum auszuschließen – Verständigung unterwegs

Gebildete verständigten sich zwischen Island und Sizilien, Irland und Krakau auf Latein. Ansonsten war einer Pilgergruppe gedient, wenn jemand aus ihrer Mitte eine der großen Verkehrssprachen kannte – Niederdeutsch im Gebiet der Hanse, Französisch außer in Frankreich und England in Häfen des Vorderen Orients und in Byzanz. Bei Reisen in muslimische Länder konnte ein vertrauenswürdiger Dolmetscher vor sarazenischer Gefangenschaft bewahren. Oft blieb Pilgern allein die Körpersprache. Relativ formkonstant und damit leicht verständlich sind Gesten für den Wunsch nach Nahrung oder Schlaf. Andere Zeichen verstand man nur zu gewissen Zeiten, etwa die über Kreuz gelegten Zeigefinger als Hinweis, daß die Person zu den Kreuzfahrern gehörte.

Je langsamer man reiste, desto eher konnte man sich im Gespräch mit Weggefährten an ein fremdes Idiom gewöhnen; insofern waren Fußpilger im Vorteil. Wer als Kind auf Fernwallfahrten Landes- und Fremdsprachenkenntnisse erworben hatte, wird sie später als Erwachsener in den Dienst von Reisegefährten gestellt haben. Am besten war es, wenn Pilger sich rechtzeitig einen „Grundwortschatz" zulegten. Im Lauf der Jahrhunderte sind dazu eigene Sprachführer verfaßt worden; waren sie gut, teilten sie das Schicksal bewährter Karten: Sie wurden gebraucht und ausgeliehen, von Wind und Wetter zerzaust, eines Tages verloren oder vergessen. Einige sind erhalten; bereits gedruckt wurde der Ende des Mittelalters verfaßte Bericht des Mainzer Domherrn Bernhard von Breydenbach von seiner Reise ins Heilige Land; er enthält ein deutsch-arabisches Wörterverzeichnis, das Wohlhabende schon in ihrem Gepäck gehabt haben könnten.

Kosten für Waren und Dienstleistungen

Bei Erwägung einer Pilgerfahrt mußte man sich auch Gedanken zu den Kosten machen. Deren obere Grenze ließ sich nicht festlegen; fiel man persönlichen Widersachern oder Muslimen in die Hände, kam man nur gegen ein Lösegeld wieder frei, das weit höher ausfallen konnte als die Einkünfte eines Jahres.

Die Liste von Waren und Dienstleistungen, die zu bezahlen waren, wurde im Lauf der Jahrhunderte immer länger: Essen und Trinken; Unterkunft (gegebenenfalls auch für Diener, Pack- und Reittiere), Kleidung (vor allem Schuhe), Körperpflege (Bad, Arzt, Apotheker), Geldwechsel. Paß und Gesundheitsbescheinigung waren unterwegs zu erneuern. Es summierten sich Brücken-, Geleit- und Wegezölle, Fähr-, Fuhr- und Schiffsgelder sowie die Vergütung von Dolmetschern. Arme Pilger sollten von gewissen Gebühren befreit sein, doch häufig kam es zu Streit, etwa mit Fährleuten, die auf Einnahmen angewiesen waren. Trinkgelder und „Verehrungen" öffneten Wege und Türen. Im 14. Jahrhundert rechnete man für ein Pauschalarrangement Venedig–Jaffa und zurück bei einer Reisedauer von acht bis zwölf Wochen mit 25 bis 40 Gulden.

Barmherzigkeit ist eine zentrale Tugend für Christen, und so geben auf dem Altarbild reiche Bürger Almosen an Pilger und Bettler (die Gruppen waren teilweise schwer zu unterscheiden; manche Vaganten schlugen sich als Pilger durch). Der Altar wurde von niederländischen Kaufleuten gestiftet, die 1479/81 in Frankfurt eine Annen-Bruderschaft gründeten.

Die Heilige Familie auf der Flucht nach Ägypten (Kapitell des 12. Jahrhunderts in der Kathedrale von Autun).

Für diese Summe arbeitete ein Zimmermann etwa zwei Jahre lang. Gelegentlich griffen Privatleute weit tiefer in die Schatulle. So beliefen sich die Kosten einer Reise von Engelberg (Schweiz) ins Heilige Land im Jahr 1519 auf 300 Gulden, den Gegenwert eines stattlichen Wohnhauses.

Von Pilgern erwartete man, daß sie je nach Stand und Vermögen Almosen gaben, Bruderschaften und Kirchenbauten, Klöster und Spitäler förderten; eine Votivgabe konnte einen hohen Wert darstellen. Am Ziel seiner Reise pflegte der Wallfahrer einem Priester seine Sünden zu bekennen und um Lossprechung zu bitten; als Gegenleistung war ein „Beichtpfennig" üblich. Auch das begehrte Pilgerzeichen war nicht umsonst zu haben.

Habenichtse haben es zu allen Zeiten verstanden, sich durchzubetteln. Mitleiderregendes Aussehen und gute Umgangsformen ließen die Herzen schmelzen, erst recht, wenn der Bittsteller über die Gabe zu unterhalten verfügte, anspruchslos und zuverlässig war. Legenden und Pilgerbücher propagierten das Ideal des Wohlhabenden, der unterwegs mit dem Armen teilt und hoffen darf, im Jenseits belohnt zu werden. Pilgergruppen nahmen deshalb Hungerleider unter ihre Fittiche, sorgten für Speis und Trank, bezahlten ihnen die Herberge oder die Bootspassage.

Unterwegs ließ sich sogar Geld verdienen. Mancher verdingte sich für ein paar Tage in der Heu- oder Getreideernte und bekam am Ende einen Zehrpfennig, wenn nicht mehr. Ähnlich wird es beim Bau von Wegen und Brücken zugegangen sein. Auf Schiffen mußten stämmige Männer das stinkende Bilgewasser ausschöpfen bzw. auspumpen. Wer sich dabei gut anstellte, wurde auch über weite Strecken mitgenommen. Reisende beförderten Briefe und Wertgegenstände, gerieten damit allerdings in einen Zielkonflikt, denn ein Bote konnte kaum Vergünstigungen beanspruchen, die Wallfahrern eingeräumt wurden. Aktivierte ein Kaufmann Reserven für eine Pilgerfahrt, konnte er unterwegs auch sein Geschäft fördern. Orte wie Saint-Denis (bei Paris), Siegburg und Zurzach (Hochrhein, Schweiz) waren Pilgerziele und zugleich Schauplätze von Handelsmessen. In welche Kategorie von Reisenden sollte man handelstüchtige, gottesfürchtige Zeitgenossen einordnen?

Mancher trug einen kostbaren Ring oder Gürtel, den er unterwegs verkaufen wollte, um laufende Ausgaben zu bestreiten. Wer aus dem Ostseeraum in die Ferne pilgerte, rechnete damit, für Bernstein – leicht an Gewicht, leicht zu verstecken – einen um so höheren Preis zu erzielen, je weiter er sich von den Fundplätzen der Steine entfernte. Wer auf dem Seeweg nach Palästina pilgerte, brachte bei der Rückreise kostbare Gewürze mit. In Venedig, wo die Seereise aus dem Heiligen Land häufig endete, erwarben viele Pilger Luxusgüter, die sie unterwegs oder in der Heimat verkaufen wollten. Wie fließend die Grenzen zwischen Wallfahrt und Handel waren, zeigen kirchliches und weltliches Recht: Zollfrei sollte nur sein, was der Pilger unterwegs brauchte. Man ging also davon aus, daß Zöllner den Wert von Waren und die Kosten einer Wallfahrt abzuschätzen wußten.

Ohne alle Befangenheit erzählt Jacobus, Dominikanermönch und Erzbischof von Genua, in einer seiner Legenden von einer recht „unkonventionellen" Art, wie Reisekosten bestritten wurden. Eine später als heilig verehrte Maria wollte einst von Ägypten nach Jerusalem reisen, um das Heilige Kreuz zu verehren. Als die Schiffer den Lohn für die Überfahrt verlangten, „antwortete ich: ,Den kann ich euch nicht geben; aber nehmt meinen Leib und macht euch mit dem bezahlt.' Also nahmen sie mich mit, und mein Leib war ihnen das Fährgeld."

Dienste wurden auch innerhalb einer Gruppe erbracht. Wer mit einem Esel kam, auf den auch andere ihren Sack legen durften, wird sich nicht gesträubt haben, wenn die Entlasteten für laufende Gebühren aufkamen. Begüterten lag an zuverlässigen Reisebegleitern, die als Dolmetscher, Wegkundige und als Statussymbol dienten – gegen angemessene Vergütung. Als Herzog Heinrich der Löwe 1172 auf dem Landweg nach Jerusalem zog, führte er außer Geld und Wertgegenständen auch karrenweise Mehl und Wein, Fleisch und Fisch mit. Übernachtet wurde in eigenen Zelten. Für Kreuzfahrer trug der Lehnsherr einen Teil der Kosten, den nicht unerheblichen Rest finanzierten viele, indem sie Besitz verkauften oder beliehen, etwa bei einem Kloster.

Wenig Begüterte finanzierten ihre Pilgerfahrt mit der Hilfe von Verwandten, Freunden und Nachbarn, Bruderschaften und Zünften. So halten die 1389 aufgezeichneten Statuten der Schneider-Gilde von Lincoln (England) fest: Pilgert jemand nach Jerusalem, „soll ihm jeder von den Brüdern und Schwestern einen Pfennig geben, und wenn nach Santiago oder Rom, einen halben Pfennig". Man ging davon aus, daß die erworbenen Gnaden anteilig denen zugute kämen, die den Pilger gefördert hatten – materiell mit Silberpfennigen, sozial mit Geleit bis vor die Tore der Stadt beim Aufbruch und der nicht weniger feierlichen Einholung nach glücklicher Heimkehr, geistlich mit dem Gebet, in das die Daheimgebliebenen den einschlossen, der sich in der Fremde abmühte.

Das Johanniter-Hospiz St. Johann im Vinschgau diente seit dem 13. Jahrhundert Pilgern als Herberge.

Im Spätmittelalter haben sich vielerorts Frauen und Männer bereit erklärt, stellvertretend für Lebende oder Verstorbene eine Pilgerfahrt auszuführen. In Lübecker Testamenten aus dem 15. Jahrhundert wird dann verfügt, die betreffende Person solle „bequem" reisen können, nicht zum Betteln gezwungen sein, *redeliken* belohnt werden. Einmal heißt es schlicht: *uppe dat he so vele truweliker vor my bidde*. Wollte jemand ohnehin in die Ferne wallen, winkte ein Teilstipendium. So lesen wir in einem Testament: *ut ero particeps suorum vestigiorum*, „auf daß ich teil an seiner [des Pilgers] Reise habe". Über die Problematik von „Mietpilgern" hat man offensichtlich nicht lange nachgedacht. Die ausgesetzten Vergütungen spiegeln Mühen und Kosten von Pilgerfahrten: nach Aachen zwei bis zehn Silbermark, nach Rom zehn bis 30 Mark, nach Jerusalem 60 bis 100 Mark (130 Mark, wenn ein Priester stellvertretend ins Heilige Land pilgerte). Preise mögen die Summen veranschaulichen: Ein Wirtschaftspferd kostete acht Mark, ein Ochse vier Mark. Für die Fahrt von Lübeck nach Rom stand einem

Die französische Buchmalerei – ein Kalenderblatt zum Monat September – schildert die Rückkehr der Pilger aus Santiago de Compostela (um 1450).

„Mietpilger" also der Gegenwert von maximal sieben bis acht Ochsen zur Verfügung.

Pflichten für die lokale Verwaltung von Pilgerstätten

An großen Wallfahrtsfesten mußte die lokale Verwaltung anspruchsvolle logistische Probleme meistern: Tausende wollten verpflegt, beherbergt und geschützt werden, auch vor überhöhten Preisen und verdorbenen Lebensmitteln. Da die Termine der großen Pilgerfahrten bekannt waren, konnten sich Fachleute von nah und fern auf die Herausforderungen einstellen. Massen zu beköstigen bereitete offensichtlich keine nennenswerten Schwierigkeiten, kannte man doch zumindest im Spätmittelalter schon auf Karren montierte Backöfen.

Die Wahrung des Friedens stellte eine anspruchsvolle Aufgabe dar. Denn es war mit Streit zwischen Einheimischen und Pilgern, aber auch zwischen Wallfahrern untereinander zu rechnen. Mancherorts setzte man im Kampf gegen Gauner schon verdeckte Ermittler ein. Ferner sollten die Pilger vor Katastrophen aller Art bewahrt werden. Auf den Himmel allein durfte man sich nicht verlassen, auch wenn der gelegentlich ein Einsehen hatte. Im 7. Jahrhundert sollen Kamele, Pferde, Esel und Ochsen auf den Straßen Jerusalems „abscheulichen Kot" hinterlassen haben; doch sobald das Vieh fortgezogen sei, komme es „wunderbarerweise" in der folgenden Nacht zu einem wolkenbruchartigen Regen, der den Ort wieder sauber mache. Zu den ungeklärten Fragen gehört, wie kleine Gemeinden, die in wenigen Tagen ein vielfaches der eigenen Einwohnerzahl aufnahmen, mit dem Problem der Beseitigung menschlicher Ausscheidungen fertig geworden, warum aus Wallfahrtsorten nicht häufiger Seuchen überliefert sind. Hat man in mittelalterlichen Pilgerorten mehr auf Sauberkeit geachtet als in neuzeitlichen Städten, die wegen unzulänglicher hygienischer Verhältnisse Cholera- und Ruhr-Epidemien erlebt haben?

In großen Wallfahrtsorten wurden durchaus sinnvolle vorbeugende Maßnahmen ergriffen. So konnten in Santiago Pilger und Bürger sich an einem das Jahr über laufenden Brunnen, der in den 1120er Jahren nahe der Basilika angelegt worden war, an gesundem, frischem Wasser laben. Und im Heiligen Jahr 1300 wurden die Pilgerscharen in Rom, um Panik zu vermeiden, in einer Art Einbahnverkehr über eine Tiberbrücke geleitet. Doch nicht immer blieben Wallfahrer vor Katastrophen bewahrt. In Vézelay sollen im Jahr 1120 bei einem Brand der Basilika am Vorabend des Festes der heiligen Maria Magdalena weit mehr als 1000 Menschen umgekommen sein.

Von nüchterner Vorsorge zeugt, daß es vielerorts einen eigenen Friedhof für Pilger gab. Wer nicht mehr für Angehörige sorgen mußte, die Beschwernisse der Reise ertragen, gebeichtet und Buße getan hatte, wird es als glückliche Fügung verstanden haben, daß er in unmittelbarer Nähe des verehrten Heiligen seine Tage beschloß. Er ging im Bewußtsein in die Ewigkeit, daß der Heilige ihm auch im Jenseits beistehen werde; erspart blieb ihm, was mittelalterliche Autoren als größtes Unglück ansahen, das einem Menschen widerfahren könne: unvorbereitet vor den göttlichen Richter treten zu müssen.

Fahrten zu nahen und fernen Pilgerorten waren für Männer, Frauen und Kinder sehr wohl machbar. Gefahren und Risiken hielten sich in Grenzen – dank einer seit Generationen eingespielten Infrastruktur, des Entgegenkommens von Institutionen und der Hilfsbereitschaft von Menschen.

Wallfahrtsziel war auch der Marien-Schrein in Walsingham (England). Das Pilgerzeichen mit der Verkündigungsszene belegte, daß ein Pilger die Reise unternommen hatte (14. Jahrhundert).

Kampf gegen den Aberglauben

Bernhard Schneider

Pilgern in der Neuzeit

Martin Luther hielt nichts von Wallfahrten: Diese seien ein „gering gut werck". Die Aufklärer des 18. Jahrhunderts kritisierten „Andächtelei" und Aberglauben. Heute haben Pilgerreisen aber durchaus wieder Konjunktur – auch bei Protestanten.

Das Unterwegssein zu heiligen Orten, um dort Gott und seinen Heiligen zu begegnen, Hilfe zu erlangen oder Dank zu sagen, hatte im Spätmittelalter Hochkonjunktur. Es gab auch damals verschiedene Formen des religiösen Unterwegsseins, die regional und nach den jeweiligen Zeiten erheblich voneinander abweichen konnten. Wenn ein einzelner Pilger nach Rom oder Santiago zog, unterschied sich das merklich vom Aufbruch ganzer Gemeinden zu Flurprozessionen oder zu einem in der Nähe gelegenen Gnadenort. Quellen wie Forschung sind in der Begrifflichkeit uneinheitlich. Eine saubere Trennung von Wallfahrern und Pilgern ist schwer zu realisieren, auch wenn es dazu komplizierte Vorschläge gibt.

Das fromme Reisen zu heiligen Orten war eine Frömmigkeitsform, an der im Spätmittelalter prinzipiell alle Schichten und Gruppen teilhatten, wenngleich Frauen und Kinder dabei erheblichen Vorbehalten begegneten. Gleichzeitig wurde diese Art der Frömmigkeit stärker als zuvor in ihrem Wert relativiert und in Frage gestellt. Trotz ihrer massenhaften Verbreitung hatte sie in humanistisch ausgerichteten Kreisen von Laien und Klerikern, aber auch im Kreis jener Frömmigkeitstheologen, die eine größere Verinnerlichung des Glaubenslebens anstrebten, sehr an Ansehen verloren.

Die reformatorische Kritik und ihre Folgen

An diese Vorbehalte konnte die Reformation anknüpfen. Martin Luthers Äußerungen zeigen bis hin zu den einschlägigen Stellen in seiner Programmschrift „An den christlichen Adel deutscher Nation" von 1520, wie sehr er sich in den aufgezeigten Traditionszusammenhängen bewegt hat. Ausdrücklich wendet er sich wie andere Kritiker vor und neben ihm zunächst gegen unvernünftiges wundersüchtiges Reisen zu den pilzartig emporschießenden „wilden Kapellen und Feldkirchen". Diese scheinen für ihn fest verbunden mit Betrug, unlauterem Geschäftssinn, Geldverschwendung, Bettelei und moralischen Verfehlungen. In seiner Pfarrkirche könne der Christ mehr finden als in allen Wallfahrtskirchen. Schließlich fehlt in Luthers Wallfahrtskritik auch nicht die traditionelle Schärfe gegenüber weiblichen Pilgern. Ihnen (und den Knechten) sollte der Wunsch, eine Pilgerfahrt anzutreten, mit Prügeln ausgetrieben werden.

Es bleibt nicht bei der Nennung klassischer Motive der Wallfahrtskritik. Unverkennbar ist bereits in den frühen Äußerungen eine eindeutige Verlagerung der Gewichte: Abkehr von der veräußerlichten Frömmigkeit, die dazu tendiere, Gottes Willen zu vernachlässigen, und Hinwendung zu einer Haltung der Demut und der Annahme des göttlichen Willens. Indem Luther die Wallfahrten als „gering gut werck" kennzeichnet, schlägt er ein Thema an, das geeignet war, den Wallfahrten ihre theologische Basis zu entziehen. Noch in derselben Schrift zieht er aus seinen kritischen Bemerkungen die entscheidende Konsequenz: „Solch falsch, verführischen Glauben einfältigen Christen auszurotten

den Kirchen entfernt oder bei förmlichen Bilderstürmen zerstört. Wo Kriege zwischen den Konfessionen tobten wie in Frankreich oder den Niederlanden, zerstörte man bevorzugt Wallfahrtskirchen. Der Glaube an durch Gottes Wunder geheiligte Orte erwies sich allerdings als so tief verankert, daß etwa im anglikanischen England, in der reformierten Pfalz oder den ebenfalls mehrheitlich reformierten nördlichen Niederlanden nicht nur verbliebene Katholiken weiterhin Wallfahrtsorte aufsuchten, sondern auch Protestanten. Insgesamt beeinträchtigten Reformation und protestantische Konfessionalisierung das Wallfahrtswesen aber in beträchtlichem Ausmaß. Die Verluste wurden in gewisser Weise durch jene heiligen Stätten wettgemacht, die in der Neuen Welt entstanden (besonders Guadalupe in Mexiko).

Neue Konjunktur und versuchte Zähmung: das konfessionelle Zeitalter

Der reformatorische Einspruch machte das Wallfahrtswesen zu einem Teil der konfessionellen Kontroverse. Die katholische Antwort erfolgte in zweifacher Weise. Zum einen mußte die theologische Basis genauer geklärt werden. Diesen Versuch unternahm das Trienter Konzil (1545–1563) mit dem Dekret über die Anrufung und Verehrung der Heiligen und ihrer Reliquien, wenngleich erst ganz am Ende seiner Beratungen und in einer nicht völlig überzeugenden Form. Es bekräftigt die Rechtmäßigkeit und Nützlichkeit der Verehrung von Maria, Engeln und Heiligen, bindet ihr helfendes Wirken jedoch an den einen Erlöser Jesus Christus und spricht sich gegen allen Aberglauben aus. Die den Heiligenbildern erwiesene Verehrung gelte nicht dem Bild, sondern den dargestellten Personen.

Die katholische Theologie und die Reformkräfte im katholischen Klerus führten die Überlegungen dann weiter und unterstrichen die spirituelle Dimension, indem sie versuchten, die Suche nach körperlicher Heilung in Form eines Wunders teilweise auf die geistliche Therapie (also die Bekehrung) umzuleiten, freilich mit begrenztem Erfolg. Die Wunder sollten aber wenigstens klerikaler Kontrolle unterliegen: Der Klerus hatte sie zu registrieren, und nur er durfte die Nachricht darüber nach vorangehender Prüfung verbreiten.

Damit ist der zweite Teil der katholischen Antwort bereits berührt. Sie bestand darin, Wallfahrten

1512 wurde Kaiser Maximilian der im Hochalter des Trierer Doms verwahrte „Rock Christi" gezeigt. Diese Szene illustriert der Holzschnitt von 1513, dem Jahr der ersten Heilig-Rock-Wallfahrt.

und wiederum einen rechten Verstand guter Werk aufzurichten, sollten alle Wallefahrt niedergelegt werden ..." Es war nur konsequent, wenn in Luthers Anordnungen zur Armenfürsorge Pilger nicht mehr zu den Unterstützungsberechtigten zählten.

Martin Luther spitzte seine Kritik am Wallfahrtswesen in einem Maß zu, das deutlich über die Reformziele hinausging, die Wallfahrtskritiker im Spätmittelalter formuliert hatten oder die sich bei Erasmus von Rotterdam finden. Ähnlich wie Luther äußerten sich Huldrych Zwingli und Johannes Calvin.

In den sich der Reformation zuwendenden Territorien und Städten entwickelte sich der Kampf gegen diese Form des „papistischen Aberglaubens" fortan zu einem festen Bestandteil pastoraler und obrigkeitlicher Bemühungen. Belehrung und Strafandrohung (Ausschluß vom Abendmahl) sollten die Bemühungen unterstreichen. Kultbilder wurden aus der bischöflichen Aufsicht zu unterstellen und sie stärker in die kirchliche Liturgie einzubinden. Beide Teile der Antwort sollten Aberglauben und Betrug ausschließen und Wallfahrten einen offiziellen kirchlichen Charakter verleihen. Neben der Kirche zeigten auch die weltlichen katholischen Obrigkeiten verstärktes Interesse, wollten doch auch sie das Wallfahrtswesen kontrollieren. Diesem doppelten Zugriff konnten ganze Wallfahrtsstätten zum Opfer fallen. So gerieten vom Ende des 17. Jahrhunderts an vor allem die sogenannten Stätten des Aufschubs unter Druck. Das waren jene Wallfahrtsorte, zu denen man totgeborene, ungetaufte Kinder brachte, damit sie hier für kurze Zeit wieder „zum Leben erweckt" wurden, um schnell getauft werden zu können.

Faktisch erlebten Wallfahrten nach der Krise des 16. Jahrhunderts einen gewaltigen Aufschwung, der (mit regionalen Abweichungen) bis weit in das 18. Jahrhundert andauerte. Alte Wallfahrtsorte wurden wiederbelebt, und noch einmal verdichtete sich die „Sakrallandschaft" durch eine Vielzahl sich neu bildender Wallfahrtsorte mit vorwiegend marianischer Prägung (zum Beispiel Loreto in Italien, Kevelaer am Niederrhein und Maria Hilf bei Passau).

Schon insofern ergaben sich Veränderungen gegenüber dem Mittelalter. Hinzu kamen strukturelle Verschiebungen. Auch wenn – von einer Krisenzeit in den ersten beiden Dritteln des 16. Jahrhunderts abgesehen – traditionsreiche Wallfahrtsorte wie Rom oder Santiago de Compostela große Anziehungspunkte blieben, wurden nun Nahwallfahrten innerhalb eines überschaubaren geographischen Raumes die Regel. Sie ermöglichten die Beteiligung ganzer Gemeinden sowie den häufigeren Aufbruch zu einer Wallfahrt: In Bayern etwa zogen am Beginn des 18. Jahrhunderts die Gläubigen durchschnittlich 15mal im Jahr gemeinschaftlich im Verband ihrer Pfarreien zu solchen nahen Wallfahrtsorten. Nahwallfahrten und die angestrebte klerikale Kontrolle verschoben die Gewichte zudem zugunsten der Wallfahrtsprozessionen. Mit einem Priester an der Spitze symbolisierten sie die den kirchlichen Reformkräften wünschenswerte Ordnung und boten zugleich eine bessere Möglichkeit, größere Menschenzahlen in geordneten Bahnen zur Gnadenstätte zu führen.

In den katholischen Gebieten zeigte sich das Wallfahrtswesen dieser Zeit erneut als eine Fröm-

August Gustav Lasinskys „Wallfahrt zum Heiligen Rock von Trier" (1844).

Die teils hysterischen Auswüchse einer Massenwallfahrt zeigt der Holzschnitt Michael Ostendorfers (Pilgerfahrt zur Schönen Maria von Regensburg, um 1520).

Kritik und Beharrung: das Zeitalter der Aufklärung

Konnten Wallfahrten im Zuge der nachtridentinischen Reform und Konfessionalisierung geradezu als *demonstratio catholica*, als Ausweis katholischen Glaubens, erscheinen, so gerieten sie im Verlauf des 18. Jahrhunderts als Teil der barocken Frömmigkeitspraxis unter den Generalverdacht, sich vom Wesen der christlichen Religion entfernt und in Äußerlichkeiten erschöpft zu haben. Auch in manchen katholischen Kreisen galten sie jetzt als „Andächtelei". Heftig kritisierte etwa der vorbildhaft wirkende Hirtenbrief des Salzburger Fürstbischofs Hieronymus von Colloredo (1782) die gängige Praxis, die Heiligen als Vermittler bei Gott in Anspruch zu nehmen, um dessen Zorn abzuwenden. Wo die Verehrung der Heiligen übertrieben werde, da drohe Aberglaube.

Der Kampf gegen den Aberglauben aber war den katholischen Aufklärern ein Herzensanliegen. Nicht nur Magie und Hexenglauben fielen jetzt unter diese Kategorie, sondern auch Praktiken, die fest in der nachtridentinischen Frömmigkeitspraxis verankert gewesen waren: die Wunderpropaganda an den Gnadenstätten, das Berühren von Gnadenbildern oder Reliquien, ja ganz allgemein die Hoffnung der Pilger, am Wallfahrtsort besondere Gnaden von den dort verehrten Heiligen zu erlangen. Wallfahrten und andere „Nebenandachten" schienen aber auch deshalb entbehrlich zu werden, weil ein neues Ideal andere Möglichkeiten aufzeigte, sich Verdienste zu erwerben. In alltäglicher Pflichterfüllung in Beruf, Familie und Gemeinde erlange der fromme Christ jene Verdienste, die vermeintlich mit den Wallfahrten erreicht würden. Hier spiegelt sich in der Wallfahrtskritik die Neubewertung menschlicher Arbeit, die nun selbst zum Gebet stilisiert werden konnte. Hinzu trat ein der neuen Ästhetik des Schlichten entspringender Abscheu vor dem Lärm und Gedränge am Wallfahrtsort sowie den als grotesk empfundenen Bildern und Statuen.

Es blieb nicht immer bei Kritik, sondern kirchliche und weltliche Obrigkeiten erließen vielfach förmliche Verbote von Wallfahrten und Prozessionen oder verfügten wenigstens drastische Beschränkungen. So durften keine Wallfahrten mehr über Nacht oder zu Orten außerhalb des jeweiligen Territoriums stattfinden. Von diesem neuen Kurs wurden im letzten Drittel des 18. Jahrhunderts die Territorien der Habsburger und der Wittelsbacher ebenso

migkeitsform, die schichtübergreifend akzeptiert und mit schichtspezifischen Modifikationen praktiziert wurde. Bemerkenswert ist, in welch hohem Maß die weltlichen Herrscher sich am Ausbau der Sakrallandschaft und ihrer Kontrolle beteiligten. Wallfahrten begegnen bei den Wittelsbachern in Bayern oder den Habsburgern in Österreich als fester Teil der Herrscherreligiosität und trugen unübersehbar zur herrscherlichen Selbstdarstellung bei. Zugleich leisteten sie einen Beitrag zur Integration der Bevölkerung in den frühneuzeitlichen Territorialstaat. Ganze Länder weihten sich einem himmlischen Schutzpatron und erkoren einen Wallfahrtsort zum Nationalheiligtum, so 1678 das Herzogtum Luxemburg mit der Wallfahrt zur „Trösterin der Betrübten", der Gottesmutter.

erfaßt wie die geistlichen Kurfürstentümer des Reichs oder Frankreich während der Revolution und der napoleonischen Herrschaft.

Die von oben angeordneten und von einer publizistischen Offensive begleiteten Eingriffe in die Frömmigkeit der Menschen stießen jedoch auf vielfältigen Widerstand. Der Klerus, der anfangs meist noch voraufklärerisch erzogen und ausgebildet war, ließ sich von den neuen Idealen nur teilweise begeistern und verweigerte die Umsetzung der offiziellen Vorgaben. Auch das Kirchenvolk blieb nicht passiv. In regional unterschiedlichem Ausmaß widersetzten sich die Menschen den als Eingriff in ihre Lebenswelt empfundenen Maßnahmen.

Wallfahrten wurden nun zum Gegenstand von – mitunter handgreiflichem – Streit. Der bis dahin in katholischen Landen vorhandene gesellschaftliche Konsens über das Wallfahrtswesen zerbrach. Zunächst entzogen sich ihm (in diversen Abstufungen) die Spitzen von Kirche und Staat, es folgten Teile des Pfarrklerus sowie die einflußreiche gebildete Bürokratie bis hinunter auf die mittlere Verwaltungsebene. Seit dem ausgehenden 18. Jahrhundert nahm die soziale Akzeptanz von Wallfahrten ab.

Organisierte Massenreligiosität

Die subversive Kraft der traditionalen Frömmigkeit war beachtlich. Mochten Wallfahrten unter dem vereinten Druck von Kirche und Staat in den ersten Jahrzehnten des 19. Jahrhunderts auch an Zuspruch verlieren, so lebten sie rasch wieder auf, sobald der Druck nachließ (etwa am Ende der napoleonischen Herrschaft in Deutschland und Frankreich). Zudem drehte sich der Wind vor allem in der Kirche. Die Ultramontanen (die sich „jenseits der Berge" bzw. der Alpen streng am Papst in Rom orientierten), denen Wallfahrten als Ausdruck echter Katholizität galten, gewannen allmählich die Oberhand. Nach der Krise der vorangegangenen Jahrzehnte erfuhr im Heiligen Jahr 1825 die Rom-Wallfahrt eine Wiederauferstehung, auch wenn ihre internationale Dimension noch bescheiden war.

In Deutschland wurde 1844 die Wallfahrt zum Heiligen Rock in Trier durch den Andrang von annähernd einer Million Menschen das größte Massenereignis der Zeit vor

Eine Feldkapelle konnte zum Ziel einer wilden Wallfahrt außerhalb kirchlicher Kontrolle werden, so 1476 im Taubertal, wo der „Pfeifer von Niklashausen" predigte (aus: Weltchronik Hartmann Schedels, Nürnberg 1493).

Kranke Pilger vor der Grotte von Lourdes; die Fotografie stammt vom Ende des 19. Jahrhunderts.

1848. Der ultramontane Klerus konnte offensichtlich gut an Bedürfnisse der Gläubigen anknüpfen und diese mobilisieren. Die Heilig-Rock-Wallfahrt ist allerdings auch ein augenfälliges Beispiel dafür, wie ultramontane Bischöfe erneut versuchten, Wallfahrten eine streng kirchliche und ritualisierte Gestalt zu verleihen. Die Wallfahrten nach Trier sollten unter Leitung eines Priesters erfolgen, dem man zu Gehorsam verpflichtet war. Sie mußten sich als geordnete kirchliche Prozession vollziehen, waren geprägt von Gebet und Gesang und integriert in die kirchliche Liturgie (Sakramentenempfang).

Das 19. Jahrhundert wurde auch zur Geburtsstunde neuer Wallfahrtsstätten, die sich zum Teil zu internationalen Anziehungspunkten entwickelten und für gewöhnlich im Zeichen der erneut blühenden Marienverehrung standen. Allen voran ist das französische Lourdes zu nennen, das sich innerhalb weniger Jahrzehnte nach den Marienerscheinungen des Jahres 1858 zunächst als nationales Wallfahrtszentrum etablierte. Dies gelang nicht zuletzt, weil spezialisierte Ordensleute die Wallfahrten zunehmend perfekt organisierten und dabei gezielt die modernen technischen Errungenschaften nutzten: Massenmedien und Eisenbahn. Bis zum Ende des 19. Jahrhunderts hatte sich der Ruhm von Lourdes in der katholischen Christenheit so weit verbreitet, daß sich Pilgerscharen in einer bis dahin nicht gekannten Dimension in den abgelegenen Ort aufmachten.

Marienerscheinungen lösten auch anderenorts neue Wallfahrten aus. In Deutschland ist hier das saarländische Marpingen zu nennen, in dem sich 1876 aus dem raschen und unkontrollierten Zustrom Zehntausender Pilger mitten im Kulturkampf zwischen preußischem Staat und katholischer Kirche ein Politikum ersten Ranges entwickelte. In der Frontstellung gegen den preußischen Staat, der mit Militäreinsatz und schikanösen Polizeipraktiken reagierte, sowie in der Verteidigung der eigenen Werte gegenüber einem aggressiven antikirchlichen Liberalismus zeigte sich das politische Potential von Wallfahrten. Vergleichbares läßt sich in Frankreich für die Nationalwallfahrten nach dem Deutsch-Französischen Krieg 1870/71 beobachten: Auf dem Höhepunkt dieser Bewegung fanden im Sommer 1873 insgesamt 3000 solcher national ausgerichteter Wallfahrten statt. Einen politischen Hintergrund gab Wallfahrten auch die Auflösung des Kirchenstaats, den italienische Truppen 1870 besetzten: Die verstärkt auflebenden Rom-Fahrten wurden zum Treuebekenntnis gegenüber dem Papst.

Im 20. Jahrhundert gewannen die marianischen Großwallfahrten insgesamt überragende Bedeutung – und neue Namen kamen hinzu: das portugiesische Fatima, das mit Lourdes um den Spitzenplatz unter den europäischen Wallfahrtsorten ringt, Banneux und Beauraing in Belgien. Ein Konzentrationsprozeß ist erkennbar, auch wenn kleinere Wallfahrtsorte eher regionaler Prägung durchaus fortbestanden. Die neuen Massentransportmittel und die Vorherrschaft der Marienverehrung in der katholischen Frömmigkeit begünstigten diesen Trend. Der gesellschaftliche Wandel tat ein übriges, entzog er den kleineren traditionellen „Bauernwallfahrten" mit dem Rückgang der Landwirtschaft doch die Basis. Massenwallfahrten per Bus, Bahn oder (nach dem Zweiten Weltkrieg) per Flugzeug gerieten allerdings zunehmend in Verdacht, sich zu touristischen Unternehmungen zu entwickeln, vor allem dann, wenn sie von privaten Organisationen veranstaltet wurden. In Kriegszeiten zogen Wallfahrtsstätten stets auf beiden Seiten der Front die Menschen an. Nach dem Zweiten Weltkrieg erlebten Wallfahrten eine neuerliche Blütezeit. Erst die gesellschaftlichen und kirchlichen Umbrüche der 1960er Jahre führten zumindest in größeren Teilen West- und Mitteleuropas erneut zu einer Krise des Wallfahrtswesens und der Marienverehrung.

Pilgern heute

Derzeit hat das Unterwegssein zu „heiligen Orten" jedoch wieder Konjunktur. Millionen Menschen besuchen die heiligen Stätten in aller Welt. Allein nach Santiago kamen im Heiligen Jahr 1993 rund acht Millionen Menschen. Pilgerstraßen werden rekonstruiert und für die Menschen der Gegenwart erschlossen. Die Initiativen gehen nicht in erster Linie von der katholischen Kirche aus. Vereine, Bruderschaften, Kommunen und kommunale Verbände engagieren sich ebenso wie die Europäische Union. Selbst neue Pilgerbruderschaften entstehen. Bücher über den Weg nach Santiago de Compostela füllen Buchhandlungen. Unter der Devise „Der Weg ist das Ziel", die für den klassischen Pilger des Mittelalters und der Neuzeit unverständlich gewesen wäre, erfreut sich dieses Unterwegssein wachsender Beliebtheit.

Der Schrein der Jungfrau von Guadalupe, der Patronin Mexikos, zieht jährlich viele Pilger an (Foto 1995).

Vor diesem Hintergrund verlieren Wallfahrten etwas von ihrem konfessionellen Profil. Unter denen, die nach Santiago unterwegs sind, findet man auch protestantische Christen, und an einer früher so heftig umstrittenen Angelegenheit wie der Trierer Heilig-Rock-Wallfahrt nahmen 1996 nicht nur einzelne Protestanten teil: Die Kirchen riefen während der Wallfahrt sogar einen Ökumene-Tag aus. Wallfahrten sind in unseren Zonen kaum noch das Ziel kritischer Angriffe und Polemiken. Das vorherrschende bürgerlich-aufgeklärte Weltbild teilen inzwischen anscheinend auch die meisten Pilger, und die Kirchenleitungen tragen dem mit einem konsequent spiritualisierten Wallfahrtskonzept Rechnung. Ereignisse wie die angeblichen Marienerscheinungen im saarländischen Marpingen (1999), die einen Massenzustrom von Pilgern und Neugierigen auslösten, zeigen allerdings, daß in der katholischen Kirche nach wie vor auch andere Modelle virulent sind, die auch wieder Anlaß scharfer Konflikte und heftiger Kritik werden können.

Prof. Dr. Bernhard Schneider, geb. 1959, lehrt Kirchengeschichte des Mittelalters und der Neuzeit an der Theologischen Fakultät der Universität Trier.

Wallfahrtsorte im 21. Jahrhundert

Die meisten römisch-katholischen Pilger zieht heutzutage das mexikanische **Guadalupe** an: Rund 14 Millionen Menschen finden sich hier jährlich ein. An zweiter Stelle steht **San Giovanni Rotondo** in Süditalien (ca. 7,5 Millionen), an dritter **Aparecida** in Brasilien (ca. 7,3 Millionen). Jeweils etwa fünf Millionen Menschen pilgern jährlich nach **Fatima** (Portugal), **Lourdes, Montmartre** (beide Frankreich), **Luján** (Argentinien), **Padua** (Italien) und **Tschenstochau** (Polen). Mit rund 4,5 Millionen Pilgern reichen **Assisi, Loreto** (beide Italien) und **Santiago de Compostela** (Spanien) beinahe an diese Größenordnung heran. Etwa zwei Millionen Menschen pilgern jährlich ins **Heilige Land** sowie nach **Yamoussoukro** (Elfenbeinküste).

Die Pilgerwege nach Santiago de Compostela

Die Hauptrouten in Frankreich und auf der Iberischen Halbinsel

- 1 Via Touronensis
- 2 Via Lemovicensis
- 3 Via Podiensis
- 4 Via Tolosana
- 5 Camino Francés (Frankenweg)
- 6 Der Kantabrische Weg
- 7 Ruta de la Plata
- 8 Camino Portugués
- ---- Schiffswege

Grafik: Alexandra Raab.

Karte des Vorderen Orients

Aleppo

Euphrat

Rhodos

SYRIEN

Tripolis

Zypern

Beirut

Damaskus

Schlacht von Hattin

See Genezareth

Caesarea • Nazareth

MITTELMEER

Jaffa
Jerusalem • Jericho
Bethlehem
Hebron • *Totes Meer*

Alexandria

Giseh • Kairo

ÄGYPTEN

Nil

Berg Sinai •

ROTES MEER

0 100 200 km

Weiterführende Literatur

Allgemein
Henry Branthomme/Jean Chelini, Auf den Wegen Gottes. Die Geschichte der christlichen Pilgerfahrten, Paderborn 2002.
Folker Reichert, Erfahrung der Welt. Reisen und Kulturbegegnung im späten Mittelalter, Stuttgart 2001.
Carmen von Samson-Himmelstjerna, Deutsche Pilger des Mittelalters im Spiegel ihrer Berichte, Berlin 2004.

Zu den Beiträgen von Norbert Ohler
Lenz Kriss-Rettenbeck/Gerda Möhler (Hrsg.), Wallfahrt kennt keine Grenzen. Themen zu einer Ausstellung des Bayerischen Nationalmuseums München und des Adalbert Stifter Vereins, München, Zürich 1984.
Norbert Ohler, Reisen im Mittelalter, 4., überarbeitete und erweiterte Auflage, Düsseldorf und Zürich 2004, in Lizenz auch bei WBG.
Ders., Pilgerstab und Jakobsmuschel. Wallfahren in Mittelalter und Neuzeit, Düsseldorf und Zürich 2000.
Wallfahrt kennt keine Grenzen. Katalog der Ausstellung im Bayerischen Nationalmuseum München, München 1984.

Zum Beitrag von Peter Thorau
Auch wenn der Autor weitgehend nach den Originalquellen zitiert hat, sind zum Weiterlesen zu empfehlen:
Bernhard von Breydenbach, Die Reise ins Heilige Land. Ein Reisebericht aus dem Jahre 1483, Übertragung und Nachwort von Elisabeth Geck, Wiesbaden 1961. (Auszug)
Herbert Donner, Pilgerfahrt ins Heilige Land. Die ältesten Berichte christlicher Palästinapilger (4.–7. Jahrhundert), 2. Auflage, Stuttgart 2002.
Felix Fabri, Galeere und Karawane. Pilgerreise ins Heilige Land, zum Sinai und nach Ägypten 1483, bearb. und übers. von Herbert Wiegandt, Stuttgart, Wien und Bern 1996. (Auszug)
Johann Goldfriedrich/Walter Fränzel (Hrsg.), Ritter Grünembergs Pilgerfahrt ins Heilige Land 1486 (= Voigtländers Quellenbücher 18), Leipzig [1912].

Zum Beitrag von Bernhard Schimmelpfennig
Christian C. Huelsen, Le chiese di Roma nel medioevo, Florenz 1927.
Bernhard Kötting, Peregrinatio religiosa. Wallfahrten in der Antike und das Pilgerwesen in der alten Kirche, 2. Auflage, Münster 1980.
Andreas Meyer (Hrsg.), Päpste, Pilger, Pönitentiarie. Festschrift für Ludwig Schmugge, Tübingen 2004.
Nine Robijntje Miedema, Die „Mirabilia Romae". Untersuchungen zu ihrer Überlieferung mit Edition der deutschen und niederländischen Texte, Tübingen 1996.
Dies., Die römischen Kirchen im Spätmittelalter nach den „Indulgentiae ecclesiarum urbis Romae", Tübingen 2001.
Dies., Rompilgerführer in Spätmittelalter und Früher Neuzeit. Die „Indulgentiae ecclesiarum urbis Romae" (deutsch/niederländisch). Edition und Kommentar, Tübingen 2003.
Bernhard Schimmelpfennig/Ludwig Schmugge (Hrsg.), Rom im hohen Mittelalter. Studien zu den Romvorstellungen und zur Rompolitik vom 10. bis zum 12. Jahrhundert, Sigmaringen 1992.
Bernhard Schimmelpfennig, Das Papsttum. Von der Antike bis zur Renaissance, 5. Auflage, Darmstadt 2005.
Ders., Reisen und Wallfahren im Mittelalter, Göppingen 1999.

Joseph Zettinger, Die Berichte über Rompilger aus dem Frankenreich bis zum Jahre 800, Rom 1900.

Zum Beitrag von Klaus Herbers
Thorsten Droste/Joseph S. Martin, Der Jakobsweg. Geschichte und Kunst der mittelalterlichen Pilgerroute durch Spanien, München 2004.
Ursula Ganz-Blättler, Andacht und Abenteuer. Berichte europäischer Jerusalem- und Santiago-Pilger (1320–1520) (Jakobus-Studien 4), 2. Aufl., Tübingen 1991.
Klaus Herbers, Der Jakobsweg. Mit einem mittelalterlichen Pilgerführer unterwegs nach Santiago de Compostela, 7. Auflage, Tübingen 2001.
Ders. (Hrsg.), Der Weg der Jakobspilger, Hamburg 2004.
Klaus Herbers/Robert Plötz, Die Strass zu Sankt Jakob. Der älteste deutsche Pilgerführer nach Santiago de Compostela, Ostfildern 2004.
Dies. (Hrsg.), Nach Santiago zogen sie. Berichte von Pilgerfahrten ans „Ende der Welt", München 1996.
Libellus Sancti Jacobi. Ins Deutsche übertragen und kommentiert von Hans-Wilhelm Klein (†) und Klaus Herbers (Jakobus-Studien 8), Tübingen 1997.

Zum Beitrag von Bernhard Schneider
Erich Aretz u.a. (Hrsg.), Der Heilige Rock zu Trier. Studien zur Geschichte und Verehrung der Tunika Christi, Trier 1995.
Werner Freitag, Volks- und Elitenfrömmigkeit in der frühen Neuzeit. Marienwallfahrten im Fürstbistum Münster, Paderborn 1991.
Rebekka Habermas, Wallfahrt und Aufruhr. Zur Geschichte des Wunderglaubens in der frühen Neuzeit, Frankfurt 1991.
Bernhard Schneider (Hrsg.), Wallfahrt und Kommunikation – Kommunikation über Wallfahrt, Mainz 2004.

Bildnachweis

AKG images S. 6, S. 10, S. 11, S. 12, S. 13, S. 14, S. 17, S. 19, S. 20, S. 23, S. 24, S. 25, S. 35, S. 36, S. 37, S. 38, S. 40, S. 41, S. 43, S. 44, S. 45, S. 46, S. 47, S. 48, S. 53, S. 55, S. 59, S. 60, S. 61, S. 63, S. 64, S. 65, S. 66, S. 68, S. 69 unten, S. 71, S. 72, S. 73 oben, S. 74, S. 78, S. 80, S. 81, S. 83, S. 92, S. 93, S. 94, S. 95 links oben, S. 97, S. 99, S. 106 links oben, S. 106 rechts unten, S. 109, S. 110, S. 114, S. 117 links unten, S. 122, S. 123, S. 124 – Bayerische Staatsbibliothek, München, Cod. Iconogr. 172 [1479?] S. 32 – Bildarchiv Steffens S. 69 oben, S. 89 – Burgerbibliothek Bern, (Mss.h.h.XX.168, S. 187) S. 113 – Mit freundlicher Genehmigung von Folker Reichert S. 30, S. 31 – Foto Christoph Valentien, Stuttgart S. 21, S. 112 – CORBIS S. 15, S. 18, S. 42, S. 67, S. 73, S. 77, S. 79, S. 85, S. 123 – Corpus Vitrearum S. 96 – Germanisches Nationalmuseum Nürnberg, Inv.Nr. GM 871 (RS) S. 16 – Historisches Museum Frankfurt a.M. S. 115 – INTERFOTO S. 103, S. 111 oben, S. 111 unten, S. 117 rechts oben – Bridgeman Art Library S. 98 – Sammlung Würth, Künzelsau S. 104 – Städtisches Museum Simeonstift Trier, Inv.Nr. III 67 S. 121 – Staatl. Graph. Sammlung München, Inv.Nr. 10873, S. 8 – Staatsgalerie Augsburg S. 62 – The Art Archive S. 86, S. 87, S. 108, S. 116 – Ullstein Bild S. 33, S. 39, S. 91, S. 118 – WBG-Archiv S. 28, S. 34, S. 49, S. 51, S. 52, S. 58, S. 70, S. 76, S. 100, S. 102, S. 120 – Württembergisches Landesmuseum Stuttgart Inv.Nr. DDNE 549/KK 74/Jacobus S. 95 rechts unten.